古代歷史文化 研究輯刊

十七編

王明蓀 主編

第21冊

清代喪葬法律與習俗
——以《大清律例》的規定爲主要依據

劉冰雪 著

國家圖書館出版品預行編目資料

清代喪葬法律與習俗——以《大清律例》的規定為主要依據／
劉冰雪 著 — 初版 — 新北市：花木蘭文化出版社，2017〔民
106〕
目 2+182 面；19×26 公分
（古代歷史文化研究輯刊 十七編：第 21 冊）
ISBN 978-986-404-961-5（精裝）
1. 喪葬習俗
618   106001486

ISBN-978-986-404-961-5

9 789864 049615

古代歷史文化研究輯刊
十七編　第二一冊　　　　　ISBN：978-986-404-961-5

清代喪葬法律與習俗
——以《大清律例》的規定爲主要依據

作　　者　劉冰雪
主　　編　王明蓀
總 編 輯　杜潔祥
副總編輯　楊嘉樂
編　　輯　許郁翎、王筑　美術編輯　陳逸婷
出　　版　花木蘭文化出版社
社　　長　高小娟
聯絡地址　235 新北市中和區中安街七二號十三樓
　　　　　電話：02-2923-1455／傳眞：02-2923-1452
網　　址　http://www.huamulan.tw 信箱 hml 810518@gmail.com
印　　刷　普羅文化出版廣告事業
初　　版　2017 年 3 月
全書字數　161504 字
定　　價　十七編 34 冊（精裝）台幣 68,000 元

清代喪葬法律與習俗
——以《大清律例》的規定爲主要依據

劉冰雪　著

作者簡介

　　劉冰雪，女，1981 年 9 月出生，2009 年畢業於中國政法大學，取得中國法律史博士學位，同年進入國家圖書館立法決策服務部工作，2013 年評副研究館員。

　　曾參與《爲政箴言》《爲政鏡鑒》的編輯及古文翻譯；參與《國外圖書館法律選編》的翻譯；參與《圖書館立法決策服務工作調研報告》的編撰，目前承擔國家圖書館館級課題《晚清民國時期國法與家法關係研究——以館藏家譜文獻爲中心》，預計 2017 年 12 月結題。

　　發表論文有《清代法律文獻中的習俗規制》《清代學者許槤著述及刻書考察》《清代風水爭訟研究》等。

提　　要

　　生養死葬是人生大事，喪葬問題是個有著深厚歷史文化背景的社會問題，它經歷了從「俗」到「禮」，從「禮」到「法」的過程。在清代法律體系中，喪葬是個重要的法律問題。本文通過考察清代法律對喪葬習俗的規制，把研究的視線深入至法律背後的民間社會，研究清代法律與喪葬習俗的關係，以及傳統法律與社會的互動情況。

　　第一章概括敘述了清代法律對喪葬習俗的規範情況。不同等級效力的法律文本有著內容與功能的區別。

　　第二章敘述了清代停柩不葬習俗的社會狀況及其法律實踐。停柩不葬既違反法的規定也違反禮的規定，但在具體法律實踐中，司法手段具有一定的被動性。地方官對停柩行爲也並不嚴格依法嚴懲，而是普遍採用勸導及風化禮教的方式。

　　第三章敘述了清代火葬習俗的社會狀況及其法律實踐。火葬習俗在清代經歷了從「合法」到「不合法」的過程，法律對火葬的規範和調整也有多種樣態。

　　第四章敘述了盜葬習俗的概況、國法與家法族規的雙重調整機制，及盜葬案件的司法實踐。

　　第五章敘述了居喪嫁娶習俗、洗骨葬習俗的概況、法律規範及實踐狀況。

　　結論部份顯示：一方面，清代法律對喪葬習俗的調整，呈現出多層次、多方位的特點；另一方面，清代法律對喪葬習俗的調整和規範，基本以禮爲依據，不過法律所維護的禮是禮的原則與精神，是有彈性的禮。

目次

緒　論

一、研究思路

　　本文考察的對象是清代喪葬習俗和法律，著眼點在民間習俗與法律的關係。這樣就勢必把研究視野放在更廣泛的民間。

　　中國法律的傳統歷來重視法典的編纂，因此，各朝各代都有成文法典問世。學界中，從成文法典和法律文本的角度考察法律的形成、法律的實施是一種重要的方法，也已經有很多著作，並產生了極大的影響。在對法律文本的研究臻於全面的基礎上，始有把法律研究之視角放在民間社會的做法。早先運用這種方法取得成功的是瞿同祖先生，瞿先生的《中國法律與中國社會》雖然也是對法律文本的解讀，但他把法律放在社會的背景下，從宏觀角度闡釋了法律和社會結構之間的關係，認爲法律是對社會結構的體現和支撐。今天的法社會學更加注重法律在現實生活的功能及實際效用，從而產生了一些新的研究思路。如從民間契約、家法族規的角度來分析法律的運作和實踐。在材料上，挖掘大量珍貴的曾被冷落多時的訴訟檔案、民間契約、宗譜族譜等，在方法上，採用了田野調查甚至回訪這些社會學領域的研究方法，把法律放在社會生活、文化生活中考察，給法律史研究注入更有活力的內容。

　　本文正是這種研究思路帶動下的一個嘗試，在前人對法律文本的研究基礎上，探討法律在民間生活當中的實際作用，研究習俗與法律之間的動態關係。本文旨在從對習俗的法律調整中，觀察習俗與法律之間到底存在什麼樣的關係，法律在民間社會裏到底發揮了多大程度的作用，以及官方在司法實踐中如何運用各種手段，把國法和民俗相互聯繫起來。

前人在關注社會與法律之間關係時，多把視角放在民商事習慣上，即那些廣泛存在於民間的分家析產及繼承的習慣、商業交易慣例及土地田產交易的慣例等。這一方面的研究主要集中在對於契約、家族法規和慣例的研究〔註1〕，其主要貢獻在於詳盡深入地探討了法律與民商事習慣對社會的調整方式，以及習慣對法律的影響。而本文則在這些相關研究的基礎上採用民間習俗這一突破點，來考察社會與法律之間的關係，及法律在古代社會中的實際作用。當然，這一視角也並非沒有任何嘗試。其代表如日本學者岸本美緒的《妻可賣否？——明清時代的賣妻、典妻習俗》〔註2〕和王志強的《清代的喪娶、收繼及其法律實踐》〔註3〕，二文都是從習俗這一視角入手對法律和民間社會進行考察。岸本美緒文以明清時代賣妻典妻的習俗爲切入點，觀察法律對其規定的變遷，並考察了官方對這一民俗的容忍程度，及地方官在其具體司法過程中如何聯繫「國法」和「人情」，以探討法律的適用狀況。而王志強文則以清代的喪娶和收繼婚習俗爲著眼點，考察了國家法律和各級地方官對這種非禮制婚俗的不同態度，由此深入研究了民間習慣和中央律例二者之間的張力。

「它（法律）與風俗習慣有密切的關係。」〔註4〕王伯琦亦有相似的觀點：「道德、習慣和法律，同是人類社會的行爲規範，其間的關係非常密切。法律的前驅是習慣。」〔註5〕在此基礎上，黃宗智提出，「把法律放在習俗背景下考察有幾重目的。凡是雙方一致的地方，留意二者有助於揭示它們之間的內在邏輯，可能是不那麼明顯的邏輯。法律文本特別有助於弄清楚民間做法

〔註1〕 劉廣安：《論明清的家法族規》（《中國法學》1988年第1期）；《傳統習慣對清末民事立法的影響》（《比較法研究》1996年第1期），滋賀秀三：《清代訴訟制度之民事法源的考察——作爲法源的習慣》（王亞新譯，收錄於滋賀秀三等著《明清時期的民事審判與民間契約》法律出版社1998年版）；寺田浩明：《關於清代土地法秩序「慣例」的結構》（王莉莉譯，收錄於《日本中青年學者論中國史》上海古籍出版社1995年版）；黃宗智：《法典、習俗與司法實踐：清代與民國的比較》（上海書店出版社2006年版）。

〔註2〕 該文由李季樺譯，收錄於《契約文書與社會生活（1600～1900）》，2001年4月，225～264頁。中央研究院臺灣史研究所籌備處。

〔註3〕 載《中國社會科學》2000年第6期，收錄於氏著《法律多元視角下的清代國家法》，北京大學出版社2003年版。

〔註4〕 瞿同祖：《中國法律與中國社會》導論部份，收錄於《瞿同祖法學論著集》，中國政法大學出版社，1998年9月第一版。

〔註5〕 王伯琦：《習慣在法律上地位的演變》，收錄於氏著《近代法律思潮與中國固有文化》，清華大學出版社2005年第1版，283頁。

中未予明言的假定與基本原則。而民間做法則可能使法典中不那麼顯而易見的東西表露出來。」〔註6〕同時，黃宗智還指出把法律與民俗結合起來有助於確定研究司法實踐的背景。「凡法典與習俗一致的地方，法庭行爲可能主要是依法行事。……表明法典在實際生活中的眞正含義。凡法典與習俗存在不斷衝突或完全對立的地方，法庭判案可能會演繹出多種不同的類型。法典本身可能默認習俗的存在，有時這會有悖其主幹概念框架，……或者堅持不遷就習俗。」可以說，由於法典與習俗在司法實踐中存在各種可能性，也彰顯出研究法律與習俗的必要性。

清代基本法典《大清律例》對很多喪葬陋俗加以禁止，如禁止火葬、停柩不葬、居喪嫁娶等，但是民間仍然存在屢禁不止的情況，對於這種國家律例和民間葬俗的矛盾如何處理，是一個值得深入研究的課題，不僅有利於瞭解國家法與民間社會的複雜關係，還有利於瞭解法律在具體適用中的各種差異。

研究中國古代法律史和社會史，喪葬是個無法迴避的問題。首先，就法律性質而言，喪葬中的喪服制度對整個帝制時期的中國產生了直接的影響。自晉「準五服以制罪」列入律典以來，服制成爲定罪量刑的原則。簡而言之，服制愈近，以卑犯尊者處刑愈重；服制愈遠，以卑犯尊者處刑相對較輕。這一原則被以後律典沿襲，明清時在律典中繪製「喪服圖」以名服制與刑罰之關係。服制入律成爲中國古代法律儒家化的一個重要標誌〔註7〕。其次，就法律制度而言，調整喪葬的各種規範也逐漸上升到法律規範、法律制度的層面。這其中，既有對皇室貴族陵寢、喪禮的規定，也有對各級官員守喪、墓葬規格的具體規定，除此之外，在律典中對居喪期間的違法行爲給予法律制裁，對民間喪葬習俗和喪葬方式也有相關規定。有關喪葬的法律規範，已經成爲國家調整社會等級和民間喪俗的一種法律手段。另外，就社會生活而言，婚喪嫁娶、生老病死，與社會生活有著最爲密切的關係。「事死如生」是中國古代以儒家思想爲正統的社會裏一個最普遍的觀點，「愼終追遠」是士大夫乃至平民百姓難以消除的情結。生當以孝事親，死當以禮喪祭。喪葬成爲社會生活中相當重要的一種文化。

〔註6〕黃宗智：《法典、習俗與司法實踐》，上海書店出版社2007年版，第5頁。
〔註7〕瞿同祖：《中國法律之儒家化》，《瞿同祖法學論著集》，中國政法大學出版社1998年版。

二、研究現狀

喪葬是中國古代法律、社會研究領域當中具有重要意義的課題。學界對喪葬的研究成果也頗爲豐富，茲分爲思想文化史、制度史、社會史等幾方面略加梳理。

（一）對喪葬思想文化的研究

這方面的研究，或對先秦諸子喪葬思想的作用和影響予以評價，如馮友蘭先生先以一篇論文《儒家對於婚喪祭禮之理論》〔註8〕（1928年）見諸於世，其後又在《中國哲學史》〔註9〕中作出論斷，從而澄清了「喪葬」自儒家之後，成爲「詩」，成爲「禮」，而不復爲宗教的事實，肯定了儒家把喪葬從宗教變成禮的貢獻。此外，郭沫若、水渭松、呂靜〔註10〕，都對先秦喪葬思想作出分析；或對喪葬中體現的思想文化予以研究，如井上聰的《春秋喪葬制度中的陰陽觀》〔註11〕，張慶捷的《中國傳統葬俗中的迷信觀念及其方式》〔註12〕，靳鳳林的《死亡與中國的喪葬文化》〔註13〕，崔巍、黃偉的《四川喪葬文化》〔註14〕，何彬的《江浙漢族喪葬文化》〔註15〕等；或對喪葬與其它文化的關係作一研究，如羅開玉的《喪葬與中國文化》〔註16〕一書，論述了宗教、科技、民族、自然環境等條件對喪葬的影響和制約，馬建興的《喪服制度與傳統法律文化》〔註17〕則論述了喪葬中喪服制度與法律文化的關係。

（二）對喪葬制度的研究

作爲制度層面的喪葬，既是禮制又是法律制度，同時其墓葬制度又體現了封建等級制度。這一部份的研究主要涉及喪葬作爲一種社會制度的多方面

〔註8〕 馮友蘭：《儒家對於婚喪祭禮之理論》，載於《燕京學報》，3期，1928年，343～358頁。

〔註9〕 馮友蘭：《中國哲學史》，華東師範大學出版社2000年版。

〔註10〕 郭沫若：《墨子節葬不非殉》，載《新建設》四卷第6期，1951年；水渭松：《墨子「不非殉」辯》，載《杭州大學學報》1981年第1期；呂靜：《先秦儒家與喪葬制度》，載《史林》，1988年第4期。

〔註11〕 載於《歷史教學問題》，1992年第4期。

〔註12〕 載於《山西大學學報》，1990年第1期。

〔註13〕 載於《北方論叢》1996年第5期。

〔註14〕 崔巍、黃偉：《四川喪葬文化》，四川人民出版社1992年版。

〔註15〕 何彬：《江浙漢族喪葬文化》，中央民族大學出版社1995年版。

〔註16〕 羅開玉：《喪葬與中國文化》，三環出版社1990年版。

〔註17〕 馬建興：《喪服制度與傳統法律文化》，知識產權出版社2005年版。

問題。代表性的論文如祝止歧的《中國喪葬制度考略》〔註18〕，方欣安的《談葬制》〔註19〕，楊樹達的《漢代喪葬制度考》〔註20〕等。

　　針對喪葬具有禮制特點這一角度，陳戍國先生《中國禮制史》〔註21〕一書，對歷朝喪葬禮制、皇帝陵寢、帝室喪禮及品官喪葬規格作了深入的研究。喪葬同時又是法律制度，瞿同祖的《中國法律與中國社會》〔註22〕對喪葬制度所具有的階級性有精到的分析。丁淩華的《中國喪服制度史》〔註23〕一書，主要針對喪服制度的禮制形態和法制形態作出研究，闡述了喪服制度在等級制社會中的作用，論證了其禮制形態與法制形態的異同。

　　此外還有一些以「喪葬制度」或「陵寢制度」為名的著述，如楊寬的《中國古代陵寢制度史研究》〔註24〕，李玉潔的《先秦喪葬制度研究》〔註25〕，李如森的《漢代喪葬制度》〔註26〕，韓國河的《秦漢魏晉喪葬制度研究》〔註27〕，宋大川、夏連保的《清代園寢制度研究》〔註28〕。這些著作主要是對帝王貴族的墓葬規格和喪禮規格作深入的瞭解，多屬考古學領域的分析，其特點是在研究資料上多利用文獻典籍和考古發現，內容上主要涉及皇室貴族的墓葬和喪禮制度，而有關民間喪葬則較少論及。

（三）對喪葬習俗的研究

　　有關喪葬風俗，正史較少涉及，多是在《地理志》和各種方志、遊歷筆記當中有所記載，且未有相關學術研究成果。隨著清末改革風俗的風習逐漸深入人心，並且民初各種移風易俗的法令不斷增加，對風俗的研究也引起了學界的重視。梁啓超指出雜史、傳志、札記「常載民間風俗，非正史所及」〔註29〕，因此其作用甚於正史。蔡元培也指出：「新體之歷史，不偏重政治，」

〔註18〕　載於《國民雜誌》1 卷 8 期，1941 年 8 月。
〔註19〕　載於《說文月刊》3 卷 4 期，1941 年 10 月。
〔註20〕　載於《清華學報》8 卷 1 期，1932 年 12 月。
〔註21〕　陳戍國：《中國禮制史》，湖南教育出版社 2002 年版。
〔註22〕　瞿同祖：《中國法律與中國社會》，收錄於《瞿同祖法學論著集》，中國政法大學出版社，1998 年版。
〔註23〕　丁淩華：《中國喪服制度史》，上海人民出版社 2000 年版。
〔註24〕　楊寬：《中國古代陵寢制度史研究》，上海古籍出版社 1985 年版。
〔註25〕　李玉潔：《先秦喪葬制度研究》，中州古籍出版社 1991 年版。
〔註26〕　李如森：《漢代喪葬制度》，吉林大學出版社 1995 年版。
〔註27〕　韓國河：《秦漢魏晉喪葬制度研究》，山西人民出版社 1999 年版。
〔註28〕　宋大川、夏連保：《清代園寢制度研究》，文物出版社 2008 年版。
〔註29〕　《新史學》「中國之舊史學」一節，《飲冰室文集》。

而在探討「風俗之變遷,實業之發展,學術之盛衰。」〔註30〕隨著風俗史研究的進展,對全國各地喪葬風俗的收集、整理、研究工作也得到了長足的發展,這給本文提供了材料上的支持。

1、民俗資料的搜集整理

首先,對民俗的整理搜集等研究工作產生了一些成果。如:《中華全國風俗志》〔註31〕、《中國社會史料叢鈔》〔註32〕、《中國地方志民俗資料彙編》〔註33〕、《中國古代禮俗辭典》〔註34〕等。這些民俗資料的整理和彙編成果中,對喪葬風俗均有不同程度的收集和整理。

2、社會史風俗史領域的研究

這期間,鑒於風俗對於研究民間社會的重要作用,越來越多的學者開始從社會學和社會史的角度研究風俗,因此從社會史角度考察風俗的成果表現出豐富性和多樣性的特點,均涉及到民間喪葬風俗的樣態。如馮爾康的《清人生活漫步》〔註35〕,馮爾康、常建華合著的《清人社會生活》〔註36〕都詳細考察了清代民間喪葬的狀況,並涉及有清一代普遍存在的諸如停喪不葬之類的現象,指出這些陋俗的成因,及對其進行法律調整的必要性,並提到法令對於社會生活和習俗的規範作用。喬志強主編《中國近代社會史》〔註37〕和嚴昌洪的《中國近代社會風俗史》〔註38〕對清末及近代的民間社會進行研究,對清末的喪俗改良問題有所研究。而大量風俗史著述中,對喪葬習俗的歷史演變有相應研究。如《中國風俗通史》〔註39〕、《漢族風俗史》〔註40〕等。

3、喪葬習俗的專史、專論

這一方面的研究,早在 30 年代,楊樹達先生即寫成《漢代婚喪禮俗考》

〔註30〕 高平叔編:《蔡元培史學論集》,湖南教育出版社 1987 年版,139 頁。
〔註31〕 胡樸安編:《中華全國風俗志》,廣益書局 1923 年版。
〔註32〕 瞿宣穎編:《中國社會史料叢鈔》,商務印書館 1937 年版。
〔註33〕 丁世良、趙放編:《中國地方志民俗資料彙編》,書目文獻出版社 1986 年版。
〔註34〕 許嘉璐編:《中國古代禮俗辭典》,中國友誼出版公司 1991 年版。
〔註35〕 馮爾康:《清人生活漫步》,中國社會出版社 1999 年版。
〔註36〕 馮爾康、常建華:《清人社會生活》,天津人民出版社 1992 年版。
〔註37〕 喬志強編:《中國近代社會史》,人民出版社 1992 年版。
〔註38〕 嚴昌洪:《中國近代社會風俗史》,浙江人民出版社 1992 年版。
〔註39〕 林永匡、袁立澤:《中國風俗通史》,上海文藝出版社 2001 年版。
〔註40〕 徐傑舜編:《漢族風俗史》,學林出版社 2004 年版。

〔註41〕一書，以豐富的資料展現了對喪葬的歷史研究。80、90 年代以來，出現了一批對此問題作喪葬禮俗史的概述。如《中國古代喪葬習俗》〔註42〕、《中國喪葬禮俗》〔註43〕、《中國喪葬史》〔註44〕、《喪葬史》〔註45〕等著作，多從民間喪葬現象著眼，將其作爲社會生活方式和民俗現象進行研究。其中徐吉軍的《中國喪葬史》以喪葬觀念、喪葬制度和喪葬習俗爲線索，深入研究了各朝喪葬習俗的演變及成因，其中包括對於一些陋俗的民間意識和官方態度。

　　另外，有一部份志書類著作也對喪葬問題有較爲全面的闡述。如中華文化通志編委會編、黃景略等著的《中華文化通志・喪葬陵墓誌》〔註46〕依託大量考古資料，系統闡述了中國古代喪葬制度的發生、發展和演變；石奕龍的《中國民俗通志・喪葬志》〔註47〕則是依據歷史文獻和田野調查資料，按照當代民俗學學術規範撰寫的，介紹中國各民族、地區喪葬風俗的志書。

　　還有對喪葬習俗進行特定區域、特定民族、特定時段的考察。如顧頡剛、劉萬章合作的《蘇粵的婚喪》〔註48〕，嚴汝嫻、劉宇的《中國少數民族婚喪風俗》〔註49〕，德國學者羅梅君的《北京的生育婚姻和喪葬》〔註50〕，徐吉軍的《長江流域的喪葬》〔註51〕，馮智的《慈悲與紀念：雪域喪葬面面觀》〔註52〕等。代表性論文如李彬的《金嶺鎮回族的喪葬習俗及其社會功能》〔註53〕，開賽爾・庫爾班的《維吾爾族的喪葬文化》〔註54〕，葛玉紅的《清代喪葬習

〔註41〕　楊樹達：《漢代婚喪禮俗考》，上海文藝出版社 1988 年影印出版。
〔註42〕　周蘇平：《中國古代喪葬習俗》，陝西人民出版社 1991 年版。
〔註43〕　徐吉軍、賀雲翔：《中國喪葬禮俗》，浙江人民出版社 1991 年版。
〔註44〕　徐吉軍：《中國喪葬史》，江西高校出版社 1998 年版。
〔註45〕　陳華文：《喪葬史》，上海文藝出版社 1999 年版。
〔註46〕　黃景略、吳夢麟、葉學明：《中華文化通志・喪葬陵墓誌》，上海人民出版社 1998 年版。
〔註47〕　齊濤主編、石奕龍：《中國民俗通志・喪葬志》，山東教育出版社 2005 年版。
〔註48〕　顧頡剛、劉萬章述：《蘇粵的婚喪》，國立中山大學語言歷史學研究所 1928 年版。
〔註49〕　嚴汝嫻、劉宇：《中國少數民族婚喪風俗》，商務印書館 1996 年版。
〔註50〕　〔德〕羅梅君：《北京的生育婚姻和喪葬》，王燕生、楊立、胡春春譯，中華書局 2001 年版。
〔註51〕　徐吉軍：《長江流域的喪葬》，湖北教育出版社 2004 年版。
〔註52〕　馮智：《慈悲與紀念：雪域喪葬面面觀》，青海人民出版史 1998 年版。
〔註53〕　載於《回族研究》1994 年第 1 期。
〔註54〕　載於《中國民族》2008 年第 5 期。

俗特點之研究》〔註55〕、《清末民初喪葬習俗的演變述論》〔註56〕等。

（四）對喪葬的某些具體問題所作的微觀研究

這一方面的研究涉及到喪葬中的很多細節問題。專著如黃展岳的《中國古代的人牲人殉》〔註57〕，陳明芳的《中國懸棺葬》〔註58〕，這兩部著作結合考古材料和田野調查材料，對特定喪葬制度和特定葬法進行深入的研究。代表性的論文則有李玉潔的《試論我國古代棺槨制度》〔註59〕、《中國古代喪服制度的產生、發展和定型》〔註60〕，趙克生的《明代丁憂制度述論》〔註61〕、《明代文官匿喪與詐喪現象探析》〔註62〕，黃修明的《中國古代仕宦官員「丁憂」制度考論》〔註63〕等。

這其中也有少量研究是從法律的角度考察喪葬問題的，代表論文有巨煥武的《居喪生子罪在明代所適用的法律》〔註64〕，王志強《清代的喪娶、收繼及其法律實踐》〔註65〕，張小也的《清代墳山爭訟──以徐士林〈守皖讞詞〉爲中心》〔註66〕等。王志強文對喪葬中的「喪娶」問題，作了司法實踐的考察，分析了基層政府、省級政府及中央對待非禮制民間喪俗〔註67〕的不同態度，深入研究了民間習慣和中央律例二者之間的張力。張小也文則著眼於「墳山」這種因喪葬風水而具有特殊意義的財產的民事訴訟問題，闡述了

〔註55〕載於《遼寧大學學報（哲學社會科學版）》2004年第3期。

〔註56〕載於《學術交流》2004年第1期。

〔註57〕黃展岳：《中國古代的人牲人殉》，文物出版社1990年版。

〔註58〕陳明芳：《中國懸棺葬》，重慶出版社1992年版。

〔註59〕載於《中原文物》1990年第2期。

〔註60〕載於《河南大學學報（社會科學版）》1989年第4期。

〔註61〕載於《中國史研究》2007年第2期。

〔註62〕載於《東北師大學報（哲學社會科學版）》2006年第2期。

〔註63〕載於《四川師範大學學報（社會科學版）》2007年第3期。

〔註64〕載於《新時代》17卷2期，1977年2月。

〔註65〕王志強：《清代的喪娶、收繼及其法律實踐》，發表於《中國社會科學》2000年第6期。後收錄於王志強著《法律多元視角下的清代國家法》，北京大學出版社2003年9月出版。

〔註66〕張小也：《清代的墳山爭訟──以徐士林〈守皖讞詞〉爲中心》，載於《清華大學學報（哲學社會科學版）》2006年第4期。

〔註67〕王志強文中雖把喪娶定義爲「非禮制婚俗」，但由於各朝律典中都把「居喪嫁娶」當作居喪制度中的一種違法行爲加以制裁，喪娶從這個角度上講，稱之爲「違法喪俗」，亦不爲失眞，因此喪娶也可作爲喪葬法律或喪葬習俗的一個部份加以研究，這在本文後面的論述當中有具體體現。

民間習慣與國家法之間複雜的關係。

（五）學界研究現狀的分析與評價

　　從以上對研究現狀的描述和研究成果的歸納來看，目前學界對喪葬問題的研究，主要集中在民俗學、人類學、史學和考古學幾個領域。民俗學、人類學方面的研究，主要依託田野調查資料和各種地方志、文獻材料，對民間曾經存在過或現存的喪葬禮俗進行搜集、記錄和研究工作，如顧頡剛、劉萬章的《蘇粵的婚喪》、陳明芳的《中國懸棺葬》。史學領域的研究主要大量採用歷史典籍、筆記和地方志等材料，對喪葬中的問題進行考證、梳理，如楊樹達先生的《漢代婚喪禮俗考》。而考古學方面的研究，主要依據考古發掘的墓葬、隨葬品等實物材料，對喪葬習俗和等級進行研究，如黃經略等的《喪葬陵墓誌》。

　　從時間段上分析，八十年代之前，學界對喪葬問題的研究，主要是以大量的單篇論文爲表現方式，較少有系統性的、綜合性的專著出現，這主要跟當時學界對民俗資料的重視，尚處於初級階段有關。自梁啓超、蔡元培提出歷史研究應重視民俗資料的作用以來，學界漸有重視民俗、挖掘正史所未載之材料的風氣，因此出現了一些研究民俗的單篇論文，而研究者也呈現出非常複雜、多樣的特點，多來自於史學界、民俗學界、文學界甚至哲學界。

　　七十年代末民俗學科的恢復，八十年代中國民俗學會的建立，以及考古學所發掘的豐碩成果，促使喪葬問題的研究從八十年代至今，呈現出數量多、內容廣的特點。民俗學領域的成果主要梳理了被歷史文獻記載的喪葬禮俗的沿革，記錄、收集、整理了全國各地、各民族的不同喪葬風俗；考古學領域的成果大多依據考古挖掘的實物材料，介紹了帝王、貴族的喪葬制度，描述了不同地區的喪葬文化形態。不過雖然研究成果數量多、內容豐富，但是編撰性的、資料性的著作占很大比例，而大部份著述也多是一種靜態的描述。

　　可見，現有成果對民間喪葬這一課題，已經有了制度方面和民俗方面的詳盡考察：制度方面主要集中在考古學界，內容主要是皇帝和貴族的喪葬制度和等級制度；民俗方面主要集中在民俗學界，內容主要是民間社會生活和習俗。但是無論是喪葬制度還是喪葬習俗，多是靜態描述，而較少對習俗與制度之間的關係進行研究，或對於習俗與法律制度之間的互動進行實質性的研究。

　　同時，現有的喪葬制度研究多是陵寢制度，較少涉及喪葬的法律制度。其中雖然也有一些社會史、風俗史領域的著作涉及到違法習俗的法律調整問題，但是這些成果多是基於社會史領域的考察，著重點在民間生活的社會樣態，而非法律樣態。因此這些研究即便涉及法律的規範作用，也多是停留在法律文本層面和立法層面，而不反映具體的司法情況，雖提出了非禮制喪葬習俗和法律之間存在不一致的地方，但並沒有試圖解決，也沒有對法律和喪葬習俗之間的互動有深入探討，從而留下了此項研究的空間。

　　而從法律視角對喪葬習俗進行研究的，始於一些法律史領域的研究成果。瞿同祖的《中國法律與中國社會》是一部研究中國古代法律和社會狀況的著作，內容涉及相當多與禮制有關的習俗，包括喪葬習俗等。瞿文反映了中國古代法律與民間社會存在著密切關係，通過大量個案和判例，分析了中國古代法律在社會上的實施情況及其對民間社會生活的影響。該文用大量歷史典籍論述喪葬的等級和喪葬法律制度，並提出立法雖有對喪葬的嚴格限制，但在運用上並不能完全按照法律條文進行，很多條文在實踐中自馳其禁、自廢其禁。從而揭示了法律雖然是社會結構的反映，但法律對於社會的影響並不單純的靠立法和法律文本來調整民間社會，而是在民間社會和法律的互動中研究古代法律和社會狀態存在的具體狀況。不過瞿文對喪葬的研究主要爲了說明中國古代社會的階級性，因此也並未涉及實踐中的司法狀況。

　　其它一些法律史方面的著作，如《中國古代喪服制度史》和《喪服制度與傳統法律文化》也主要立法層面的描述。在具體的司法實踐中尋求喪葬習俗與國家法的關係、國家法處理喪葬中特殊財產的措施的研究，就筆者所見，有王志強《清代的喪娶、收繼及其法律實踐》和張小也的《清代墳山爭訟——以徐士林〈守皖讞詞〉爲中心》二文。這二文都通過考察清代法律對喪葬問題的實踐操作，闡述了民間習慣和中央律例存在的張力。因此，是非常有價值的嘗試。

三、研究範圍

　　本文題中所謂「習俗」，即指民間的習慣和風俗。「風俗」一詞，常與「禮俗」「民俗」「民風」互稱，四詞皆見於古籍。「民俗」見於《禮記·緇衣》：「故君民者，章好以示民俗」，《韓非子·解老》：「國貧而民俗淫侈」，《管子·正室》：「古之欲正世調天下者必先觀國政，料事務，察民俗」。「禮俗」見於

《周禮・大宰》：「六曰禮俗，以馭其民」，《周禮・小行人》：「其禮俗、政事、教治、刑禁之逆順爲一書」。「民風」見於《禮記・王制》：「命太師陳詩，以觀民風」。「風俗」則首見於《荀子・王制》：「論禮樂，正身行，廣教化，美風俗」。這四個詞，雖在語意上而言略有分別，但在用法當中有時可以互通。

我國歷代都重視對社會風俗的觀察。周代專門設置「輶軒之使」，負責探集四方風俗善惡，以觀政績。漢代設有風俗使，以時分巡四方覽觀民俗。另外，《詩・周南・關雎序》：「美教化，移風俗」。《漢書・賈山傳》：「風行俗成，萬世之基定。」應劭《風俗通義》序云：「爲政之要，辨風正俗，最其是也。」《舊唐書・良吏傳》：「太宗皇帝削平亂跡，……俗尚貞修，太平之基，率由茲道。」歐陽修編《五代史》云「教化不修實其因」，可見風俗問題關乎安邦治國，歷代統治階層在治理國家時，都強調移風易俗的重要性。

本書運用「習俗」一詞，是希望在一個更爲廣泛的領域內考察清代法律調整問題。由於風俗涵蓋不同階層，如「上行謂之風，下行謂之俗」，有時可指宮廷禮俗；有時又專指民眾隨風土不同而形成的習性，所謂「百里不同風，千里不同俗」〔註 68〕，董仲舒所謂「變民風，化民俗」〔註 69〕，就是專指民間。鑒於風俗涵義有層次上的區別，本文的喪葬習俗是指「民間喪葬習俗」，即本文的研究範圍限定在民間，而非皇室宮廷。

本文所謂「喪葬習俗」基本是指漢族的風俗，少數民族喪俗具有較大的特殊性和封閉性，官方一般很難介入，法律對少數民族習俗所發揮的作用也相當有限。如彝族內部的等級制度和婚喪習俗，甚至在建國初期都少有法律手段的介入〔註 70〕。清政府也在最大容忍範圍內，對少數民族習俗採取了尊重甚至放任的態度。

清代喪葬立法比較詳細、具體，一些喪葬習俗雖有立法禁止，卻仍在民間廣爲流行、難以革除。只有出現那些與立法規定有差異的習俗，才引發問題的追問，即法律與習俗的關係如何？如何調整違法的習俗？因此，本文把

〔註 68〕　《漢書・王吉傳》。

〔註 69〕　《漢書・董仲舒傳》。

〔註 70〕　見林耀華：《涼山彝家》（商務出版社 1947 年版）；及氏著：《涼山彝家的巨變》（商務出版社 1995 年版）；劉廣安：《對涼山彝族習慣法的初步研究》（載《比較法研究》1988 年第 2 期）；高其才：《中國少數民族習慣法研究》（清華大學出版社 2003 年版）。均考察彝族習慣法和風俗有很大程度的自我延續性和特殊性。

討論的重點放在那些官方與民間態度不能達成一致的習俗，以及那些違法違禮並廣泛存在的習俗。

四、研究方法

　　喪葬問題是個有著深厚歷史背景、文化背景的社會問題，對於喪葬法律的研究不能局限於靜態的制度考察。民間社會在法律下如何生活？法律如何調整民間的喪葬習俗？是法律在實踐中對頑固的喪葬習俗妥協？還是喪葬習俗在法律的調整中走向改良？這些問題具有複雜性和多樣性，答案也具有多種可能性。因此，本文除了對法律文本進行解讀外，還需要對民間的喪葬風俗樣態及人們對法律的態度進行詳盡的考察。在研究方法上，本文則主要採取法律社會史的方法進行研究，以便在對法律和喪葬習俗關係的研究中理出清晰的思路，並把視角深入到法律背後的民間社會中，具體考察法律與社會的互動情況。

　　除了法律社會史方法的運用外，還需運用一些比較具體的方法。比如規範分析的方法和比較的方法。規範分析的方法，有助於對《大清律例》中各種喪葬規範的結構、成因和效果進行法條層面的分析，幫助對喪葬法律的研究。而比較的方法，有利於比較國家法與省級立法的差異、立法層面與具體司法層面的差異、地方官吏與中央意志的差異，甚至地方官吏、社會各階層對待喪葬習俗的態度差異，從而更加接近社會的眞相，及法律與社會關係的複雜樣態。此外，本文採用法律規定、習俗、司法案例相結合的方法，對清代喪葬法律和習俗進行深入的探討。

第一章 清代喪葬立法概況

　　喪葬習俗，原本是當出現人的死亡這一自然生理現象時，周圍活著的人遵照約定俗成的各種喪儀、葬式，所舉行的各種哀悼和處理死者的活動〔註1〕，最初是人類自發的行為所形成的習慣，但其在歷史的發展過程中逐漸具有文化的特性。上古的喪葬習俗具有較濃的宗教色彩，通過儀式性的行為，表現人們對生死和靈魂的認知，並形成一套禮儀規範。先秦以來，經過儒家對喪葬的詮釋之後，喪葬逐漸脫離宗教的色彩，具備社會倫理的意義。「禮者，謹於治生死者也。生，人之始也。死，人之終也。終始俱善，人道畢矣，故君子敬始而慎終。終始如一，是君子之道，禮義之文。」〔註2〕正是由於「慎終追遠」是君子道、禮義文，在人們社會生活中有著重大的意義，喪葬習俗才通過儒家的解釋形成具有倫理意義的禮儀制度。儒家對於喪葬禮儀有著規範化的設置，如居喪守制之制、棺槨之制、葬期之制等等，無不體現出注重社會等級等差和孝道的思想。儒禮也因此種思想而更具有社會示範作用，從而深受歷代政府的重視，並用以加強皇權、穩定社會秩序。「出禮入刑」的這種用法律制度保障儒禮的方式，可以確保儒家喪禮得以遵從實現。在用「法」保障「禮」施行的過程中，某些喪禮內容逐漸被國家律法所吸收，成為穩定的法律制度。

　　先秦以來，儒家明確提出了以禮治國的禮治思想，並採用進言的方式勸帝王統治者以禮治國。孔子推崇禮為政的作用，「為政先禮，禮其政之本歟？」〔註3〕荀子也頗為強調禮對於國家的重要性，「禮之於國家也，如權衡之於輕

〔註1〕 何彬：《江浙漢族喪葬文化》，中央民族大學出版社1992年版，第1頁。
〔註2〕 《荀子‧禮運》。
〔註3〕 《禮記‧哀公問》。

重也，如繩墨之曲直也。故人無禮不生，事無禮不成，國無禮不寧。」〔註4〕此外，禮還有非常利於統治的實用價值：「夫禮，所以整民也」〔註5〕；「上好禮，則民易使矣。」〔註6〕但禮的施行要靠政治力、國家強制力來保證，即需要法的輔助。雖然先秦有關禮法關係的爭論轟轟烈烈，但後世的統治者出於治理國家的實用目的，把禮與法都作爲治國的手段加以運用，最終達到「德禮爲政教之本，刑罰爲政教之用」的共識和法律實踐。

通過儒家對喪葬禮的設置和重新解釋，喪葬之禮不僅脫離了三代的宗教色彩，也更具有比較符合統治的意義，例如，喪葬之禮所體現的重要原則即等級等差原則，表現出規範社會生活的作用。儒家對喪葬非常重視，孟子曾說，「養生不足以當大事，惟送死可以當大事。」〔註7〕因而對送死之事有嚴格的設置，如喪服制度、棺槨制度體現嚴格的等級原則。

再者，自儒家提倡「先教後誅」、「不教不誅」的統治思想之後，先教後誅的慎刑原則得到了統治階層的認可和採納，因此「教」成爲歷代帝王統治的重要手段。所謂教，除了使大夫、庶人皆依禮行事，更重要的是自上而下的風化治理。「帝王致治，在維持風化」〔註8〕，甚至當國家出現饑荒，帝王要發罪己詔時，也要責備自己是因爲「不能宣流風化」，而導致「百姓饑荒，更相噉食」〔註9〕。喪葬習俗因其著於禮典，從而與「風化」治理休戚相關。喪葬的習俗與禮儀因爲「敦崇孝道」而用來「風化天下」〔註10〕，有礙風化的習俗則被屬行禁止。

可見，喪葬不僅是禮的重要內容，也是治理國家、改良風俗的重要內容，在歷代統治者不斷接受儒家思想治理國家的過程中，喪葬也在發展中完成了從「俗」到「禮」，從「禮」到「法」的演變。

古代喪禮，有喪、葬、祭三部份主要內容構成，根據丁凌華《中國喪服制度史》的研究，「喪」是規定活人即死者親屬在喪期內的行爲規範，「葬」是規定死者的應享待遇，「祭」是規定喪期內活人與死者之間聯繫的中介儀

〔註4〕 《荀子‧禮運》。
〔註5〕 《左傳‧莊公二十三年》。
〔註6〕 《論語‧憲問》。
〔註7〕 《孟子‧離婁下》。
〔註8〕 《清史稿》卷6《本紀六‧聖祖本紀一》。
〔註9〕 《後漢書》卷5《帝紀第五‧孝安帝紀》。
〔註10〕 《晉書》卷20《志第十‧禮志中》。

式。〔註11〕根據這種內容的區分，清代的喪葬立法可大致分爲對居喪行爲的法律規定和對葬俗的法律規定。

第一節　《大清律例》對居喪行爲的規定

居喪行爲，在先秦時期是一個從習俗到禮教的發展過程；把居喪行爲納入法律規範，形成居喪制度，自魏晉南北朝時期開始；而到了唐宋時期，法律對居喪行爲進行全面的規範，使居喪制度全面法律化、規範化；經過遼、金、元守喪法的式微之後，明清時期的守喪法則對唐宋守喪制度既有借鑒亦有改動。〔註12〕清承明制，明清律在守喪法律制度方面大體相同。《大清律例》對居喪有詳盡的規範，對居喪期間的違法行爲進行懲處，如居喪嫁娶、居喪別籍異財、居喪犯奸、居喪釋服從吉、匿喪、冒哀求仕等，此外還對官員的詐喪、丁憂問題予以規定。其內容相比唐宋的居喪制度，有一定變動。

1、居父母喪別籍異財。《大清律例》規定：「若居父母喪，而兄弟別立戶籍分異財產者，杖八十。（小注：須期親以上尊長親告乃坐。或奉遺命，不在此律。）」〔註13〕凡居父母喪未滿二十七月，兄弟別立戶籍、分財析產的，處杖八十的刑罰。

2、居喪嫁娶。《大清律例》規定：「凡（男女）居父母及（妻妾居）夫喪而身自（主婚）嫁娶者，杖一百；若（男子）居（父母）喪而娶妾，妻（居夫喪）、女（居父母喪而）嫁人爲妾者，各減二等。」這是對居喪嫁娶的本人進行處罰，對於共爲婚姻的對方，若知情則減五等，不知情無罪，但都強制離異。「知（係居喪及命婦）而共爲婚姻者，（主婚人）各減五等。（財禮入官。）不知者，不坐。（仍離異，追財禮。）若居祖父母、伯叔父母、姑、兄姊喪（除承重孫外。）而嫁娶者，杖八十，（不離異，）妾不坐。」〔註14〕此外，對於命婦的再嫁，不管命婦居喪與否、服滿與否，都以「凡婦居喪嫁人罪」論處，並追奪敕誥，強制離異。

〔註11〕丁凌華：《中國喪服制度史》，上海人民出版社 2000 年版，第 2 頁。

〔註12〕詳見丁凌華：《中國喪服制度史》第四章「守喪制度」的有關論述，有關居喪法律的歷史溯源，該著作進行了詳盡的考察，爲行文完整，本文依據現有研究成果進行簡要梳理，不作過多闡述。

〔註13〕《大清律例》卷 8《戶律・戶役》。

〔註14〕《大清律例》卷 10《戶律・婚姻》。

3、居喪主婚。居喪嫁娶條同時還規定了對居喪主婚行為的處罰。「若居父母、舅姑、及夫喪,而與應嫁娶人主婚者,杖八十。」

4、匿喪。禮律規定:「凡聞父母(若嫡孫承重,與父母同。)及夫之喪,匿不舉哀者,杖六十、徒一年。」「若聞期親尊長喪,匿不舉哀者,亦杖八十。」〔註15〕

5、居喪釋服從吉、居喪作樂及居喪參預筵宴。清代對居喪禮儀仍繼承前朝,要求居喪盡哀的禮儀。「若喪制未終,釋服從吉、忘哀作樂及參預筵宴者,杖八十」。根據律例規定,居父母及夫喪,釋服從吉,杖八十;若居期親尊長喪而釋服從吉者,杖六十。

6、詐喪。律例規定「若官吏父母死,應丁憂,詐稱祖父母、伯叔、姑、兄姊之喪,不丁憂者,杖一百,罷職役不敘。(若父母見在。)無喪詐稱有喪,或(父母已殞,)舊喪詐稱新喪者,與不丁憂罪同。有規避者,從其重者論。」

7、冒哀求仕。「若喪制未終,冒哀從仕者,杖八十。(亦罷職。)其當該官司知而聽行,各與同罪。不知者不坐。」此外,條例還規定了居喪期間不得應試,這就從考試階段斷絕了冒哀求仕的做法。條例規定:「凡文武生員,及舉貢監生,遇本生父母之喪,期年內不許應歲科兩考、及鄉會二試。其童生亦不許應府、州、縣及院試,有隱匿不報,朦混干進者,事發,照匿喪例治罪。」

8、官員丁憂。官員丁憂即官員守喪解職制度,作為明清時期維護守喪制度的重心內容,《大清律例》對丁憂的起始日期、程序及丁憂期間犯罪問題都做了詳細的規定。如律文規定丁憂的日期以聞喪日為始,「其仕宦遠方丁憂者,以聞喪月日為始。奪情起復者,不拘此律。」條例則規定了丁憂的具體程序及服滿之後的起復問題:「內外官員例合守制者,在內,經由該部具題,關給執照;在外,經由該撫照例題咨,回籍守制。京官取具同鄉官印結,外官取具原籍地方官印甘各結,將承重祖父母,及嫡親父母,與為所後父母,例應守制,開明呈報。如有詐冒,照律例治罪。俱以聞喪月日為始,不計閏,二十七個月,服滿起復。若服滿果無事故,在家遷延者,交該部照例議處。」〔註16〕官員在丁憂期間,公罪不問,但「其犯贓罪及繫官錢糧,依例勾問」。

〔註15〕《大清律例》卷17《禮律・儀制》。
〔註16〕《大清律例》卷17《禮律・儀制》。

除以上幾條之外，清律當中還有對居喪犯姦的規定，「凡居父母及夫喪犯姦者，各加凡姦罪二等。相姦之人以凡姦論。強者，姦夫絞監候，婦女不坐。」〔註17〕但該條主要是犯姦罪的加重情節，而不是針對居喪的行為進行規範。

第二節 《大清律例》對葬俗的規定

出於對喪葬習俗的改良，清律對民間葬俗進行規範，對一些不利於禮教、風化的葬俗予以禁止。如停柩不葬、火葬、盜葬、洗骨葬，以及葬俗中其它違反禮法精神的行為。

1、停柩不葬習俗。《大清律例》中有停柩的禁止性規定：「凡有（尊卑）喪之家，必須依禮（定限）安葬。若惑於風水，及託故停柩在家，經年暴露不葬者，杖八十。」〔註18〕

事實上，停柩不葬習俗的違禮性早在其風俗產生之際，已經被政府所看到，魏晉之制「祖父不殮葬者，獨不聽官身清朝」〔註19〕，五代時對某些喪葬習俗進行改良，後周太祖以敕的形式，對「停喪」等喪葬習俗進行反省，並用父母未葬不得入仕等規定革除士人停喪之風。根據《冊府元龜》記載：「後周太祖廣順二年十一月丙午敕曰：古者立封樹之制，定喪葬之期，著在經典，是為名教。洎乎世俗衰薄，風化陵遲，親歿而多闕送終，身後而便為無主，或羈束於仕宦，或拘忌於陰陽，旅櫬不歸，遺骸何託？但以先王垂訓，孝子因心，非以厚葬為賢，只以稱家為禮。掃地而祭，尚可以告虔，負土成墳，所貴乎盡力。宜頒條令，用警因循，庶使九原絕抱恨之瑰，千古無不歸之骨。搢紳人士，當體茲懷。應內外文武臣僚、幕職、州縣官、選人等，今後有父母、祖父母亡歿未經遷葬者，其主家之長不得輒求仕進，所由司亦不得申舉解送。」〔註20〕宋代也嚴禁停喪之風，《宋史》載元祐中，詔御史臺：「臣僚父母無故十年不葬，即依條彈奏，及令吏部候限滿檢察。尚有不葬父母，即未得與關升磨勘。如失檢察，亦許彈奏。」〔註21〕皇慶元年（1312

〔註17〕《大清律例》卷33《刑律・犯姦》。
〔註18〕《大清律例》卷17《禮律・儀制》。
〔註19〕《晉書》卷110《載紀第一○・慕容儁載紀》。
〔註20〕〔清〕顧炎武著、黃汝成集釋：《日知錄集釋》「停喪」條，中州古籍出版社1990年影印原世界書局本。
〔註21〕《宋史》卷124《禮志二十七・凶禮三・諸臣喪禮等儀》。

年）三月，中書省一份禁令稱：「江南風俗，但有親喪，故將屍棺經年暴露，不肯埋葬，合准禁止。」〔註22〕元代江南、福建一帶喪葬習俗多停喪不葬，「經一二十年。有一家累至三四柩者。……停棺不舉，曠歲歷月。使其流蟲出汁，過者掩鼻。」〔註23〕對此狀況，中書省規定：「按《禮》，諸侯、大夫、士葬，皆有月數，是古者不擇年月矣；春秋九月丁巳葬定，公雨而不克葬，戊午日下昃乃葬，是不擇日矣。……矧有附郭僧焚修之地，公然頓寄靈柩，尤爲非宜。夫父子之親、兄弟之愛、夫婦之恩，人皆有之，不幸遇其死亡，隨家厚薄，以時而葬則爲盡孝愛之道。」因此停喪不葬，「深乖古者之典，尤傷天理之和，是宜明白開諭，即以月日使依期埋葬，以厚人倫之道，以長孝愛之風。」〔註24〕清代停柩之禁的內容是對前朝的繼承。

2、火葬習俗。「其從尊長遺言，將屍燒化，及棄置水中者，杖一百；從卑幼，並減二等。若亡歿遠方，子孫不能歸葬而燒化者，聽從其便。」律文中小注云：若棄毀死屍，又有本律。該條條例則對火葬進行了更爲詳細的規定：「旗民喪葬，概不許火化。除遠鄉貧人，不能扶柩歸里，不得已攜骨歸葬者，姑聽不禁外，其餘有犯，照違制律治罪。族長及佐領等隱匿不報，照不應輕罪，分別鞭責議處。」

元代政府對火葬之風也有比較強硬的態度。至元十五年（1278 年）正，中書省發文對火葬之風進行批判和禁止，「古者聖人治喪具棺槨而厚葬之，今本路（北京路）凡人有喪以火焚之，實滅人倫，有乖喪禮，本省看詳，今後除從軍邊遠或爲羈旅從便焚燒。……諸色目人許從本俗不約禁約。外據土著漢人擬合禁止，如遇喪事，稱家有元，置備棺槨，依理埋葬，以厚風俗。……若貧民無地葬者聽於官荒地內埋了，若無人收葬者官爲埋葬。」〔註25〕

3、修齋設醮。《大清律例》禁止居喪修齋設醮：「其居喪之家，修齋設醮，若男女混雜，（所重在此，）飲酒食肉者，家長杖八十，僧道同罪，還俗。」

4、扮演雜劇、演唱佛戲。「喪葬條」的例規定：「民間遇有喪葬之事，不許聚集演戲，以及扮演雜劇等類，違者按律究處」；「民間喪祭之事，凡有用絲竹、管絃演唱佛戲之處，該地方官嚴行禁止，違者照違制律治罪。」

〔註22〕《大元通制諸條格》，《元代法律資料輯存》浙江古籍 1988 年版，第 74 頁。
〔註23〕《元典章》卷 30《禮部三·葬禮》。
〔註24〕《元典章》卷 30《禮部三·葬禮》「禁治停喪不葬」。
〔註25〕《元典章》卷 30《禮部三·葬禮》「禁約焚屍」。

5、盜葬。針對民間篤信風水而發生頻繁的盜葬惡俗，《大清律例》嚴加禁止，從體例上看，對「盜葬」的規定，放在賊盜律的發冢律文之內，可見，對於盜葬習俗，國家法是比較嚴厲的。盜葬根據情節分為兩種，一種是於他人墳旁切葬，對其覬覦的墳冢本身並無挖掘等情；一種是貪人吉壤，將覬覦之墳冢掘發而盜葬。這兩種盜葬手法，根據情節輕重而刑罰不同。對於僅在他人墳旁切葬，在他人墳地盜葬者，僅杖刑，並勒令移葬，即「於有主墳地內盜葬者，杖八十，勒限移葬。」〔註26〕條例亦規定分明，如是私自偷埋，均照偷葬罪，處以杖責，「審係私自偷埋者，照於有主墳地內偷葬律治罪。」〔註27〕但是，對於貪人吉壤，盜發他人墳冢者，侵犯他人墳冢的行為，則按照發冢本律處以更嚴重的刑罰，即「凡貪人吉壤，將遠年之墳盜發者，子孫告發審有確據，將盜發之人以開棺見屍律擬絞監候。」〔註28〕條例進行了補充規定：「其因爭墳阻葬，開棺易罐埋藏占葬者，亦照開棺見屍、殘毀死屍各本律治罪。」「其侵犯他人墳冢者，照發掘他人墳冢律治罪。」可見，當盜葬的行為不止於偷葬，而侵害到他人墳冢的時候，是按照發冢、殘毀死屍等重罪進行科罪的。

6、洗骨葬習俗。南方社會存在的洗骨葬習俗，因其不合禮制，而被《大清律例》立法禁止。對於洗骨葬的規定亦收於賊盜律中的發冢，可見亦是立法嚴懲的對象。「凡愚民惑於風水，擅稱洗筋檢筋名色，將已葬父母及五服以內尊長骸骨，發掘、檢視、占驗吉凶者，均照服制以毀棄坐罪，幫同洗檢之人，俱以為從論。地保扶同隱匿，照知人謀害他人不即阻首律杖一百。若有故而以禮遷葬，仍照律勿論。」〔註29〕

此外，厚葬薄葬本是喪葬問題中比較常見的問題，幾乎歷代都有提倡薄葬、禁止厚葬的言論或禁令，清代也有提倡薄葬、反對厚葬的言論，但並未被《大清律例》所調整。鑒於禁止厚葬習俗在歷代法令中都有所體現，行文至此，對其稍作簡述。厚葬之俗之所以在歷代都有被禁止的情況，原因在於厚葬不僅引起奢侈糜費的習氣，同時容易造成民間「逾禮」行為。儒家雖然力主薄葬，但其強調人子的孝思，以及將「禮」帶入平民之間，對民間厚葬之風有些鼓舞。自春秋戰國以後，厚葬蔚為風氣，「布帛盡於衣衾，材木盡於棺槨」〔註30〕，從

〔註26〕《大清律例》卷25《刑律·賊盜·發冢》。
〔註27〕《大清律例》卷25《刑律·賊盜·發冢》。
〔註28〕《大清律例》卷25《刑律·賊盜·發冢》。
〔註29〕《大清律例》卷25《刑律·賊盜·發冢》。
〔註30〕《韓非子·內儲》。

而引起上位者的憂患意識。厚葬之盛，一方面引起上下競相逾禮，一方面貧富觀念可以和貴賤觀念相抗衡。〔註31〕正是由於厚葬容易破壞禮制的等級、等差原則，歷代政府大都對厚葬持以反對態度，並發詔書、敕令來嚴禁厚葬。

如南齊以詔令形式禁厚葬之風，永明六年冬十月己丑，詔曰：「三季澆浮，舊章陵替，吉凶奢靡，動違矩則。或裂錦繡以競車服之飾，塗金鏤石以窮塋域之麗。至斑白不婚，露棺累葉，苟相姱炫，罔顧大典。可明爲條制，嚴勒所在，悉使畫一。如復違犯，依事糾奏。」〔註32〕

《唐大詔令集》裏則記載了唐代關於禁止厚葬、逾禮的四條詔令、敕令。貞觀十七年三月頒發的《戒厚葬詔》批判秦始皇水銀作江海的厚葬無度，是其速亡的誘因，「因多藏以速禍，由有利以招辱。」而當世喪葬禮制都有明文，「送徃之典，詳諸議制；失禮之禁，著在刑書。」仍然在勳官庶民之間流行厚葬糜費之風，「雖而勳戚之家，多流遁於習俗；閭閻之內，或侈靡而傷風。以厚葬爲奉終，高墳爲行孝。遂使衣衾棺槨，極雕刻之華；芻靈明器，窮金玉之費。富者越法度以相高，貧者破資產以不逮。徒傷教義，無益泉壤。」針對這種厚葬習氣，李世民要求嚴懲，「（厚葬）爲害既深，宜有懲革。其公卿以下，爰及黎庶，送終之具有乖令式者，明加檢察，隨狀科罪。在京五品以上及勳戚之家，錄狀聞奏。」〔註33〕證聖元年三月的《禁喪踰禮制》、開元二年八月的《誡厚葬敕》、大曆七年三月的《條疏葬祭敕》都是對厚葬、逾禮的喪葬風俗不斷重申禁止之令。

元代也頒發過禁約厚葬文，江西行省規定：「今後喪葬之家，除衣衾棺槨，依體舉葬外，不許輒用金銀寶玉器玩裝殮，違者以不孝坐罪。」〔註34〕

清代也提倡薄葬，如天聰二年皇帝上諭「喪葬之禮，原有定制。我國風俗，殉葬燔化之物過多，徒爲糜費，甚屬無益。夫人生則資衣食以爲養，及其死也，以人間有用之物，爲之殉化，死者安所用之乎。嗣後，凡殉葬燔化之物，務遵定制，勿得奢費。」〔註35〕康熙帝也發上諭令薄葬：「向來八旗官員於喪葬等事，每多糜費……著九卿等，將滿漢職官，按其品級，分爲等次，

〔註31〕　參見王明珂：《慎終追遠──歷代的喪禮》，藍吉富、劉增貴主編：《中國文化新論・宗教禮俗篇・敬天與親人》，臺北聯經出版事業公司1982年版。
〔註32〕　《南齊書》卷3《本紀第三・武帝紀》。
〔註33〕　《唐大詔令集》「戒厚葬詔」。
〔註34〕　《元典章》卷30《禮部三・葬禮》「禁約厚葬」。
〔註35〕　《清太宗實錄》卷4。

及兵民喪葬，務從簡樸，毋得僭妄。」〔註36〕

　　對於厚葬、薄葬問題，每時期根據不同的社會經濟狀況，呈現出不同的風尚和正統思想，如漢代至魏晉時期，「厚葬」成為人們慎終的重要表現，正所謂「世以厚葬為德，薄終為鄙〔註37〕」，當時的狀況為「眾庶埋葬，皆虛地上而實地下，〔註38〕」這種厚葬風氣的形成多是自上而下，由皇帝、仕宦實行厚葬，因而導致社會的厚葬習氣。但自漢魏晉以來，亦有很多士紳、官宦對厚葬進行反思，統治者也開始注重厚葬之禁，力求革除社會的厚葬之風。如玄宗所言：「自古帝王皆以厚葬為誡，以其無益亡者，有損生業故也。」〔註39〕但是厚葬之禁雖歷代皆有，並被帝王所重視，然直至明清仍然沒有用「律」的法律形式去調整。

　　在這些提倡薄葬、禁止厚葬的敕、詔、上諭中，其內容並無太大區別，申明厚葬是對社會資源的浪費，亦會刺激盜墓等犯罪行為，但是更重要的是厚葬使百姓違反禮制的等級之制、形成僭越之風。對統治者而言，禮的等級才是統治的根本，國家的喪葬立法也是圍繞維護禮制的等級、等差而訂立的。但厚葬始終未進入國家通行法典的立法體系，雖然喪葬的相關立法比較詳盡，不過厚葬之俗僅是以上諭、詔令方式表示不被贊同的風俗，並未訂立罪名、刑罰來調整。其原因在於儒家對於孝的強調，對民間厚葬之風有一定的鼓舞作用，因而厚葬代表「孝」的觀念在民間擁有非常深厚的思想基礎，此外，厚葬、薄葬一般視乎喪主的經濟條件，多屬於私人行為範疇的事情，即便有違禮逾制之處，其危害性尚不足與其它喪俗的危害相比，而對於某些違禮逾制的行為，司法實踐仍可援引違制律進行懲處，因此清代對厚葬風俗也多是用上諭、詔令來調整。

第三節　其它法律形式的相關規定

　　《大清律例》雖對喪葬一些違反禮制的風俗作出禁止性法律規範，但民間仍然在一些區域盛行違禮的喪葬習俗，如江南地區盛行火葬，閩粵地區則多盜葬之風，而有些違禮喪葬習俗甚至分佈更廣，如停柩不葬、居喪嫁娶等

〔註36〕《清世宗實錄》卷2。
〔註37〕《後漢書・光武帝紀下》。
〔註38〕《漢書》卷72《貢禹傳》。
〔註39〕《舊唐書》卷8《本紀第八・玄宗上》。

風俗在更廣泛的區域奉行為俗，且風俗勢大，如不能因勢利導，嚴格遵照中央立法而不酌定人情，則風俗亦不容易改良。因此，除了《大清律例》對喪葬進行調整之外，各地還出臺了很多法律文件來輔助《大清律例》的規定。這些地方性法律文件有的是對律例的重申，以達到宣傳法律禁令，以使人民有所畏懼而不行違法喪葬習俗；有的是對律例的補充，對律例沒有涉及到的具有地方特色的喪葬風俗予以調整；有的是對律例的修正，在遵守律例禁止性規範的同時，放寬對地方的要求，從而達到因勢利導、酌定人情的目的。

1、省級法律文件。為輔助律例的執行，省級官員通過制定省級法律文件，重申國家法律之禁，使地方上喪葬之俗得到切實的改觀。康熙年間，時任江寧巡撫的湯斌，非常重視民俗的治理，曾經頒佈《嚴禁停柩不葬諭》，禁火葬及淹柩者。乾隆時期，多次擔任巡撫之職的陳宏謀在其任職之地，一旦發現有停柩、火葬之俗，嚴加禁止，並頒發一些檄文以革葬俗。乾隆年間，陳宏謀在任江蘇按察使時，曾針對江蘇省火葬風俗，奉雍正十三年禁火葬上諭，發《禁火葬檄》予以禁止。乾隆七年陳宏謀又於江西任上查勘停棺，頒《諭查義冢檄》勒令建義冢以改善停棺之風。《江蘇省例》則記載了同治年間江蘇巡撫丁日昌所頒發的文件，如同治六年五月二十六日的《禁止停棺不葬》，其中分析了江蘇停棺不葬的原因，並以其違禮違法性勸諭百姓速葬，禁止停棺；還有同治七年八月二十日的文箚《嚴禁火葬》，說明律令對火葬之禁的嚴苛，禁止江蘇地方的火葬。

2、州縣告諭。除了省級法律文件外，州縣官的重要職責即在於大化民俗、教禮知孝。同時，有些州縣官也是為了響應上級的稽查喪葬惡俗的法律文件，因而頒發一些告諭，一方面勸民知禮、不行違禮違法的喪葬習俗，一方面也積極幫助地方百姓營建喪葬的慈善機構，以改良喪葬之風。乾隆二十七年五月，河南虞城縣知縣龔一發頒發《勸諭停喪不葬文》，勸諭當地百姓速葬。同治年間，時任湖州知府的宗源瀚發佈了《應禁六條》禁止當地的火葬之習，力求改良人心風俗。

材料顯示，地方性法律文件對喪葬習俗的治理，集中在對葬俗的治理，而很少對居喪習俗進行調整。其原因大抵取決於人們對孝的認識與主流觀點是否一致。在居喪習俗方面，居喪禮儀、居喪法條為人們規範了一個極度彰顯「孝」的制度，如居喪禁止婚娶、禁止筵宴、禁止求仕等等，這些都與人們普遍接受的居喪需要盡哀盡孝的觀點相一致，因而在社會實踐中，人們比

較容易遵守居喪的禮儀和立法。而在葬俗方面，雖然法律也對葬俗進行了詳細的規範，禁止停柩不葬、禁止洗骨葬等，這些制度也同樣彰顯了儒家的「孝」，禁止停柩符合儒禮當中按時營葬的規定；而禁止洗骨葬則體現了儒家對先人遺骨的重視，認爲把先人遺骨挖出檢視，是一種大不孝的行爲。但是這種對「孝」的彰顯未必在民間獲得普遍的認可，有些地方認爲洗骨葬是孝的體現，如龍岩縣鄉民葬後三年後必須檢骨，「易以瓦罐，另覓風水，否則人將以不孝目之。」〔註40〕這雖然不能說是一種普遍的現象，但至少足以形成一地的風俗。而有關停柩，則流行範圍更廣，很多地方爲覓求風水，不惜停柩數十年、數百年，不如此則是不孝。由於民間對「孝」的認識未必與統治階層保持一致，因而在有喪葬立法的情況下，仍然能夠流行起來，形成風俗。

從《大清律例》的規定可以看出，律例的規定是預防性的，給人們提供一個規範的樣本，因而無論民間是否流行不良的居喪習俗、葬俗，都需要在違法事實出現以前對之作出規定，既是百姓有規範可循，也使司法實踐中有法可遵。而地方官吏則在處理地方政務更注重實效，因而地方性法律文件多是補救性的，根據當地當時流行的喪葬習俗，制定調整、規範這些習俗的法律文件，以使改良喪葬風俗得到切實的實現，因此，對民間並不普遍的違法行爲，只需按照現有法律規定作出處理即可；但對普遍性的違法風俗，則除了遵循國家立法之外，還需要進一步的治理和規範。國家立法與地方性法律文件由於這些功能、作用的區別而有內容上的區別。

小　結

明清以前，對喪葬習俗的調整多採用頒發令、詔書、敕的法律形式，很少用律的形式加以規定。集古代法典之大成的《唐律疏議》，對喪葬的調整也主要集中在居喪制度方面，如「匿父母夫喪」、「居父母喪生子」、「居父母夫喪嫁娶」、「居父母喪主婚」等。作爲「德禮爲政教之本，刑罰爲政教之用」的《唐律疏議》，在喪葬問題上，更側重於對喪葬禮中喪禮的保護，而對葬俗的規定則較少涉及。原因大約在於喪禮的主要內容爲守喪和服制問題，服制可以說是最體現「禮」等級原則的喪葬禮儀制度；而守喪制度則更加彰顯正統儒家思想的孝道精神，因此法律對喪禮的保護符合德禮爲本的精神。而對

〔註40〕民國《龍岩縣志》卷6《禮俗二·風俗》。

於葬俗則多用「令」而不用律的形式加以規定，可見明清之前，立法者雖對葬俗所具有的社會功能較爲重視，但沒有採用「律」這種更加穩定的法律形式予以調整。其原因也許在於統治階層認爲葬俗多事關風化、與統治秩序尚無大礙，有些葬俗雖違反禮的規定，如火葬、停喪即違反了禮關「愼終」和「入土爲安」的禮制思想，但究其實質，尚無涉於禮的根本原則。因此以律調整居喪禮儀和習俗，而以令、詔書、敕的形式調整葬俗，成爲明清之前對喪葬習俗立法的主要方式。

此外，《唐律疏議》、《宋刑統》中都規定有「殘害死屍」罪，謂「諸殘害死屍，（謂焚燒、支解之類。）及棄屍水中者，各減鬥殺罪一等」〔註41〕。律末注云：皆謂意在於惡者。因此此條雖類似禁止火葬，其實不然。殘害死屍與火葬之間有著明顯的差異，律注「意在於惡者」也正是指明殘害死屍須有惡意，但火葬雖亦是焚燒屍體，但僅是一種喪葬形式而已，沒有支解屍體、殘害屍體的惡意。清代初期曾在火葬的司法實踐中援引殘毀屍體科罪，終因殘毀屍體與火葬之間有著本質上的差別，而導致法律的修訂。因此，殘害死屍律不應簡單地視爲對喪葬習俗的規範。清代的基本法典以律的形式對喪葬習俗進行細緻的規範，在《禮律》目下設「喪葬」律條，相比此前「喪葬令」等形式，應該說是對喪葬習俗重視的一種表現。

另一方面，從歷代對喪葬習俗的法律規定來看，其內容變化不大，首先，由於喪葬習俗具有很強的延續性。「有關死亡和死人的風俗也許是一切風俗中最持久的。因此，當社會環境、制度和信仰改變了，這些風俗只是很慢地跟著改變。就是在他們的意義逐漸模糊起來甚至喪失時，它們也繼續被遵守著。」〔註42〕當某種喪葬習俗已經形成之後，只要它所形成的客觀條件或原因不能消失，這種喪葬習俗將無法從根本上消除殆盡。比如南方火葬習俗，雖然歷代都有嚴格的禁令，但因火葬是葬地較少、貧不能葬等客觀原因造成的，只要客觀原因沒有消除，火葬就不可能從根本上消除，只能在禁令稍嚴時略爲收斂，一時不嚴又在民間流行起來。此外，停喪之弊亦是如此，停喪多因民間社會普遍相信風水，即便一些批駁風水觀念的士紳也在一定範圍內容忍風水的存在，因此風水觀念在歷代的社會中都存在著廣泛的信仰者，這

〔註41〕 劉俊文：《唐律疏議箋解‧賊盜》卷18「殘害死屍」條，中華書局1996年版，第1322頁。

〔註42〕 〔法〕列維‧布留爾：《原始思維》，丁由譯，商務印書館1981年版，第298～299頁。

使停喪之弊無法完全革除，其禁令多對仕宦階層產生威懾力，民間則頗多拘忌陰陽而停喪待葬。喪葬習俗的這種延續性決定了清律對前朝喪葬法律規定的繼承。

其次，立法者對喪葬習俗的態度有較強的繼承性，甚至達成一種共識。自儒家思想成為帝制中國的主流思想，立法者把儒家禮教的原則運用到法律文本當中，即唐律所稱「德禮為政教之本，刑罰為政教之用」，以後諸法典也多體現這一立法思想。立法思想的繼承性導致立法者即便處於不同時代、不同局勢，仍對喪葬保持一致的觀點。如對停柩和火葬習俗，歷代立法者就表現出一種共識，宋時即有人批判火化的殘忍，元、明、清立法仍沿襲這一觀點，認為火化殘忍、不孝，因而用禁約、令、律等形式加以禁止；魏晉也即有對停柩進行規範的制度，而後周、宋、元、明、清各朝皆有禁停柩的制度。一言以蔽之，無非是火化、停柩等喪葬習俗違反禮的規定，對禮的堅守成為歷代立法者在喪葬問題上保持一致的基礎，也是清代立法者繼承前朝喪葬法律內容的重要原因。

第二章　清代停柩不葬習俗的
　　　　法律調整

　　停柩，本是喪禮中的一個必要環節，指死者殯後停柩一段時間，然後才正式下葬。停柩的時間，也叫葬期，視階級、貴賤不同而有所長短，古禮天子七月、諸侯五月、大夫三月、士庶踰月。以清代爲例，大清會典規定：公、侯、伯爵停柩五個月（不包括皇族），品官（男子爵準照一二品）、庶士及庶民停柩三個月。後來大清通禮改爲公爵以下、庶士以上皆停柩三個月，庶人踰月。然而現實當中，百姓仕官常常因爲各種原因不按照禮所規定的葬期去葬，先於葬期而葬的，爲渴葬；後於葬期而葬的，爲怠喪〔註1〕。渴葬和怠喪都是違禮的行爲，而怠喪則正是以停柩不葬所表現出來的一種違禮行爲。

　　渴葬，又稱稾葬，有草草埋葬之意，曾在南北朝時頗爲流行：時人間喪事多不遵禮，朝終夕殯，相尚以速〔註2〕。當時徐勉曾上疏要求遵循古禮，反對渴葬，曰：

　　　　《禮記·問喪》云：三日而後斂者，以俟其生也。三日而不生，
　　　　亦不生矣。頃來不遵斯制，送終之禮，殯以期日，潤屋豪家，乃或
　　　　半晷。衣衾棺槨，以速爲榮。親戚徒隸，各念休反。故屬纊才畢，
　　　　灰釘已具。忘狐鼠之顧步，愧燕雀之徊翔，傷情滅理，莫此爲大。
　　　　且人子承衾之時，志懣心絕，喪事所資，悉關他手。愛憎深淺，事

〔註1〕〔清〕張蒿庵：《後篤終論》，任繼愈主編：《中華傳世文選·清朝文徵（上）》，
　　　　吉林人民出版社 1998 年版，第 225 頁。
〔註2〕《南史》卷 60《徐勉傳》。

屬難原。如眈視或爽，存沒違濫，使萬有其一，怨酷已多，豈若緩
其告斂之辰，申其望生之冀。請自今士庶宜悉依古，三日大斂。如
其不奉，加以糾繩。〔註3〕

雖然皇帝下詔同意其所奏，但眞正從根本上改變一種民俗是相當困難的。渴葬
有其一定的合理因素，這種葬俗多盛行在南方地區，主要是因爲南方地區潮濕
多雨、屍體容易腐壞，從某種程度上講，是一種比較衛生的葬俗，適應了南方
潮濕多雨的環境〔註4〕。另外，渴葬多在南方一些商賈之家進行，多是由於商
賈之家爲不影響生意之慮，才實行的一種提前下葬的方法〔註5〕。南北朝之後，
對於渴葬這種違禮葬俗在史料中則較少見到。所以，渴葬的流行有其時間、地
域和社會階層的局限性，其社會影響較小，再加上對社會環境、衛生方面並無
破環，因此雖然違禮，但並沒有引起廣泛的批駁和嚴厲的立法控制。

但是，怠喪則恰恰相反，歷來遭到嚴厲批判和駁斥，甚至爲法律所禁止。
怠喪，即是超過了禮規定的葬期還未安葬，把靈柩暫時停放，以待將來再葬，
這一暫停，有的人家停放數年，有的人家停放數世，形成民間所謂停柩不葬
之風，造成了嚴重的社會問題。

停柩不葬，又稱停喪不葬、停棺、淹葬、久喪、緩葬。即，死者裝殮後
並不按照禮所規定的期限下葬，而是先把棺柩停放在廳堂、寺庵甚至荒郊野
外等地，等待家有足夠的財資或找到合適的葬地，才正式下葬掩埋。根據現
有研究，停柩在家稱爲「殯」，停柩在屋內或者住宅的茔園，也稱爲「殯」；
而當棺柩停放的地點遠離住宅時，無論是停放在寺觀室內還是露放野外都稱
爲「厝」〔註6〕。如《中國地方志民俗資料彙編》中瀋陽縣志記載：有拘風
水或未卜佳城及先基稍遠者，則殯於寺觀，謂之浮厝；滄縣志記載：或殯於
靜室，或厝於墓兆之外，原野之間；湖南益陽縣志記載：重堪輿、嚴選擇，
如驟不獲吉，有攢殯於家者，有浮厝於山者。由此可知，區別「殯」、「厝」，
甚爲合理。因此，停柩不葬在某些地方又稱爲停厝、淺厝、浮厝。

〔註3〕 《南史》卷60《徐勉傳》。

〔註4〕 張承宗：《六朝民俗》，南京出版社2002年版，第273頁。

〔註5〕 見劉寧顏纂：《重修臺灣省通志》卷七政治志・社會篇，臺灣省文獻委員會1994
年版，第1062頁。該書對速葬原因的總結：（一）家屋下，財力又有限，棺
柩不能久留家中；（二）商家，爲作生意，不能停柩，否則影響作生意；（三）
惡疾流行（傳染病）時被傳染而死亡者，恐傳染於他人，屍體棺柩不能久留
家中；（四）炎暑天氣，死體容易腐敗而發臭所以速葬。

〔註6〕 何彬：《江浙漢族喪葬文化》，中央民族大學出版社1995年版，第42頁。

這本是自魏晉南北朝亂世之後即開始出現的一種「不得已」的社會現象，「停喪之事，自古所無，自建安離析，永嘉播竄，於是有不得已而停者。〔註7〕」此後，竟然在民間形成了一種約定俗成的做法，從而「不得已」的做法卻成為禁之不止、勸之不聽的風俗，而明清以來，此風尤熾。停柩之風帶來的是嚴重的社會問題和一系列弊端，停柩不僅違反禮的規定，於社會環境亦是一大破環。

第一節　民間停柩不葬的社會狀況

一、清代停柩不葬習俗的概況

（一）停柩不葬習俗的流行及分佈

雖律有明禁，但停柩不葬習俗在清代社會非常普遍。如《清詩鐸》中有數詩都反映了停柩的風俗：「延師破鉅萬，停柩累十年」；「復聞蒿里行，停柩數十年」〔註8〕。此外「嘉郡惑於風水之說，又有阻葬澆風，多停柩數十年。」〔註9〕陳確亦曾描述過自己家鄉浙江海寧「有數十年不葬者，有數世不葬，數十棺不葬而終於不可知者。」〔註10〕而三吳地區，停喪之風根深蒂固〔註11〕，閩臺地區則更加流行此風，閩北浦城、閩南漳浦、閩東寧德、閩西龍岩〔註12〕，以及龍溪、諸羅、彰化、建寧、同安、金門、東門都流行停

〔註7〕　〔清〕顧炎武著、黃汝成集釋：《日知錄集釋》卷15「停喪」，中州古籍出版社1990年影印原世界書局本，第362頁。

〔註8〕　〔清〕張應昌編：《清詩鐸・喪葬》，中華書局1960年版。

〔註9〕　〔清〕蘇惇元：《張楊園先生年譜》，收於張履祥：《楊園先生全集》，中華書局2002年版，1500頁。

〔註10〕　〔清〕陳確：《陳確集》「葬論」，中華書局1979年版，第477頁。

〔註11〕　見黃汝成描述「今世吳風，停喪不葬，迴避拘忌，至於數十年。世家富豪，往往如此。」〔清〕顧炎武著、黃汝成集釋：《日知錄集釋》卷十五「停喪」，中州古籍出版社1990年影印原世界書局本，362頁。

〔註12〕　見光緒《浦城縣志》卷6《風俗》；康熙《漳浦縣志》卷3《風土志》；乾隆《寧德縣志》卷1《輿地志・風俗》；道光《龍岩州縣》卷7《民俗志》。浦城「重堪輿家言，停柩或數十年不葬」；漳浦「家有十金之產，便不惜多費求購吉穴，然不可必得，遂有終身不葬，亦有葬而復遷者」；寧德「邑人重堪輿，每有以選擇吉地遲久而未謀窆穸者」；龍岩「俗葬親多信堪輿家言，停棺擇地，久而不決，甚有延至數十年，子孫俱逝，棺厝倒塌，行路每為傷心。」

枢不葬的習俗。〔註13〕。

學界的研究，多集中在閩臺、江南地區〔註14〕的停枢不葬習俗，事實上，停枢不僅在華南地區，甚至在華北、華東都是難以革除的陋習。河南尉氏縣「（喪葬）不能襄事易代而後葬」〔註15〕；河北滄州「一切外儀漸趨浮靡，需用浩繁，遂至淹枢不葬」〔註16〕；山西高平縣「俗尚漸侈，又多泥堪輿家說，故有淹枢甚久者」〔註17〕；陽城縣「俗葬親欲厚，恒有貧而停枢日望厚葬者」〔註18〕；太平縣「（喪葬）倘力不能備，有十餘年停枢者，習俗之累人如此」〔註19〕；廣東嘉應縣「葬惑於風水之說。有數十年不葬者，……甚且聽信堪輿，營謀吉穴，侵墳盜葬，構訟興獄破產，以爭尺壤」〔註20〕。

由是見停枢分佈之廣泛，然而清代停枢之禁見於法典，民間卻大興停枢

〔註13〕 見光緒《龍溪縣志》卷 10《風俗》；《諸羅縣志》（轉引自劉寧顏纂：《重修臺灣省通志》卷七政治志、社會篇，臺灣省文獻委員會 1994 年版）；《彰化縣志》（轉引自《重修臺灣省通志》卷七政治志、社會篇）；嘉靖《建寧縣志・地理志》卷 1；民國《同安縣志》卷 22《禮俗》；民國《金門縣志》卷 13《禮俗》；民國《東山縣志》卷 3《民生志》。龍溪「惑青鳥家言，數十年不葬者，比比而是也」；諸羅「多惑青鳥日者家言，既擇山水形勢，又擇年月日時，爲子孫求福利，於是有停枢在家，暴露郊野，數十年不葬者」；彰化「數十年不葬者，豈知先魂不獲歸土，則死者不安，不孝之罪上通於天，雖有吉地惡可贖乎？況無吉地徒留親枢也」；建寧「葬泥風水，至有停枢至十餘年不葬者」；同安「殯葬之最爲陋俗者莫如風水一事，相其陰陽，觀其流泉，此二語反爲地師護符，而迷信之俗往往停喪五七年十年數十年而不葬者。及既卜地，又或以衝傷煞向爲衝突，小則經官興訟，大則糾鬥攻圍，甚至破家蕩產，至死不悟，可憫亦可哂也」；金門「葬地惑堪輿家術，盡誠致敬，聽憑指揮，又必合乎年命，均其房分，故常寄厝多年」；東山「尤迷惑風水，易惑是非，以致停枢不葬，或數年累世而不決者。惟中人以下之家，無力延聘地師，或七日出殯，埋於義冢。……東山海島孤懸，土地偏狹，擇地卜吉，供不應求，而迷信陰陽，拘忌尤甚。」

〔註14〕 見王衛平：《清代江南地區社會問題研究：以停棺不葬爲例》，載《江蘇社會科學》2001 年第 2 期；王尊旺、王筱：《明清福建停枢不葬習俗述論》，收錄於《閩臺民俗散論》223 頁；鈔曉鴻：《明清時期的「停枢不葬」》，載於《廈大史學》（第二輯），廈門大學出版社 2006 年版，128 頁～139 頁；方寶璋：《閩臺民間習俗》；何彬：《江浙漢族喪葬文化》。

〔註15〕 嘉靖《尉氏縣志》卷 1《風俗》。

〔註16〕 乾隆《滄州志》。

〔註17〕 乾隆《高平縣志》。

〔註18〕 同治《陽城縣志》。

〔註19〕 道光《太平縣志》。

〔註20〕 乾隆《嘉應州志》。

之風，這不能不說是國家立法與民間習俗的巨大張力。

（二）停柩不葬習俗的成因分析

前人對停柩不葬之風曾有詳細的分析，羅振玉在評價《相地指迷》一書時曾說，停柩不葬之風，「前人辭而辟之，詳矣盡矣，然未有彙爲專書者」，羅氏所指大概爲陰陽相地之專書，而事實上，停喪不葬問題在清代被眾多學者官宦詳盡的論述過。不僅有林世榕所著《歸厚錄》、孟超然居喪時，以正閩俗喪葬之失著《喪禮輯略》二卷、傷不葬其親者作《誡是錄》一卷〔註21〕，其它很多縉紳仕宦都不同程度的提出過對停柩不葬習俗的注意，如陳確著《葬論》；張履祥著《喪葬雜說》、《喪葬雜錄》對停喪不葬都有過入骨的分析。

這些典籍、著述及地方習慣調查對停柩不葬的弊端和成因都有詳盡的探討。比如《元典章》曾分析閩中停柩不葬的原因在於：年月未利；下地未得；貧乏不能勝喪〔註22〕。司馬光曾在考察停柩不葬時看到：喪親者久而不葬，問之，曰歲月未利也；又曰未有吉地也；又曰遊宦遠方，未得歸也；又曰貧，未能辦葬具也〔註23〕。清代乾隆之師朱軾曾分析停柩不葬原因有三：一曰家貧不能葬。一曰不得葬地。一曰時日不利〔註24〕。曾任江蘇按察使的丁日昌也總結過江蘇停柩不葬的原因：一曰尚奢華；一曰謀善地；一曰擇吉期〔註25〕。閩越龔一發在任河南虞城縣知縣時，曾對虞城縣士民停喪不葬做過調查：縣屬士民，或拘於禁忌，或拘於堪輿，因循怠緩，往往久而不葬，皆曰歲月未利也，曰未有吉地也，曰貧未能便葬具也〔註26〕。而對於臺灣停柩不葬習慣的調查顯示，臺灣停柩不葬的原因主要是：（甲）迷信日師之說，未覓得吉日；（乙）迷信堪輿師之說，未覓得吉地；（丙）子孫遠行未歸；（丁）無力埋葬；（戊）孝男因分配家產發生糾紛。又被人殺害而兇手未歸案亦可視爲原因之一。〔註27〕

〔註21〕《清史稿》卷480《列傳二百六十七・儒林傳一・孟超然傳》。

〔註22〕《元典章》卷30《禮部三・葬禮》「禁治停喪不葬」。

〔註23〕《司馬溫公葬論》，見張履祥：《楊園先生全集》卷51《喪葬雜錄》。

〔註24〕〔清〕朱軾：《停喪不葬》，《皇朝經世文編》卷63《禮政・喪禮》，《魏源全集》第16冊，嶽麓書社2004年版，第447頁。嶽麓書社2005年版。

〔註25〕《江蘇省例・禁止停棺不葬》，同治八年刻本。

〔註26〕龔葆琛：《福州通賢龔氏支譜》。收於《北京圖書館藏家譜叢刊・閩粵僑鄉卷》第18冊，543～547頁，北京圖書館出版社2000年版，影印本。

〔註27〕〔日〕臨時臺灣舊慣調查會編：《臺灣私法（第二卷）》39頁，陳金田譯，南投臺灣省文獻委員會1993年版。

　　停柩不葬之風地域分佈如此之廣，可見其具有普遍的社會意義，其弊端和成因都是為社會所關注的，總結相關材料，其成因大抵有三：

　　一則惑於風水，選擇吉地。清人惑於風水之說，拘於堪輿之論，為了謀善地、覓佳城，往往一時不得善地，則遷延數世不葬。如《清詩鐸》中稱「死者停柩謀佳城」，甚至「延師破鉅萬」也是為了求堪輿之師尋找吉地，社會中因此出現了「我家停有三四棺，先祖父母先考妣。蹉跎不葬皆有由，窮鄉難覓好風水」〔註28〕。此外，嘉應風俗「葬惑於風水之說，有數十年不葬者。」〔註29〕江蘇省停喪之風亦由「謀善地，拘於堪輿之說，牽於禍福之私」造成，導致世人「求一山而奔馳終歲，購一地而產破中人，尋龍指穴，錮惑若狂。」〔註30〕

　　二則惑於日師，選擇年月。為了挑選下葬的吉日，避開與一家人犯忌的時日，往往數年、數十年都選擇不出一個吉時利日。如閩中，停喪不葬，動經一、二十年，有一家累至三四柩者。問之則曰：年月未利……云云。《諸羅縣志》有下列記載：禮三日而殯，三月而葬，閩俗多惑青鳥日者家言，既擇山水形勢，又擇年月日時，為子孫求福利，於是有停柩在家，暴露郊野，數十年不葬者。〔註31〕不惟閩臺，江蘇省也有因為選擇吉時吉日而遷延不葬的，為了避開與家中生人不合的日子，很難挑出所謂下葬的吉時。「擇吉期，信方向之順逆，辨支干之吉凶，一家數口者猶易也。如其子孫繁衍男婦眾多，一一推排，期於盡善盡美，偶有不利，即阻舉行。因生人一日之不合，致亡者一歲之不安。」〔註32〕

　　三則盲目厚葬、貧者無力營葬。山西風俗「民死貴厚葬，歉即停柩以待，不葬者五萬有奇」。〔註33〕順治十年癸巳，陳確曾得知倪元璐之喪已近十年而未葬，詰其子，其子曰：「舉此須二千金以上，故難之。」陳確歎曰：「嗟乎！葬如是其費也，死不若不葬之愈也！闢養生者必曰食萬錢以為孝，則為人子者殆矣，而父母亦且必不得食矣！」〔註34〕而江蘇風俗也是歷來重視厚

〔註28〕張應昌編：《清詩鐸·喪葬》，中華書局1960年版。
〔註29〕乾隆《嘉應州志》。
〔註30〕《江蘇省例·禁止停棺不葬》，同治八年刻本。
〔註31〕《重修臺灣省通志》卷七政治志社會篇，第1061頁。
〔註32〕《江蘇省例·禁止停棺不葬》，同治八年刻本。
〔註33〕〔清〕朱克敬：《儒林瑣記·儒林附記》。
〔註34〕〔清〕陳確：《養生送死論下》，前揭《陳確集》上冊，第156頁。

葬糜費，「殯埋之費，累百盈千，彼此誇耀，里閭以爲飾終盡孝，寒素之家欲尚儉，則俗黨貽譏；欲從豐，則貲財無措，遂至遷延時日，有累數棺不葬者，有累數世不葬者，不知掃地而祭，亦足告虔，負土成墳，惟圖盡禮。」〔註35〕湖北亦有厚葬之風，湖北鄖西縣雖僻處萬山，俗尚淳樸，但唯有「出殯一節，獨尚奢華，延僧誦經，遍請戚黨，齋筵酒食，羅列堂前。具此者則爲孝子，反此則群相詬厲」〔註36〕可見，社會普遍的盲目厚葬，導致人子不敢輕易營葬，想要從豐，力有不逮；一旦從簡，則不僅被鄉黨譏笑，甚至被斥爲不孝。陷入兩重矛盾的貧家子孫，選擇停柩不葬亦是一種必然。

　　歷來儒生、縉紳、仕宦在談及停柩不葬習俗時，幾乎都是持反對、批駁、斥責的態度。他們的駁斥主要從兩個方面，一是認爲停柩不葬是違禮行爲；二是認爲停柩不葬置親柩於暴露，是不孝行爲。但是民間卻在這樣一種批判的環境中大行停柩之風，喪親者不惜背負「不孝」的罵名停親柩而待，另外停柩之風的存在是無論區域、無論貴賤，甚至無論賢愚的。一些飽讀詩書之士也不免爲其所累，「有讀書明理之人，牽於俗見，力不能爲，寧停柩暴露，即奉官府明文，亦置若罔聞」〔註37〕。清代的李光地爲了葬父母及葬妻，遷延二十年之久〔註38〕。

　　其實，停柩之人未必不知停柩之非禮與不孝，《清史稿》中記載了孝子徐大中的事跡：徐大中，湖北潛山人。潛山俗重風水，大中喪母，厝棺居室傍未葬。乾隆四十七年，縣大水，齧前和，失其屍，大中大慟。水初退，求屍於沙中，得一足，襪敗猶未盡，色餘黃，其母斂時裝也。大中抱足泣，路人見者語曰：「去此二里許，樹上懸屍，濕綿裏，缺一足。」奔視良是，但脫頤下骨，負歸改斂。忽有人若丐入其家，曰：「吾拾得頤下骨。」取與合，人傳爲異。學官欲上其事，大中曰：「我久不葬母，乃邁此禍，我天地間一罪人耳。舉我孝，於及時葬親者謂何也？」堅卻之。〔註39〕徐大中不敢妄取孝名，也是深知自己久不葬母，實在是一罪人，可見，當時之人其實是認可停柩爲不孝行爲的。那麼，在一個崇尚孝的社會，在一個孝治的天下，他們爲何甘願

〔註35〕　《江蘇省例·禁止停棺不葬》，同治八年刻本。
〔註36〕　《鄖西縣志·藝文》。
〔註37〕　《鄖西縣志·藝文》。
〔註38〕　《清代檔案史料叢編》9輯，16頁、31頁。轉引自馮爾康、常建華：《清人社會生活》，瀋陽出版社2001年版，第249頁。
〔註39〕　《清史稿》卷498《列傳二百八十五·孝義傳二·徐大中傳》。

背負不孝的罵名而行停柩不葬之風呢？除了以上分析的原因之外，是否還包含了一種潛在的社會心理，或者是否暗示了社會大眾對於孝的另外一種含義的理解，最終決定了對停柩不葬的抉擇？

民間大多數人視厚葬爲孝，如《教孝條約》所言：「殯殮大事，疏忽者謂之不孝，吝費者亦謂之不孝……總之，老親多病，切須早爲留心，不致臨期倉卒。棺木衣衾俱當從厚，而制度尤宜精詳。」〔註40〕。一旦家貧無力厚葬，也不願薄葬其親。這在他們既是爲了防止鄰人恥笑，又是爲了以全孝道。於是，厚葬則爲孝子，薄葬則爲不孝。但是如果無力厚葬，又不願薄葬，該當如何？唯一的辦法是只能選擇暫且停柩不葬，等待日後家資豐盈再行厚葬，如陽城俗葬親欲厚，恒有貧而停柩日望厚葬者〔註41〕。但厚葬又是導致停柩的一個原因，讓父母屍骨流於暴露，也被縉紳仕宦們駁斥爲「大不孝」。如此以來，民俗認爲薄葬爲不孝；而士紳多認爲停柩爲不孝。當兩種孝不能相全時，是速葬之孝更重要，還是厚葬之孝更重要？對於孝子來講，是杜百姓鄰人的悠悠眾口更重要，還是取得縉紳仕宦的理解更重要？最終，民間做法常選擇停柩不葬作爲避免薄葬的一種權宜之計，可以說，這種選擇是造成了民間停柩不葬之風難以遏制的重要原因。這種選擇揭示了一種社會心理，即俗的看法重於上層社會的看法，民眾的習慣力量強於縉紳仕宦的勸諭力量。在一個民間普遍崇尚厚葬爲孝的社會裏，即便是士紳官宦反覆強調薄葬即可、盡心爲孝，反覆斥責停柩爲大不孝，然而，由於民人更加在乎自己所處環境對自己的評價，因此寧願背負被士紳官宦斥責不孝的罪名，亦不願背負被鄰人左右斥責不孝的罪名；寧願承擔違反律令被杖責的後果，亦不願承擔爲鄉黨所詬厲的後果。

二、停柩不葬的社會評價

「愼終」是儒者處理親人後事時所重視的原則，因而遺體入土爲安、魂魄安寧是非常重要的，但是常年的停柩不葬使親人遺體不得安寧、靈魂不得歸所，是愼終原則下「不孝」與「違禮」的做法，往往遭到儒者和士紳們的批判。如姚廷傑倡導「急營葬以妥其靈」即是孝道，勸民莫停柩、急營葬，而使親人體魄得以安寧。

〔註40〕〔清〕余治：《得一錄》卷9，同治11年刻本。
〔註41〕同治《陽城縣志》。

　　停柩不葬，非貧乏無貲，即因惑於堪輿，希圖福地，遂有滯至數十年者。又有歷年久遠，子孫互相推諉，遂至不得葬者。久而不葬，自有暴露之慘。夫爲子者，身稍飢寒，百計求覓衣食，而使其親之骸骨暴露，雪壓雨漂，漠然不顧，抑何殘忍至此也！即饒裕之家，久厝淺土，豈無水火不測之患？每見荒郊曠野，遍地橫棺；月暗風淒，磷火四起，路上行人，尚欲斷魂，親遺骨肉，竟置不顧，豈人也哉？即世人亦有勤勤覓地者，推其心，多自望其身家之富貴、子孫之繁衍，而徒以親屍爲邀福之具。若不信形家之說，則益將急慢不知所止矣，又豈知急營葬者，原所以妥其靈耶？然予更有恨焉，嘗見貧窶無藉之徒，伐蔭木而求售他家、發祖塋而轉授別姓，此其人誅之猶不足以盡其辜，斷難一日容於堯舜之世者也。凡鄉黨設有此事，宜協力共鋤孽類，鳴官置之重典，以爲不孝之戒。儆一人而眾人懼，所全實多，所關甚大。此誠足以廣孝思於無已也。予尤望主持名教之君子，爲斯民屬風化焉。〔註42〕

爲了有效勸導百姓速葬，他們呼籲有人出來主持名教，使停柩不葬習俗得以革除。如清人許勉燉曾提到海寧的葬俗「終喪之後，停棺於室，或積數世。淹殯於野，或恝數十年」，因而也像姚廷傑一樣盼望有「牖民之長、秉禮之儒，大聲疾呼，一醒薄俗」〔註43〕。除此之外，士紳們還希望禁停柩能著爲令申，以便革除。

　　停柩不葬，律有明禁，而從無舉劾者，此世道人心之憂。朱高安相國嘗言服除未葬者，仕宦不得授官，生儒不得應試。赴銓入試者，文內開明某月日除服，某月日安葬，取宗鄰墓地結狀，方准行。捏飾者以匿喪論。其言至當，惜未著爲令申。〔註44〕

這是清代文人阮葵生在其著作中，提到停柩不葬習俗提到的，他對朱軾倡議「服除未葬，不得授官」的措施表示贊同，認爲只有使停柩得以切實執行、得以舉劾，方才能被革除。清人嚴有禧也同樣認爲停柩之人不可仕宦：「世俗過信堪輿，多停柩不葬。或以磚石甃土，至數十年猶不埋者。……假葬雖古

〔註42〕　〔清〕姚廷傑：《教孝條約》，〔清〕余治：《得一錄》卷9，同治11年刻本。
〔註43〕　戰效曾修：《海寧州志》卷2「風俗」門引《晚榆軒詩文集》，成文出版社影印本，第一冊，頁319。轉自王瑞昌：《陳確評傳》，南京大學出版社2002年版，第227頁。
〔註44〕　〔清〕阮葵生：《茶餘客話》「停柩不葬」條，中華書局1959年版。

人有之，然而非禮也。今有數十年不下棺而子孫除服仕宦者，可乎！」〔註45〕
倡導國家應附以行政性懲罰措施以禁除停柩之俗。

社會上停柩不葬習俗，大多是由於迷信風水所致，因而士紳往往對這種過
份的風水觀進行批判。風水的本意是爲人助葬，因而即便不贊成停柩的儒士也
未必對風水持批判態度，只不過世人過度迷信風水則產生了許多社會問題，停
柩即是其中之一。士紳在批判停柩的時候，無法避開風水的話題，因而往往與
「天理」、「良心」、「孝」進行結合，來說明一味迷信風水、迷信地理而不講天
理、孝道的話，一樣沒有善果，藉此倡導民眾講求孝道、速葬親柩。

> 人有恒言曰：「死者入土爲安」。聖人復起斯言不易。顧吾越淹
> 葬之習，恬不爲怪。貧者猶曰：「無力」。素封之家，妄求吉壤，月
> 宕歲延，有一再傳而停柩於堂、厝棺於野者，甚或改卜佳城，屢屢
> 遷掘，沒者不寧，生者不順，不知古來發祥大地，其子孫未嘗人人
> 富貴。大率獲福之人，類能守身敬祖。亦如子孫孝事祖父母、父母
> 者，見愛於祖父母、父母；不孝者不愛也。爲人子孫，不自求多福，
> 而借祖父母、父母遺魄爲折福之具，其不獲罪於天者，鮮矣。〔註46〕

李汝珍曾在小說《鏡花緣》中借吳之和之口批評停柩之風：「庵觀寺院，停柩
如山；曠野荒郊，浮厝無數。今以父母未曾入土之骸骨，稽遲歲月，求我將
來毫無影響之富貴，爲人子者，於心不安，亦且不忍。」從而提倡「殯葬一
事，無力之家，自應急辦，不可蹉跎；至有力之家，亦惟擇高阜之處，得免
水患，即是美地。父母瞑目無恨，人子捫心亦安。」

士紳們在批駁停柩時，雖沒有系統的理論支持，但也有合理的邏輯，往
往能站在百姓角度上去思考，從而進行有效的批判。首先批判人子迷信風水
是用心不良，人子借父母屍骨爲求福之具，這是不孝的思想；其次批評爲擇
葬而置父母遺骨於暴露，也是不孝的行爲；最後申明人子如果只信風水，而
不在父母有生之年孝順侍奉，這便是失了天理，天理既失則地理不存。正所
謂「信天理，哪有地理。天理可憑也，地理不可憑也，捨其所可憑者而從事
所不可憑者，惑之甚矣。」〔註47〕清初學者陳確也認爲，人的善惡繫於自身
行爲，與地理無關，風水也不是生者獲得福報的憑藉，停柩反而使人子陷於

〔註45〕 〔清〕嚴有禧：《漱華隨筆》「假葬」條，乾隆十七年刻本。
〔註46〕 〔清〕汪輝祖：《雙節堂庸訓》「勿淹葬」條，民國元年刻本。
〔註47〕 〔清〕陳世遵：《喪葬雜錄小引》，引自前揭《楊園先生全集》卷51《喪葬雜錄》。

不孝。一旦人子陷於不孝，那麼憑藉陰地獲得福報便成為癡心妄想。「夫停柩，不孝也，世有不孝之人，而能獲福者乎？」〔註48〕基於革除停柩的目的，很多士紳勸誡風水不可信。「談命者以干支陰陽為造化，一定不易。堪輿家又以禍福吉凶，皆人力轉移。各執一說，無不可者。最怪近人既信子平一定之言，又信堪輿無定之說。聰明智慧，至此而大愚，何耶？此皆隨波逐流，週旋世故，非真有所得而信之也。」〔註49〕並苦口婆心地站在篤信風水之人的角度去分析，「善風水之人，豈無父母？若有好地，何不留為自用？如果一得美地，即能發達，那通曉地理的，發達曾有幾人？」〔註50〕從而勸誡百姓不要輕信地師，不要迷信風水，以免造成停柩不葬的現象。

士紳們一邊呼籲國家動用強制力量禁革停柩，一邊運用其教化之說勸導民間的停柩之風，他們對停柩的批判可以說代表了一般知識階層的態度。他們對停柩批評比較激烈，主要因為停柩不僅使親人屍骨拋於暴露，也破壞了禮的行為規範。在傳統中國，對待死亡的態度往往是決定孝道的重要因素，因而非常重視送死的方式。但停柩違反了傳統禮制對送死的規定及對孝的定義，從而被士紳們認為是頹風陋俗，加以批判力挽頹風。

第二節　停柩不葬習俗的法律調整

一、中央對俗、禮、法的折衷

清承明律，清律中有與明律一樣的對停柩不葬的禁止性規定，即《大清律例》卷十七「禮律」中規定的，「喪葬（職官庶民三月而葬）：凡有（尊卑）喪之家，必須依禮（定限）安葬。若惑於風水，及託故停柩在家，經年暴露不葬者，杖八十。〔註51〕」

康雍期間，雖然停柩不葬也載在清律中加以硬性規定，但那時之法律大多是明律的繼承〔註52〕，可以推斷當時的皇帝並沒有真正對停柩不葬重視起

〔註48〕　〔清〕蔡世遠：《喪葬解惑》，《皇朝經世文編》卷63《禮政·喪禮》，《魏源全集》第16冊，嶽麓書社2004年版，第478頁。

〔註49〕　〔清〕阮葵生：《茶餘客話》「談名堪輿各執一說」，中華書局1959年版。

〔註50〕　〔清〕李汝珍：《鏡花緣》十二回。

〔註51〕　《大清律例·禮律·喪葬》。

〔註52〕　見瞿同祖先生在《清律的繼承和變化》中所說的：「清律文除涉及官制職稱、貨幣單位和徒罪科刑不同明制，以及少數律文有所修改增刪外，基本沿用明

來，否則也不會出現李光地身居要職，卻處理喪親二十年的事情。而自乾隆帝始，最高統治者對停柩不葬問題才逐漸重視起來。

首先，帝師朱軾對停柩不葬表示反對，作文《停喪不葬》〔註53〕發表看法、提出建議，現錄全文如下：

> 停喪不葬，人子莫大之罪也。近世士大夫，有累世不葬者，有累數柩不舉者。詰其所以，則有三焉。一曰家貧不能葬。孔子不云乎：「苟無矣，斂手足形，縣棺而封，人豈有非之者哉！」葬之需儉於殮殯，末聞有家貧而委其親不殮不殯者。亦既殮而殯矣，何有於葬？一曰不得葬地。古者按圖族葬，未沒而葬地已定，夫何擇焉？《孝經》言卜地。卜也，非相也。風水之不足信，昔人言之詳矣。一曰時日不利。三月而葬，禮也。老聃黨巷之葬，日食而返。鄭葬簡公，毀當路之室，則朝而窆；不毀，則日中而窆。是不擇日擇時之明證也。
>
> 竊意不葬之患有四。古者塗殯以防火也，今中堂三月，尚須防慎，況可久淹乎？若厝之荒野無人之處，保無意外之虞乎？此其不可者一也。木性受風則裂，膠漆乾久而脫，甚至蛀醢腐朽，至於檢骨易棺，子心其何以安？此不可者二也。葬者藏也，欲人之不見也。今人有金銀寶貴之物，囊之篋之，又從而緘縢扃鐍之，末已也，必藏之密室，或深埋土中，而後乃無患。殯而不葬，是猶緘寶物而置之道路也。人子之愛親，曾不如物乎？始死而襲，而殮，而棺，而槨，凡為葬計也。衣衾覆屍，棺覆衣衾，槨覆棺，統而覆之於土，而後其藏也密而固。今棺而不葬，何異不棺不殮乎？與其不葬也，毋寧葬而裸。此其不可者三也。《禮》，既葬而虞，謂送形而往，迎精而返，虞以安之也。不葬矣，又何虞焉？不虞則卒哭、祔俱無所用之。不知停柩不葬者，將不虞乎？不卒哭乎？祔乎，不祔乎？祥而禪乎，否乎？服不除不祭，禮也，將蒸、嘗之祀可終廢乎？葬而後有虞主，祥而後有練主，主祔廟則遷其當祧之祖而改承祀之名。既不葬矣，將終不遷乎？此其不可者四也。

律。」載《歷史研究》1980年第4期。

〔註53〕〔清〕朱軾：《停喪不葬》，《皇朝經世文編》卷63《禮政‧喪禮》，《魏源全集》第16冊，嶽麓書社2004年版，第447頁。

張文嘉《齊家寶要》云：今國律雖有停柩之禁，卒無舉行者。
若禮官援《禮》「棺未葬不除服」之文，而申暴露之罰，特請於朝，
著為令甲。凡服除未葬者，仕宦不准補官，生儒不許應試；其補官
呈詞，必須明開某年月日成服，某年月日安葬於某處，某年月日除
服，仍取宗族鄰右及墓地人等結狀，方准補官；其或未葬而詭言葬
者，如有首發，俱以匿喪論罪，連坐結狀之人；若夫庶人服滿不葬
者，許宗族鄰里首其暴棺之罪。庶乎人人知警，無有不葬其親者矣。
旨哉斯言，有心世道者，其毋忽諸！

此文中，朱軾首先分析了停柩不葬的原因所在，並進行批駁，並分析了
停柩不葬的弊端有四：停柩在野容易出現意外，一旦遭到水火之禍，是為不
孝；停柩過久容易棺材腐朽，需要檢骨再葬，亦是不孝；停柩不符合傳統「葬
者藏也」「入土為安」的喪葬思想；停柩使禮的環節缺失，親魂不得歸所。
鑒於此，朱軾建議喪葬之禁的具體實施辦法。

按照朱軾所引張文嘉之言，可知國家法律中的停柩之禁，在官方而言並
沒有被認真執行，在民間而言也沒有人因為停柩而被告發、處罰。因此法律
之禁並沒有給停柩帶來太多約束和遏制的影響，禁令雖嚴，而無人執行，形
同虛設，這從另一個角度也反證了康雍期間統治者對停柩的態度並沒有重視
起來，自然民間百姓依然故我，停柩之風依然盛行。這才引起士人對停柩批
判和勸諭、也引起一批官吏對停柩堅決革除的決心。朱軾對停柩的具體建議
主要從仕宦、生儒和庶人三類人入手，革除停柩之習氣，以服喪期間為最終
期限的葬親時間，如果服喪已滿，親柩還未安葬，仕宦不准補官、生儒不許
應試、庶人坐暴棺之罪，同時還建議了具體辦法：補官應開具何時葬親並有
宗族鄰右的結狀才准補官，如果有假證明，本人以匿喪論罪，結狀之人需連
坐。

無獨有偶，同時期的官員張伯行也曾提出過類似的建議：「童生生員親喪
未葬者，不准應試；舉人、進士親喪未葬者，不准入官。凡考試、銓選，俱
令地方官具印結，鄰里具甘結，方為合例。」〔註54〕張伯行認為，只有這樣
認真執行停柩之禁，「庶停喪之風可少息矣」。綜合二者的建議，發現朱軾與
張伯行都比較重視對生儒和仕宦的約束，如果該建議能著為令申，執行下來，

〔註54〕〔清〕張伯行：《親喪不可久停說》，見〔清〕梁紹壬：《兩般秋雨盫隨筆・緩
喪》，新興書局 1956 年版。

那麼生儒和仕宦爲了考試和做官，必然能夠做到按時安葬親柩。歷來「士爲四民之首，欲正民風，先端士習」〔註55〕，只要這些人做到了，民間停柩之風可以少息矣。所以，他們的建議還是比較合理的。

針對官員們對停柩的反對和建議，乾隆帝也作出了回應，雍正十三年十月二十四日，乾隆曾發出一條上諭：「朕聞漢人多惑於勘輿之說，購求風水，以致累年停柩，漸至子孫貧乏，數世不得舉葬。愚悖之風，至此爲極。嗣後守土之官，必多方勸導，俾得按期埋葬，以安幽靈，以盡子職。此厚人倫風俗之要務也。務各宜凜遵勿忽。欽此。」〔註56〕這是皇帝以上諭的形式對停柩表示反對的態度。

乾隆三十七年十月，禮部議覆江西按察使歐陽永琦的條奏，內開：「嗣後有喪之家及現在久停未舉者，悉照定例，以一年爲斷。除有力及有地可葬者，促令依禮安葬外，或一時實不得地，許於城外賃地權厝。仍令上緊覓地埋葬，無致久寄淺土。倘有逾年停柩在家者，按律治罪。」〔註57〕

無論是從乾隆的上諭還是禮部的議復來看，官方對於停柩不葬都是持反對態度的。那麼，朱軾與張伯行的合理建議看起來是應該得到採納和執行的。但是清人阮葵生在《茶餘客話》中記載：「停柩不葬，律有明禁，而從無舉劾者，此世道人心之憂。朱高安相國嘗言服除未葬者，仕宦不得授官，生儒不得應試。赴銓入試者，文內開明某月日除服，某月日安葬，取宗鄰墓地結狀，方准行。捏飾者以匿喪論。其言至當，惜未著爲令申。」〔註58〕阮葵生是乾隆中後期人物，根據他的描述，朱軾的建議並沒有被著爲令申。也就是說，最高統治者雖然不贊成停柩不葬，雖然斥責停柩之風愚悖之極，但在具體制度上，也就是在是否對仕宦、生儒進行授官、考試的限制上，採取了迴避的態度。同樣的態度，從後來的同治帝議覆羅惇衍奏摺的上諭中也可以看到：

> 上諭：內閣羅惇衍奏請飭士民速葬親柩等語。子孫久淹親柩不葬，本幹例禁。近來習俗相沿或拘泥風水，或因貧窮乏貲，遂將親柩停留，久不安葬，問心其何以安？著各該省督撫飭令所屬各州縣廣爲勸諭。務使士民咸知速葬之義。不得藉故淹留，致干罪戾。至

〔註55〕《清宣宗成皇帝聖訓》卷七「聖治・道光五年丁酉六月丁卯」。
〔註56〕〔清〕吳壇：《大清律例通考》「喪葬」。
〔註57〕〔清〕吳壇：《大清律例通考》「喪葬」。
〔註58〕〔清〕阮葵生：《茶餘客話》「停柩不葬」條，中華書局1959年版。

軍務被擾地方，屍骸暴露，尤堪憫惻。前曾經諭令各省隨時淹埋，
仍著實力奉行，並飭各地方官，與該處紳民將叢冢義莊酌量興辦。
〔註59〕

從以上材料可以看出皇帝和禮部雖然都對停柩不葬之風持反對意見，但是在治理停柩之風的做法上，卻毫無例外的採取了迴避的態度，既沒有清律中杖責的硬性規定，也沒有採納官員們提出的限制考試和補官的建議。無論是皇帝，還是禮部，都首先給停柩習俗作了一個「非法」的定性，但是定性之後的具體處理問題，卻顯得有些溫和。乾隆上諭要求地方守土之官，多方勸導民眾按期安葬；同治上諭要求督撫飭令所屬各州縣，勸諭士民知道速葬之義。可見皇帝上諭並沒有涉及對具體的停柩者如何處罰，而是把治理停柩之風的責任交給地方官，這就由律例中對個人義務的設定轉化為地方官的義務設定，既是權力的下放，也是對停柩給予一定的折衷，並不一定依法嚴懲。而地方官員多方勸導、勸諭僅是一種行政或是禮教手段，並非杖責的刑罰手段。同樣，禮部議覆雖然是針對具體的停柩者，但是也在很大程度上有對停柩風俗的折衷，禮部要求停喪者依禮安葬，如果實在無地，允許在城外淺厝，等有地之時再行安葬。而這種淺厝的方式實際上是認可了在城外停柩的合法性，是對停柩的折衷處理。也即，他們在確立停柩為「非法」行為之後，在處理方式上都無一例外地顯示出對「非法」風俗的理解，從而可以在有禁止性法律規定的情況下，仍然傾向於更加溫和的非法律途徑。

顯然，皇帝和禮部都是在俗與法之間尋找一個較為溫和的辦法，事實上仕宦們也是在俗與禮之間徘徊。對於停柩不葬，仕宦們也為其作了一個定性，即他們在批判停柩不葬之風時，往往首先從禮的角度批駁，斥責為「非禮」行為。不過，他們雖然表現出比皇帝更堅決的態度——要求對生儒和仕宦的考試、補官資格進行限制——但卻仍然沒有按照禮的規定來要求世人。古禮要求葬期為天子七月、諸侯五月、大夫三月、士庶踰月；《大清通禮》改為公爵以下庶士以上三個月、庶人踰月〔註60〕；而《大清律例》一概改為職官庶人皆為三個月，可以說對庶人葬期的要求稍微放寬。而朱軾的建議是服除未葬者，仕宦不准補官，生儒不許應試，也就是說仕宦、生儒若為父母服喪三

〔註59〕《清穆宗毅皇帝聖訓》卷十「聖治·同治五年丙寅五月乙酉」。
〔註60〕《欽定大清通禮》卷 50「庶士喪」、「庶人喪」，吉林出版集團有限責任公司 2005 年版。

－41－

年，只要在三年（實為二十七個月）內妥善安葬親柩，那麼就可以參加考試和補官，也就意味著三年內安葬具有合禮性。此外，張伯行的建議為親喪未葬者，不准應試和入官，這顯得對葬期的限制上比朱軾的建議更為寬鬆，只要在考試、入官之前做到安葬親柩，就視為合禮。可見，仕宦對停柩不葬的解決，並沒有要求人們嚴格按照禮的規定去做，而是在具體治理辦法上採取了一定的變通。

皇帝和仕宦的這種態度可以看出，他們在對停柩不葬的弊端及定性上並不含糊，斥為「非法」或者「非禮」，但是實際解決辦法卻有所變通。非法行為，未必要用法律禁令來嚴懲，而是由地方官吏採取勸導勸諭的溫和做法；非禮行為，也未必嚴格合乎禮規定，而是禮的變通。停柩不葬，雖然是「非法」和「非禮」的行為，但一旦形成習慣或風俗，則須因地制宜，對其治理辦法也顯示出一定的折衷。

二、地方性法律文件對停柩的規定

對停柩不葬習俗，雖立法嚴禁，但作為最高決策者的皇帝，也僅僅是申明此俗的違法非禮性，要求地方官多方勸導、及時掩埋。律例中停柩之條原本是對個人義務的設定，禁止個人的停柩行為，然而在實施中，皇帝卻把它轉化為地方官的義務。因此地方官在處理停柩問題上須相應上諭精神，積極對停柩之俗進行改良和究治。律例對停柩的規定比較單一明確，但執行中各地具體情況不同，因而地方機關往往制定地方性法律文件，對停柩進行有針對性的法律調整。

省級機關對停柩之禁不敢怠忽，制定省級法律文件禁止停柩習俗，同治六年五月二十六日，江蘇布政司丁日昌曾發《禁止停棺不葬》通飭全省官民：

> 古者，立封樹之制，定喪葬之期：諸侯五月，大夫三月，士踰月。凡親喪未葬，縉紳不准入官，士子不許應試，載在禮經，垂諸律令。所以勸孝思而敦風俗也。自建安離析；永嘉播遷，風教漸漓，停喪斯起，延及近世，習俗相安。

> 本司蒞位以來，見蘇城地方，河岸道旁敗櫬羅列。省垣如此，外邑可知，推原其故，厥弊有三：一曰尚奢華。殯埋之費，累百盈千，彼此誇耀，里閭以為飾終盡孝，寒素之家欲尚儉，則俗黨貽譏；

欲從豐，則貲財無措，遂至遷延時日，有累數棺不葬者，有累數世
不葬者，不知掃地而祭，亦足告虔，負土成墳，惟圖盡禮，所宜禁
止者一也。一曰謀善地，拘於堪輿之說，牽於禍福之私，嘗有求一
山而奔馳終歲，購一地而產破中人，尋龍指穴，錮惑若狂。賢智者
在所不免，何論庸愚？不知祖父遺骸，非邀福求榮之具，山川秀氣，
由祖功宗德而生，所宜禁止者二也。一曰擇吉期，信方向之順逆，
辨支干之吉凶，一家數口者猶易也。如其子孫繁衍男婦眾多，一一
推排，期於盡善盡美，偶有不利，即阻舉行。因生人一日之不合，
致亡者一歲之不安。孝子仁人，何以撫心自問，不知老聃黨巷，日
食已歸；簡公毀室，詰朝即窆。所宜禁止者三也。

　　立即出示，剴切曉諭勸，限本年十月底止，有力者自行營葬，
無力者由親屬報明善堂，代為殯埋。其餘無主各棺，責成善堂，通
行收埋義冢，分別男女，編號立石，有姓氏者開具姓氏；無姓氏者，
開明原在某處收取，立簿登記，以便日後子孫赴堂領歸改葬。如善
堂經費不敷，或官為捐給，或籌款撥辦。總須地方官督董實力實心
趕緊妥辦。勒令於限內，將城鄉內外，停厝之棺，一律盡行收葬。
毋得藉詞經費無措，乃聽暴露。並嚴禁差保需索滋擾，以全善舉。
從此荒煙蔓草，黃泉無抱恨之魂；春露秋霜，白骨少拋殘之痛，是
則本司所深幸焉。〔註61〕

這是《江蘇省例》中對停柩制定禁止性規定的內容，不僅提出停柩作為一種
違禮違法的習俗，理應禁止，同時還提出具體治理停柩之風的方案。此外，
處理省級地方性法律文件之外，州縣一級的官吏也為遏制停柩作出勸諭性的
告示，履行其「多方勸導」的職責。

　　乾隆年間，河南虞城縣知縣龔一發查察縣屬士民，發現當地士民「或拘
於禁忌，或拘於堪輿，因循怠緩，往往久而不葬，皆曰歲月未利也，曰未有
吉地也，曰貧未能便葬具也。」於乾隆二十七年五月，發《勸諭停喪不葬文》
禁止當地的停喪不葬。該文批駁停喪是不詳之事，「前喪未已，後喪又繼，
使死者不得歸葬，生者不得樂生，積陰氣於城郭之中，留伏屍於室家之內，
不詳莫大焉」，然後批判停喪是不孝之罪，「人之所貴於有子孫者，為能藏其
形骸也，乃各年而不克歸土，設有水火之厄，則枯骨不能保全，曷若無子孫

〔註61〕《江蘇省例‧禁止停棺不葬》，同治八年刻本。

者，死於道路，猶有仁者見之埋之耶？嗚呼！不孝之罪上通於天矣。」因此在管轄範圍內禁止停柩不葬，要求「各屬紳士庶民人等」按照限期安葬停棺，「自示之後，務各竭力經營，無論新舊停棺，統限三月之內盡行葬埋。如有故違，紳士則通詳遞革，民人則重杖痛懲，以妥幽魂，以全孝道。令出必行，忽視爲具文也。各宜凜遵，勿違！特示。」〔註62〕

　　無獨有偶，乾隆五十七年歙縣縣令吳殿華針對歙縣停柩風俗，制定《勸諭埋棺箚》，要求當地士民按照諭令內容，對停棺進行掩埋。「合行剴切曉諭，箚到即便查明圖內暴露棺柩。如有主者，勸令該親屬即行安葬。若無主及子孫赤貧者，即就該圖廣行勸諭積善之家，代爲掩埋。倘圖內實無殷實之戶，而多暴露之棺，准即協同地保，驗明棺數，開呈本縣，自行捐廉，給付埋瘞。士民切當認眞查察，不可遺漏。如果踊躍遵行，使諸棺得免暴露之慘，則不啻自行陰德也。是所厚望。來年清明節後，本縣當親赴各鄉，挨圖察勘，分令家丁點驗，以期實惠。該士民人等切勿視爲具文，負本縣一片婆心。」〔註63〕

　　《大清律例》中停柩的法條作爲禁止性規定，僅是對個人義務的設定，並沒有也不可能涉及改良停柩習俗的具體方法。但地方性法律文件，則規定了改良停柩、掩埋枯骨的細則，充分起到了補充中央立法的作用。這些地方性法律文件一方面用大量文字備言停柩之違禮違法，對百姓進行勸諭，顯示了地方官員的「一片婆心」；一方面規定了有力者應在限期內妥善安葬，無力者報官府，由官府統一安葬，是對地方官員職責的重申。對於查勘停柩的程序、機關、人員以及報府的程序、責任人及安葬的期限，地方性法律文件都進行了詳細的規定，它們對中央立法起到了輔助作用，是對律例的必要補充。

三、家法族規對停柩的規定

　　清代族權比較發達，宗族組織的自治也發揮著管理地方秩序的功能，而由宗族組織制定的家法族規，成爲國家法律體系的一個組成部份。〔註64〕家法族規對地方秩序的管理是多方面的，既有對法律、道德的規定，也有對禮

〔註62〕 龔一發：《勸諭停喪不葬文》，龔葆琛：《福州通賢龔氏支譜》。收於《北京圖
　　　　 書館藏家譜叢刊・閩粵僑鄉卷》第 18 冊，543～547 頁，北京圖書館出版社
　　　　 2000 年版，影印本。
〔註63〕 許承堯：《歙事閒譚》卷18《歙風俗禮教考》附錄，黃山書社 2001 年版。
〔註64〕 劉廣安：《論明清的家法族規》，載於《中國法學》1988 年第 1 期。

儀、習俗的規定，其中對於時人斥爲陋俗的「停柩」有相應的規定。如規定「葬地尤宜早尋。古葬禮大夫三月、士踰月。不葬不變服、易食，哀親之未有歸也。今不早營壽域，父母歿後，停櫬堂中，厝柩郊外，甚至爲祖先不要飯吃看作緩局。有力的，又圖風水，爭房分，遷延歲月。富貴一朝衰落，積柩累累，兩三世不葬，一遭水火，付之焚溺者甚多。後人切宜早卜宅兆，富勿推貧、貧勿推富，節衣縮食而爲之。」〔註65〕

　　此外，浦城縣《徐氏族譜》規定了停柩的「族禁」：「……禁停棺不葬。天下少牛眠之穴，古來崇馬鬣之封，悲父悲母，惟之窀穸可安，爲子爲孫豈怨恫之胥泯。若腐七尺之軀，未獲一杯之土，孝思而爲匱乎，良心未可問也。誤信於堪輿，藉枯骨以圖富貴，或過疑於斗首，擇良期而廢春秋，人歎骸骸之易朽，我懼水火之難防。痛申此禁，概不許停。」〔註66〕

　　福建惠安縣百崎回族鄉郭氏宗族，於嘉慶十二年訂立有關喪葬的族規《開列喪制宜戒條項》「喪事戒停柩（死者須速入土爲安）」，並指出「世俗有一種圖利之輩，嗜好無厭，專惑堪輿，不惟停柩之貽害，或陷於水火，或至家破，暴骨霜露。即安土之後，貪迷富貴，始而遷於一，繼而三四遷，其不孝罪大已極，尚無可逃之，矧欲邀福，其可得乎？戒之。」〔註67〕

　　這些家法族規多從道德的角度，論證停柩的不孝，停柩使親人屍骨暴露，是不孝行爲；停柩乃是借父母屍骨謀子孫福報，亦是不孝。對於不孝行爲，家法族規充分發揮了其調整功能，對停柩做了禁止性規定。基於此，家法族規對停柩的規定，既發揮了改良陋俗的功能，又起到了對國家法律的有效補充。

四、治理停柩的實際效果

　　清代治理停柩不葬的措施非常具體，根據以上中央立法和地方措施的分析，治理停柩主要是通過勸諭速葬、限期勒令淹埋、官方出資出地、設立義冢等方法進行的。如朱軾曾提到過用限制補官和考試的方式，勒令仕宦學子速葬其親；其方法雖沒有被中央採納，卻在某些重視風俗的地方已經得到實

〔註65〕向燕南、張越編注：《勸孝——仁者的回報　俗約——教化的基礎》，中央民族學院出版社1996年版，第66頁。

〔註66〕〔民國〕徐裴等纂：《重修徐氏族譜》卷1，民國三十五年鉛印本。

〔註67〕《惠安百崎郭氏族譜》，轉引自馬建釗、張菽暉主編《中國南方回族古籍資料選編補遺》95頁，民族出版社2006年第一版。

行，如福建。據徐乾學記載，他所在的時代福建省已用此法改善停柩狀況，具體做法是「舉人、貢生等服滿，縣報府，府報布政司，布政司呈禮部，並據本生鄰里結狀，稱二十七月服內已經安葬，並請地師、墳丁、土工結狀，一併申報。如無結狀，不准赴試。」〔註 68〕因此，徐乾學在禮部見之，贊其「風俗近古」，並建議此法應「推行於諸布政使司，一體飭遵」。

此外，林枝春在翰林時曾陳奏疏，專門論述對閩地停柩陋俗的治理：「定以期月爲程，官立清查之法，先城邑後村莊，先紳衿而後黎庶。凡某家停柩有幾，某處攢屋若干，按戶逐鄉開明冊報。有訪查無後，子孫遠徙者，即於所厝之地瘞藏，官爲置籍，不至日後別生事端。毋論荒山深谷，均須察訪。如有遺漏，地保予以處分。一期之間城鄉悉可廓清。」〔註 69〕

在各種方法的集合作用下，乾隆三十年，「福州府督同閩、侯二縣清查所轄城鄉內外，統計停柩三千零，酌籌官地清理。有力之家勒限抬葬，無力之家及無主孤梓，暴露骸罐，官爲出資抬埋。又經本司顏希深捐發銀兩，飭府督同閩、侯二縣買置義塚，資助勸葬。據府縣稟報，共葬棺柩八百一十八口，骸罐一千三百六十四個。會城內外久停之棺已少。」〔註 70〕

治理停柩也作爲衡量州縣政績的一項標準，因此，這些浸淫禮教已久的州縣之官也因時制宜的採取了各種辦法。乾隆時期，松溪令潘汝龍因在任期間，治理有方，教俗愛民，從而時松溪大化，因此潘汝龍離任時，松溪人爲其立碑銘刻。據其碑文，潘汝龍在治內比較注重民間葬俗，而禁止停柩也成爲潘汝龍顯赫政績之一。其碑文如下：

松溪令潘公去思碑〔註 71〕

公諱汝龍，字健君，湖州歸安人，以乾隆丁巳進士，令松溪。聰明肅仁，接民於理。令七年，松溪大化。其冬，丁母夫人憂去官，民跗百里，會哭柩下。惟公孝思，例不可留。相與立祠水南亭左，

〔註 68〕〔清〕徐乾學：《親喪不葬》，《皇朝經世文編》卷 63《禮政‧喪禮》，《魏源全集》第 16 冊，嶽麓書社 2004 年版，第 445～4468 頁。

〔註 69〕〔清〕孟超然：《誠是錄》，嘉慶二十年刻本。

〔註 70〕道光《重纂福建通志》卷五五《風俗》。

〔註 71〕此碑文爲朱仕琇所撰。收入吳翌鳳《中華傳世文選‧清朝文選》1271 頁，名爲「松溪令潘公去思碑」；收入祝秀俠、袁帥南《中華文匯清文匯》1731 頁，名爲「松溪令去思碑」，注明爲《梅崖居士文集》所摘；〔清〕李桓《國朝耆獻類徵初編》卷二百三十三 537 頁（二十一頁）收入此碑文，碑文前只注潘汝龍名，碑文末注明「右去思碑朱仕琇撰」。

並碑公績祠堂。

惟公始至，設匭縣門，受民書以知好惡。審其無私，罷行之。如奉上命。姑教俗葬，禁停柩；修學宮，改濬泮池如法，易道路，復廢井堰，建橋於津，新賢祠以示教。嘗決疑獄，道有棄屍，究之，立得殺者。他所責罰，民皆自罪改悔感泣。至爲位以祝。松有濫徵，請蠲於上，不得，則出己產代償。松民歌之，以詫於去。令松七年，家鬻田廬盡。嗚呼，可謂賢矣！

始公以名進士，兄弟有聲京師。說者謂且官禁近，經術輔佐天子，閉不得通，隘其大。澤之於一邑堤防瀦蓄，故其入民也深。公雖以憂去，賢聲徹四方，他日去柄大政於朝，勳勞天下，究其治績發聞之處，自松溪始。

清代道光年間，龍汝霖由教習官山西知縣，先宰曲沃，繼宰高平，當時山西高平風俗「民死貴厚葬，斂即停柩以待，不葬者五萬有奇。」而「汝霖革其奢，爲之期限，逾年，葬者四萬。」〔註72〕

除州縣之外，一些省級官員也重視停柩的治理，並取得了實際的效果。康熙年間，時任江寧巡撫的湯斌，非常重視民俗的治理，曾經「禁火葬及淹柩者」，頒佈《嚴禁停柩不葬諭》，該諭令不僅痛斥停柩的非禮違法性，也提出了處理停柩的具體辦法，令地方府、州、縣各級官員重視停柩的治理，令停柩者按期營葬；久厝無親者官府代爲掩埋，使當地的停柩不葬、久厝枯棺的治理和清理取得了一定效果。其諭令要求當地士民「如有祖父母父母之喪，務要遵循遵循禮制，確奉律令，按期即行舉葬。如已過期，趁今春月清明前後百無禁忌，立行葬埋，不得參靈張樂、廣招浮屠、糜費財物、自蹈非禮。更不得惑溺風水，拘忌時日，任意遷延，致成遺棄。」並對基層官員也作出了要求：「地方府、州、縣官委賢能佐貳，或廣文通，查境內寺廟山場，有久寄棺木無人認視者，詢明來歷，著落地方里老立行掩埋，仍用片石刻記，再另冊登記號數，詳注某寺、某廟、某年、某省人寄放，今葬某地第幾穴，俟其子孫來尋，不至迷失。」〔註73〕湯斌的諭令發佈之後，一年內「報葬三萬餘棺」〔註74〕，可見湯斌的努力取得了比較實際的、顯著的效果。

〔註72〕　〔清〕朱克敬：《儒林瑣記·儒林附記》。
〔註73〕　〔清〕湯斌：《湯子遺書·江南公牘》，同治九年刻本。
〔註74〕　《湯文正公事略》，《續修四庫全書·史部·傳記類》《國朝先正傳略》卷五。

根據這些歷史記載，停柩之俗在清代地方官的努力下，確實取得了實際的效果。不過這些材料具有一定的局限性，其著眼點在於對地方官政績的描述，因而治理停柩的效果也只限地方官所管轄的區域，對整個清代社會停柩之風沒有宏觀的考察。不過根據清末民初學者的記載，就整個清代社會而言，停柩之俗在清晚期確實得到改善，只是積重難返，不可能從根本上得以革除。正如羅振玉在對藏書《相地指迷》進行題識時，曾說：「案停喪不葬之風，其來也久，有司懸爲厲禁，而不爲衰止……晚近斯風稍革，然積重難反，窮鄉僻壤，容尚有惑其說者，安得執堃此編而遍喻之乎？」〔註75〕

第三節　個案研究：司法中的停柩問題

一、停柩之風對法律的影響

古代法律嚴懲盜墓、發冢一類行爲，並視爲重罪，發冢行爲的客體一般都是已殯、已埋的棺柩和已壘成的墳墓。然而由於社會上存在普遍的停柩現象，停柩雖同是違法，但畢竟是輕罪，如果盜取這些所停棺柩的財物、毀壞屍身而不加懲處，亦是不妥，因此明清都在律文裏從發冢的角度規定了對「停柩」人家的相應保護，及對盜未殯埋棺柩行爲的懲罰。明律中「發冢」條即規定「若冢先穿陷及未殯埋，而盜屍柩者，杖九十，徒二年半。〔註76〕」清代沿襲明律，其「發冢」律文與明律相似，「若（年遠）冢先穿陷及未殯埋，而盜屍柩（屍在柩未殯，或在殯未埋）者，杖九十、徒二年半。〔註77〕」清律與明律相比，大致相同，只多了小注使律文更加清晰，可見明清都有保護停柩之家喪葬利益的法律意識，雖然這種保護意識源於對發冢行爲「情罪可惡〔註78〕」的社會危害性進行嚴懲的初衷，但畢竟在客觀上保護了停柩人家的利益。

不僅如此，清代對發掘未殯、未埋屍柩的規定更加詳細，用條例的形式使之清晰，並且增加了刑罰的力度。

發冢第七條例文

〔註75〕羅振玉：《藏書目錄題識》，《雪堂類稿》戊之四。
〔註76〕《大明律・刑律・賊盜》。
〔註77〕《大清律例・刑律・賊盜》。
〔註78〕《大清律例通考校注》第758頁。

盜未殯、未埋屍柩，及發年久穿陷之冢未開棺槨者，杖一百、
徒三年。如開棺見屍一次者，爲首發邊遠充軍。二次者，發極邊煙
瘴充軍。三次者絞。爲從一次者，仍照雜犯流罪總徒四年。二次者
發邊遠充軍。三次者發極邊煙瘴充軍。三次以上者亦絞。〔註79〕

此條例文是直隸總督李衛條奏，乾隆五年律例館奏准。例文的杖一百、徒三
年，相比律文的杖九十、徒二年半，增加了刑罰，對於盜未殯埋屍柩，中央
認爲「發冢之盜情罪可惡，律文盜未殯屍柩及發年久穿陷之冢原覺少輕」，因
此准李衛所奏，將此例文增入發冢條下。

　　乾隆五年所增例文原是「盜未殯屍柩」，沒有「未埋」字樣，這樣以來，
社會上停柩之事甚多，已殯未埋棺柩也多不可數，如果盜這種已殯未埋屍柩，
則無法引用例文。因此，乾隆十六年修例時，因爲「律載未殯埋而盜屍柩者，
杖九十徒二年半，注云『屍在柩未殯或在殯未埋』等語。查律注所載，原指
未殯、未埋兩項而言，今例內止載盜未殯屍柩，並未載有『未埋』字樣，若
有盜已殯未埋屍柩者，礙難引用。」則該條例文「應照依律文增改，以昭畫
一，輯如前例。」〔註80〕最終使例文如前所引，比較完備。這正是由於照顧
到社會中停柩之風所引起的大量已殯未埋屍柩，而作出的例與律相吻合的修
改。

　　關於盜未殯未埋屍柩條，嘉慶二十一年曾做過改定，並續修纂三條：

　　　　一、盜未殯未埋屍柩，鋸縫鑿孔，爲首一二次者，杖一百、徒
　　三年。三次者，照雜犯流罪總徒四年。四次五次者，發邊遠充軍。
　　六次及六次以上者，發極邊煙瘴充軍。爲從一二次者，杖九十、徒
　　二年半。三次者，杖一百、徒三年。四次五次者，總徒四年。六次
　　七次者，發邊遠充軍。八次及八次以上者，發極邊煙瘴充軍。

　　　　二、發掘墳冢並盜未殯未埋屍柩，無論已開棺未開棺，及鋸縫
　　鑿孔等項人犯，各按其所犯本條之罪，分別首從並計科斷。如一人
　　迭竊，有首有從，則視其爲首次數與爲從次數，罪名相比，從其重
　　者論。若爲首各次並計罪輕，准其將爲首次數歸入爲從次數內並計
　　科罪不得以爲從次數作爲爲首次數並計。亦不得以盜未殯未埋屍
　　柩，及鋸縫鑿孔之案歸入發冢見棺，及開棺見屍案內並計次數治罪。

〔註79〕《大清律例通考校注》第 758 頁。
〔註80〕《大清律例通考校注》第 758 頁。

三、受雇看守墳墓並無主僕名分之人，如有發冢及盜未殯未埋屍柩，並鋸縫鑿孔與未開棺槨者，或自行盜發或聽從外人盜發，除死罪無可復加外，犯該軍流以下等罪，悉照凡人首從各本律例上加一等問擬。〔註81〕

續纂之後的盜未殯未埋屍柩更加詳細、精準，不僅規定了次數、首從的不同，且規定了「盜未殯未埋屍柩罪」不可歸入「發冢見棺案」內共計次數，其實際目的則有「盜未殯未埋屍柩罪」應比照「發冢罪」從輕之意。

根據薛允升的分析，「第一條三次爲首，及三次以上爲從者絞，其餘並無死罪，以其非發冢也。第二條次數雖多，均無死罪，以其未見屍也。第三條雖並計次數，仍係從輕之意，即唐律所云罪法若等則累論，罪法不等，則以重法並滿輕法之意。」〔註82〕

可見，雖然在體例上「盜未殯未埋屍柩」歸入「發冢」律文之下，但由於其客體畢竟是未埋未殯屍柩，與尋常棺柩、墳墓性質不同，所以「盜未殯未埋屍柩」行爲與「發冢」行爲不僅從罪名上有所區分，從刑罰的執行上亦有所區分。盜未殯未埋屍柩不僅沒有死罪（除第一條三次爲首，三次以上爲從者外），且次數也不能與發冢次數合併計算。

從對「盜未殯未埋屍柩」的規定和處罰上，可知國家法對停柩的態度。1、縱向的律、例比較，可以看出：其例文比律文有加重的趨勢，顯示出國家法對停柩現象的默認、對發掘未殯未埋屍柩行爲的嚴懲態度；2、橫向的罪與罪之間比較，其刑罰即使較律文有所加重，但相比發冢本罪，仍然較輕，顯示出國家不可能以保護已埋屍柩那樣的力度，來保護未埋未殯屍柩的喪家利益；也不可能像打擊發冢那樣的力度打擊盜未殯未埋屍柩。畢竟，「停柩」與「已葬埋」在性質上，甚至在合法與否上有著極大的差別。這也從一定程度上說明了國家法是反對停柩的，這同「喪葬」律中規定停柩之禁保持了法律的一致性，但在一個停柩成風的社會裏，又必須保護這些未殯未埋的屍柩，必須保護停柩喪家的利益。

因此，喪葬律中「停柩」律文與發冢律中「盜未殯未埋屍柩」律文從兩個角度，既凸顯了國家在用法律調整社會時方式的多樣性，也表明了其調整

〔註81〕〔清〕薛允升：《讀例存疑點注》，中國人民公安大學出版社1994年版，第525頁。

〔註82〕《讀例存疑點注》第525頁。

功能的多面性。1、既從正面態度肯定了停柩的違法性，表明其不贊成停柩的態度，但又不得不保護停柩喪家的利益；2、既積極主動的禁止停柩、調整社會中的停柩現象，又受社會停柩之風的影響，被動的修改盜未殯未埋屍柩的刑罰、增加打擊力度。

而「停柩」與「已葬埋」的區別不僅使律文有如此大的差異，在司法實踐中，也常是使司法官吏陷入困惑的根由所在。如同治九年的「盜發磚槨撬竊未得財」一案。

案例一

查例載：發冢見棺，鋸縫鑿孔，抽取衣飾尚未顯露屍身，為首者，擬絞立決。為從，俱擬絞監候。又例載：盜未殯未埋屍柩，鋸縫鑿孔，為首一二次者，杖一百、徒三年。又，乾隆六年據通政使司參議奏請於發掘墳冢律內注明浮厝被盜者，一體分別定例治罪。經本部查律例內發掘墳冢及未殯埋而盜屍柩，分別見棺、見屍輕復位擬，固屬周詳，但細繹律注內云屍在柩未殯、在殯未埋，乃專指在家或暫停他所，未經砌有磚石者言也。其砌有磚石等類，已有丘墓之形，而實未埋於土，是為浮厝，盜此等棺柩較之墳冢則情輕，比未殯埋則情重。律內並未分晰注明作何治罪之條，礙難援照辦理，議請嗣後盜開凡人浮厝、棺槨者，分別見棺見屍，於本罪上各減一等問擬。等因。題准通行在案。

此案張鳴禾聽從在逃之雙得老三，用鐵鑿撬落事主張正心、朱鴻賓等祖墳槨磚，將棺頭鑿開一縫，用手探無衣飾，聞有聲響逃散。該撫以張鳴禾聽從撬竊事主張正心等家棺柩，鋸縫鑿孔，並未顯露屍身。原勘四圍砌磚，槨身半在地上，半截入地，若竟作墳冢，則並未全埋。若謂為浮厝，而實半截入地，又與年久穿陷者不同。核與乾隆六年，部議已有墓形之浮厝相同，又與全未埋藏於土者未符，可否援照乾隆六年部議，於現奉通行發冢見棺絞罪上減等，分別首從問擬之處，咨部核示。等因。

查發冢見棺，鋸縫鑿孔，並未顯露屍身，舊例為首一二次，擬軍；為從，擬徒。嗣於同治四年據升任大理寺少卿於凌辰等奏請將發冢案件從嚴辦理，經本部會同將發冢見棺，鋸縫鑿孔，未露屍身之犯，為首，擬以絞決，為從俱擬絞候纂入例冊遵行。原以發掘之

犯，結夥成群，殞及枯骨，故從嚴懲創。然必實係業經埋葬已成墳冢，方合例意。若係止有丘墓之形，與實在葬埋者有間，自未便照發掘墳冢並論。是以乾隆六年本部酌議將盜浮厝棺柩照掘墳例減一等以示區別。

今張鳴禾聽從在逃之雙得老三撬竊事主張正心等家棺柩，鋸縫鑿孔，並未顯露屍身。亦未得財，該撫聲明此等案件僅照未殯埋屍柩問擬城旦，與暫停他所併未砌有磚石者不同，若竟照發冢見棺鋸縫鑿孔新例分別首從均擬縲首，與全埋於土已成墳冢者究屬有間，援照乾隆六年通行於發冢見棺據縫鑿孔絞罪例上減一等，分別首從問擬，繫屬酌量辦理，自足以昭情法之平。惟是葬法深淺，原無一定。江、浙等省有浮厝動經二十年後，始擇地安葬者，繫屬暫停他所，自不得與發掘墳冢一體同科。若在祖墳內將棺槨半入地，中用磚石封砌，作爲已經葬埋，以後不復改易，即屬已成墳墓，雖未全埋入土，亦與發掘墳冢無異。情形既各有不同，罪名即因之迥異，應令該撫將張正心等祖墳是否暫行浮厝，抑係已經葬埋之處，迅速查訊明確，按例分別定擬具題。到日再行核覆。〔註83〕

本案因爲民間葬埋風俗不一、方式各異，而在定罪量刑上使司法官吏陷入困境。中國傳統法律的特點是法典規定十分具體，力求把每一種犯罪都囊括在內〔註84〕。而中國傳統法律的這種「絕對的法定刑主義」的立法技術〔註85〕，

〔註83〕《刑案彙覽三編》卷19「盜發磚槨撬竊未得財」，北京古籍出版社2004年版。
〔註84〕美國學者布迪、莫里斯曾在《中華帝國的法律》中論述：（帝國的）法典總是力圖將每一類犯罪各種可能的表現形式都歸納其法律條款之中，進而分別確定各種相對應的刑罰。在規定各種犯罪的法律條款中，與該犯罪相對應的精確的量刑規定是其不可缺少的重要組成部份。從理論上說，州縣長官在確認被告的犯罪行爲之後，對於在判決中給予該罪犯何種刑罰，他們無需考慮；因爲對每一種犯罪，法律只規定了一種相對應的刑罰，沒有必要進行選擇刑罰的考慮。如果所有的犯罪都應受到同一種刑罰，而該刑罰又都與這些犯罪所犯罪行相適應，那麼，這些犯罪所犯罪行在嚴重性的程度上，必然是完全一樣的。如果不管犯罪的嚴重性程度而給以同一等級的刑罰，勢必使一些罪犯受到過於嚴屬的處罰，而另一些罪犯所受刑罰則過於輕緩。帝國法典的設計者們試圖避免量刑上的畸輕畸重，爲此，在由他們所設計、制定的法典中，對於犯罪種類的劃分非常細緻，對於每一種可能出現的犯罪形式，又都規定了相對應的刑罰。見D‧布迪、C‧莫里斯著，朱勇譯：《中華帝國的法律》，江蘇人民出版社1998年版，第402～403頁。

使傳統社會的司法官吏必須按照法律的現有規定對犯罪進行定罪量刑，一旦法律對於複雜的社會犯罪狀態沒有相應的規定，困難便出現了。正如布迪、莫里斯所言，「許多法律制度都面臨著如何『罰當其罪』的問題。在中國，這個問題由於許多法律條文的高度專門化而變得更加重要。在一個用從具體事件中抽象出來的一般概念所制定的法律制度中，法官在審判案件時能夠更容易地為某項犯罪找到相應的法律條文，但是對於法官的解釋權也就提出了更多的要求。相反地，在中國這樣的體制中，法律條款所涉及的內容較為狹窄，其規定也更專門化（同時刑罰也形成了差別細微的等級系列）；這就限制了法官的解釋自由，因為必須從法律規定中找出與具體案件的特殊情況正好相符合的專門條文來。然而，一旦法官受理了一個其情形在現行法律條文中並沒有具體規定的案子，困難就出現了。正是這種困境可以部份地幫助我們理解清代有數量如此之多的例產生出來。這些例的制定看來是為了跟上人們發明新花樣去傷害自己同伴的步伐。」〔註86〕

因此，當犯罪行為是一種「新花樣」的時候，法律的相對滯後性是無法對之作出相應規定的。本案中發冢的「新花樣」不在於犯罪行為是新出現的行為，而在於其發掘的對象是現有法律未作出規定的事物，這就導致法官在現行法律條文中無法找到具體規定，無法按律定罪量刑。本案所顯示出來的這種困境，正是由於民間葬埋、停柩風俗的多樣性和複雜性而造成的。律文規定了以「已葬埋屍柩」為對象的發掘行為；例文規定了以「未殯埋屍柩」為對象的發掘行為，但除此之外，民間尚有「浮厝」現象。民間停柩形式不一，有停柩在家，有停厝在野，停厝在野的情況，除了僅停其棺柩之外，還存在半埋於土，淺厝待葬的「浮厝」的形式。種種複雜的葬埋、停柩現象，使司法官吏無法直接引用律文進行定罪量刑。

因此法官在對本案進行審理時，認識到「浮厝」與已葬埋屍柩和未殯埋屍柩都有所區別，即刑部所說，「其砌有磚石等類，已有丘墓之形，而實未埋於土，是為浮厝，盜此等棺柩之墳冢則情輕，比未殯埋則情重」，因此在定罪量刑上也應重於「盜未殯埋屍柩」、輕於「盜已葬埋屍柩」。針對律例沒有明

〔註85〕 參見寺田浩明的《日本的清代司法制度研究與對「法」的理解》一文注3，見滋賀秀三等：《明清時期的民事審判與民間契約》，法律出版社1998年版。

〔註86〕 〔美〕D・布迪、C・莫里斯著、朱勇譯：《中華帝國的法律》，江蘇人民出版社1998年版，第171頁。

文規定的情況，乾隆六年曾經部議「盜開凡人浮厝、棺槨者，分別見棺見屍，於本罪上各減一等問擬」，並曾題准通行在案。本案官員曾勘察原地「四周砌磚，槨身半在地上，半截入地，若竟作墳冢，則並未全埋。若謂爲浮厝，而實半截入地，又與年久穿陷者不同」，因此咨部核示，是否可以援用乾隆六年部議，於發冢見棺絞罪上減等。刑部的答覆認爲此案確實「與暫停他所併未砌有磚石者不同」，又「與全埋於土已成墳冢者亦有間」，因此援用乾隆六年部議，「系屬酌量辦理，自足以昭情法之平」。但即便如此，刑部仍認識到，民間葬埋、停柩風俗，「原無一定」，則其刑罰仍不能單一地援引乾隆六年部議。單就浮厝而言，江浙有些人家浮厝多年之後，方擇地安葬，此種情況援引乾隆六年部議，才是昭情法之平；而有些人家，雖爲浮厝、棺槨半入地，但以後不再改易，此種情況作爲「已經葬埋」，發掘行爲亦是與發掘墳冢無異。因此，刑部要求地方將浮厝情況查清，是否待將來改葬，抑或已經葬埋不再改易，然後再分別按照不同情況處理。

這個案件顯示出，民間葬埋、停柩風俗的細微差別導致了應用律例斷案的複雜性。因停柩情況的不同，導致發掘的對象有異，從而直接影響到「罪名」的定性，和「刑罰」的加減。同時也導致了清代司法中用律、例和通行結合，對定罪量刑進行中和，使之適應案件情節的特點。

此外，道光二十四年曾有「盜開用磚灰砌築已有丘墓平放地上之墳」一案：

案例二

廣東司　查此案邱亞盛等盜開鄭葉氏未埋屍柩，竊取銀飾，計贓十兩以上。該撫以鄭葉氏棺柩用磚灰砌築，已有丘墓之形，惟平放地上與業經入土埋葬者不同，覈其情節，較之盜未殯未埋屍柩則重，較之發掘已埋墳冢則輕。將該犯邱亞盛依盜未殯未埋屍柩開棺見屍爲首一次邊遠充軍例上量加一等，發極邊足四千里充軍。等因。本部查例稱未殯未埋者，即如浮厝等類。凡未經入土掩埋者，俱已包括在內。今該犯邱亞盛等所盜鄭葉氏屍柩，既稱未經入土埋葬，即屬未埋屍柩。例有治罪明條，自應遵循引用，豈得另生異議？該撫率於本例量加定擬，殊屬臆斷，應即更正。邱亞盛應改依盜未殯未埋屍柩開棺見屍爲首一次者發邊遠充軍例，發邊遠充軍，業已病

故，應毋庸議。〔註87〕

此案廣東撫在審查時，亦認識到屍柩尚未入土，但又有丘墓之形，與上案一樣，較盜未殯未埋屍柩重，較發掘已埋墳冢輕。但他並未按照乾隆六年的部議和題准的通行，擬以「於（發冢）本罪上各減一等」，而是擬以「依盜未殯未埋屍柩量加一等」，因此被刑部駁斥爲「臆斷」。並且，案中既說是未埋屍柩，則刑部認爲「盜未殯未埋屍柩」即可囊括此罪，應該嚴格引用「盜未殯未埋屍柩例」治罪。

此案僅在定罪時依「發冢」抑或依「盜未殯未埋屍柩」時有所徘徊，並未提及乾隆六年的部議，即對於「盜開浮厝」的處罰辦法，這大約跟刑部對葬埋風俗的認識不同而造成的。前案中，張鳴禾盜已有丘墓之形屍柩，地方官認爲定「發冢」則太重，定「盜未殯未埋屍柩」則太輕，咨刑部是否可援引乾隆六年對「盜浮厝」的部議；而刑部也同意這種判斷，贊同地方官援引乾隆六年的部議。而本案中，邱亞盛同樣是盜已有丘墓之形屍柩，地方官也同樣認爲定「發冢」則太重，定「盜未殯未埋屍柩」則太輕，擬定於後罪（盜未殯未埋屍柩罪）量加一等，但由於這種引斷既沒有依照律文、也沒有依照條例，甚至不像上案一樣依照部議和通行，因此被刑部駁斥爲「臆斷」也是必然的。然而，此案情節與上案大致相同，上案中，刑部同意地方援引部議和通行斷案；而本案中，刑部卻對乾隆六年的部議隻字未提，認爲「盜浮厝」可以被例（盜未殯未埋屍柩例）的內容所囊括，僅嚴格按照例文引斷即可。同是中央司法機關，但引斷時仍有這樣的差別：1、刑部在不同時期對部議和通行的法律效力認識不同，道光時期刑部嚴格按照例文引斷，強調例文的權威性；而同治時期的刑部則認識到在援引例文尚不足以與案情吻合的時候，可以援引部議和通行，以達到情罪相協。2、刑部對民間葬埋、停柩風俗的認識有異。道光時期的刑部認爲在司法實踐引斷律例時，「盜未殯未埋屍柩」可以吸收「盜浮厝」的行爲，或者毋寧說，對於此時的刑部而言，浮厝同未殯未埋屍柩是幾乎一回事，二者之間的細微區別不足以使二罪分別援引二個例文；然而同治時期的刑部已充分認識到浮厝與未殯未埋屍柩的區別，因而在審斷「盜浮厝」時，不援引「盜未殯未埋屍柩」，而是援引乾隆六年的部議和通行而定。

〔註87〕　《刑案彙覽三編》卷19「盜開用磚灰砌築已有丘墓平放地上之墳」，北京古籍出版社2004年版。

除此之外，嘉慶十八年江蘇地區發生一個盜浮厝的案件，其審斷與案例二類似。

> 江蘇司　嘉慶十八年
>
> 蘇撫咨：外結徒犯内張富聽誤伊妻病中譫語，疑係僵屍，將張維寧浮厝屍棺撬開棺蓋，尚未見屍。張富應比照盜未殯未埋屍柩未開棺槨例，擬流〔註88〕。

無獨有偶，乾隆四十二年與乾隆四十九年的兩個案例「同地同時連開兩棺仍依見屍一次問擬」和「刨棺擬徒在配逃回覆連刨三棺從重發黑龍江」（見附錄），也作出了同樣的審斷。

　　嘉慶、乾隆年間的這三個案例都是盜浮厝案，其罪刑都是依照盜未埋屍棺例來處斷。可見，同治之前，對於此案的處斷還是比較輕，沒有按照乾隆六年的部議將「盜浮厝棺柩」照發冢掘墳例減一等，而是按照處罰較輕的盜未埋屍柩例處斷。這恐怕與案例一中提到的同治四年升任大理寺少卿於淩辰等奏請將發冢案件從嚴辦理有關。但也說明刑部對葬埋風俗的認識是有差別的，之前雖然刑部意識到浮厝與墳冢的不同、以及未埋未殯屍柩、浮厝與已葬埋屍柩的不同，但是在司法實踐中仍然將浮厝包含在未埋未殯屍柩範疇内，因而並沒有按照發冢例減一等處罰。而在同治九年的「盜發磚槨撬竊未得財」案（案例一）中，方才嚴格將盜「浮厝」與盜「未殯未埋屍柩」區分開來，產生了按乾隆六年部議將盜浮厝棺柩照掘墳例減一等的司法實踐。

二、地方官對民間停柩的實際操作

　　停柩是律例禁止的行爲，卻能流行於許多區域，可見法律的執行情況十分堪憂。正如張文嘉《齊家寶要》云：今國律雖有停柩之禁，卒無舉行者〔註89〕。法律之禁爲何不能認眞貫徹？其原因首先在於沒有人對停柩進行舉報劾究，阮葵生《茶餘客話・停柩不葬》記載「停柩不葬，律有明禁，而從無舉劾者」，這就意味著雖然律有明禁，但在現實生活中，沒有人認識到這是一種違法行爲，即便認識到是違法行爲，亦不予重視。這在州縣判牘當

〔註88〕《比照案件・刑律・發冢》，楊一凡：《歷代判例判牘》第八冊，中國社會科學出版社2005年版，第493頁。

〔註89〕〔清〕朱軾：《停喪不葬》，《皇朝經世文編》卷63《禮政・喪禮》，《魏源全集》第16冊，嶽麓書社2004年版，第447頁。

中亦可發現，處理停柩的司法判決中，幾乎沒有純粹因為停柩而引起的訴訟，也就是說這些訴訟都是由於爭產、爭地或者其它財產上、繼承上的糾紛引起，很少有人單純是因為停柩而去告發或者提起訴訟，於是對停柩的判決就只能成為民間細故的附帶處理意見。對於這些基層的違法現象，地方親民官一旦糾察出來，一般有以下幾種做法：

其一，停柩事實僅作為推定案情的依據和前提。在州縣的判牘當中，有些案件雖然在審理的過程中糾察到當事人有「停柩」現象，但是沒有對其作任何性質上的判斷，自然也沒有對其當事人進行律例所規定的「杖責」之罰。在這種判決中，停柩僅僅作為判斷案件事實的情況，僅是使案件「水落石出」的線索而已。如《樊山批判》中記載張錫命告兩家抗租一案。

案例一：批張錫命呈詞

　　爾於同治十年怙恃俱失，爾姑母許張氏因爾年小，將爾家地畝租給已故翟武舉耕種，又將其其房地租與楊文花。迄今二十餘年，翟、楊兩姓抗租不給等語。查，爾今年四十六歲，同治十年爾已二十一歲，不得謂之幼小。家中既有許多產業，又據稱靈柩未葬，何以久在口外，直至光緒二十年始歸？歸即向翟、楊兩家索錢，楊推緩而翟狡抗，彼時即應控究，何以遲之又久，始行具呈？情節太覺支離，著照指駁各節明白具覆蓋候奪。此呈不准。〔註90〕

此案中，張錫命聲稱，同治十年，姑母因其幼小，將其家地租給已故翟武舉耕種，又將其房地租與楊文花。迄今二十餘年，翟、楊兩姓抗租不給。對於此案，知縣樊增祥並沒有偏聽偏信，而是找到張錫命狀詞中的兩個漏洞：（1）張錫命的年齡問題。他今年四十六歲，推出同治十年他二十一歲，不能謂之幼小。（2）停柩問題。張錫命既然有產業租給別人，可知產業豐裕，但是家裏卻又靈柩未葬，既有產業如何卻無力營葬？可見所控不實，因此，斷定情節支離，此呈不准。

此外，《樊山批判》中還有一案：

案例二：批李王氏呈詞

　　爾娘屋身故乏嗣，王葫蘆得業承祧，允葬四門靈柩，此係同治

〔註90〕〔清〕樊增祥：《樊山批判》卷12「批張錫命呈詞」，《歷代判例判牘》第十一冊，第542頁。

年間之事，何停柩二十餘年之久，族中並無一人說話，遲至於今，

爾以出嫁之女出頭具控，理不可解，難保無挾嫌唆訟情事。爾丈夫

現住何處？有無子息？何以令外甥作抱？所控不准。〔註91〕

李王氏呈控原因不詳，根據批判內容推知，大約是控告其娘家嗣子王葫蘆停葬或其它一些財產事宜。而樊增祥更是在此案中通過停柩一事，尋求呈控的不合情理之處。李王氏娘家無後，因此得王葫蘆承祧並繼承財產，並允諾安葬王家四門靈柩，此係同治年間之事。而如今李王氏具控王葫蘆，據承祧時已有二十餘年。知縣樊增祥質疑，爲何王葫蘆停葬二十餘年之久，族中並無一人說話，遲至二十年後，由一出嫁之女出頭具控？理不可解。也即如果王葫蘆繼承財產之後，並未履行安葬四門靈柩的諾言，那麼族中怎會眼看王家停柩二十年、眼看王葫蘆違背前諾而無人說話？而這一質問推斷出李王氏可能有挾嫌唆訟情事，因此判決李王氏所控不准。

以上兩個案例當中，州縣並沒有對停柩行爲進行法律上的究治，而是把停柩當作推斷案情的依據，或者從停柩一事判斷當事人的家境狀況，或者從停柩一事判斷當事人是否唆訟。可見這兩個案例中，州縣僅僅把停柩當作對案件事實判斷的線索，對停柩並沒有進行實質上的依法處置。

其二，停柩事實在查出之後被勸諭改正。從地方官的判牘、判語可以看出，在司法過程中糾察出停柩之事後，大多沒有眞正施以杖刑，而僅是被勸諭速葬。如《四西齋決事》中記載「戴洪煦批」一案：

案例三：戴洪煦批

戴鍾偉同生母梁氏吞匿雲墀遺產，抗違前縣斷案，不肯贍養嫡母萬氏，舉家外出，萬氏病故，絕不過問。爾既爲雲墀派下嫡長孫，現在年已及歲，雲墀棺柩浮厝多年，萬氏新喪已踰半載，擇地安葬，事無可緩，責無可貸，應責成爾商同朱氏趕緊料理。爾父鍾靈、母章氏皆早故，亦應亟謀窀穸，此乃人生根本大事，慎勿率忽。卷查，前呈光緒二十一年間分書內載，雲墀做墳落葬一切費用歸鍾偉等四股派聽，乃迄已年久，尚未遵議安葬，以致殯棺雨淋日炙，實屬喪盡天良。查，雲墀祭產分書內載，提存宇宙荒等三號田十九畝七分

〔註91〕〔清〕樊增祥：《樊山批判》卷12「批李王氏呈詞」，《歷代判例判牘》第十一冊，第519頁。

零，核與單開間有不符。該田初議兩方輪年對收，據供梁氏已占收
已及三年，請由爾收租料理葬務，尚屬以公濟公，事無不可，應著
自向承種前項當年佃戶收取，商明朱氏辦理葬務，俟辦竣後再行照
舊輪收，以符原議。至此項田畝皆坐落山邑境內，並即抄批自赴山
陰縣衙門呈明立案可也。黏單揭還。〔註92〕

　　該案訴訟標的是宇宙荒的對收租金，在前任州縣時已有紛爭。事情源於
光緒二十一年，本案當事人戴洪煦的祖父戴雲墀祭產分書中載，提存宇宙荒
等三號田十九畝七分零，該田初議由戴鍾靈、戴鍾偉兩房輪年對收。而戴鍾
靈早故，戴鍾偉同生母梁氏吞匿雲墀遺產，抗違前縣斷案，不肯贍養嫡母萬
氏，舉家外出，萬氏病故，絕不過問。且應該輪收的祭產租金也由梁氏占收
三年。戴洪煦作為戴鍾靈長子、戴雲墀嫡長孫因而控縣，其訴訟請求即為由
他來收宇宙荒之租。由案情可知，本案在前縣審斷時，是純為處理雙方民事
糾紛而作出的，判決戴鍾偉應贍養嫡母萬氏。前縣判決雖然作出，但是戴鍾
偉並未遵守和執行判決，而是為了逃避判決對其不利的後果，舉家外出，及
至嫡母病故亦不過問。而在現任州縣審查案情的過程中，雖然認定戴鍾偉不
遵前縣斷案，但也查出戴洪煦有停柩之事。一方面，戴洪煦的民事權利遭到
侵害，在本案的民事訴訟中理應得到救濟和保護，對於此點，現任州縣判決
由戴洪煦收租，「事無不可」，這事實上對於戴洪煦的民事權利給予肯定和救
濟。另一方面，戴洪煦作為雲墀派下嫡長孫，現在年已及歲，而致雲墀棺柩
浮厝多年，萬氏新喪已踰半載，仍未安葬，戴洪煦責無旁貸，因而責成戴洪
煦商同朱氏趕緊料理，擇地安葬，事無可緩。而對於停柩之事，現任州縣也
表明了強烈的反對態度，針對「雲墀做墳落葬……迄已年久，尚未遵議安葬，
以致殯棺雨淋日炙」的停柩事實，嚴厲責罵為「喪盡天良」。

　　就本案的審理來看，訴訟標的為輪收的祭產租金，而訴訟請求也是戴洪
煦一方要求收回收租權利，屬於民事訴訟，在判決裏，州縣也如當事人所要
求的那樣，對其被侵害的民事權利給予了救濟。而在對民事訴訟審理的過程
中，卻發現案中有停柩這一違反《大清律例》的做法，按律應該杖責八十的
停柩成為此案中明顯的違法事實。根據雙方當事人的家族內關係，應對「停
柩」承擔責任的人恰恰是作為死者的嫡長孫的戴洪煦，即民事權利被侵害一

〔註92〕〔清〕孫鼎烈：《四西齋決事》卷 1「戴洪煦批」，《歷代判例判牘》第十冊，
　　　　第 527 頁。

方當事人。也就是說，戴洪煦一方既擁有要求權利救濟的權利，同時又應該承擔杖八十的處罰，但州縣官在判決的時候，並沒有嚴格按照法律規定對其處以杖責，僅僅是責成當事人一方趕緊料理，擇地安葬。

無獨有偶，《歷任判牘彙記》中記載「判袁王氏等堂詞」一案：

案例四：判袁王氏等堂詞

此案訊據袁立仁出撫與袁湘爲嗣，係袁湘在日憑族戚立據，歷年相安無異。袁湘歿後，其母袁王氏因議備贍養之費，向立仁取用，常有短缺，以致控案，欲作悔繼之謀。袁立仁既出撫與袁湘爲嗣，自應供養母親，何能違抗。仍照原議，所有洋銀三十元之利息以及應備錢米，須按月繳歸王氏手收。其母年邁，身後衣棺等項，即當早爲預備。故夫袁湘停柩未葬，尤宜趕緊妥安窆穸，以慰幽靈而盡孝道。並飭令潘明高從中開導。以後母子毋得爭論，原黏繼書一紙，允約一紙，洋條三紙均發還。遵結附卷。此判。〔註93〕

在此案中，州縣對停柩的處理仍然沒有實行杖責，僅僅是勸其趕緊妥善安葬，勸諭當事人遵守孝道而已，也沒有採取強硬的刑事懲罰手段。

其三，處理停柩成爲對當事人民事權益的一種協調手段。李鈞在《判語錄存》中記錄了他牧守洛陽時偃師縣發生的一個案例，當事人家中亦有停柩情事，而處理停柩、責令速葬相應地需要一定資費，這些資費的撥離恰好爲調和當事人財產權益的糾紛提供了理由。

案例五：爭產事（道光十年十一月初一日）

審得偃師縣民王月丹控王長庚滅祖背據等情一案。緣王月丹父林升，與王長庚父允升爲同胞兄弟。允升居長，林升居次。林升出繼堂伯爲嗣，繼產僅有地六畝，莊基一所。其父以林升繼產淡薄，仍令與允升同居。並令日後析箸，將繼產併入本門產業，兩股均劈，立有遺囑爲據。其父暨允升兄弟相繼而亡。允升有子長庚等三人，林升有子月丹一人。九年三月，邀同親誼李文俊等公議析居。合計兩門房產，除長庚生母劉氏私積，應得地八畝不計外，其餘共莊五處，地一頃五十五畝。查照遺囑，按兩股均劈。已立分單，內有地數畝，互爭未決，因而成訟。該縣以長庚等人丁較繁，僅得一股，

〔註93〕〔清〕趙幼班：《歷任判牘彙記》卷2「判袁王氏等堂詞」，《歷代判例判牘》第十二冊，第193頁。

未免偏枯。乃祖雖有遺囑，亦不過欲子若孫同享溫飽，既無外待次子之心，詎有歧視諸孫之意？月丹誠能恪守遺言，自當善承先志。除月丹應得繼產地六畝不計外，所有本門遺產，斷令四股均劈，以昭平允。詎月丹情有不甘，迭次由府上控道轅。奉批提訊。查子孫既經出嗣，自不得於本門財產再生覬覦。月丹所以尚得瓜分者，徒恃有乃祖之命耳。既以其祖之言而許其分，即當從其祖之議而許其平分。該縣所斷，固屬教民興讓，然而以君子之心測小人之腹，割宅讓產，正難望之椎魯愚氓也，既不能喻之以情，自不得不折之以理。查其祖停柩未葬，著公除地二十畝，交長庚變賣為營葬之費。再除地十五畝，為長庚繼母史氏養老之資。餘莊五處，地一傾二十畝，並傢具、糧食等物，著邀同原中，均按兩股公劈，以靖囂爭。

一干省釋，取結附卷。行縣知照，並詳覆道憲可也。此判。〔註94〕

此案中，王允升與王林升為同胞兄弟，允升居長，林升居次。次子王林升出繼堂伯為嗣，繼產僅有地六畝，莊基一所。其父以王林升繼產淡薄，仍令與王允升同居。並令日後析箸，將繼產併入本門產業，兩股均劈，立有遺囑為據。之後，其父暨允升兄弟相繼而亡。王允升有子王長庚等三人，王林升有子王月丹一人。兩房按兩股均劈分產，有數畝田地互爭未決，於是王丹月控王長庚滅祖背據，因而成訟。

此案先經偃師縣縣令審斷，偃師縣令以王長庚等人丁較繁，僅得一股，未免偏枯。而且王林升本已出繼，按民間慣例所繼財產與本門無關，正如案中所言「子孫既經出嗣，自不得於本門財產再生覬覦」，只是因為其父憐其繼產稀少，方才令財產合併，與長子兩股均分。在兩輩人都去世後，長房三子，二房僅一子，如按照遺囑兩股均分，意味著長房三子共得與二房獨子所得數目均等，似有不公。偃師縣令由是揣測「乃祖雖有遺囑，亦不過欲子若孫同享溫飽，既無外待次子之心，詎有歧視諸孫之意？」從而判令遺產不按兩股均分，而按照四股均分，以昭平允。

但縣令所判畢竟置遺囑繼承於不顧，二房獨子王月丹情有不甘，迭次由府上控道轅。洛陽郡守李鈞因此對此案再作審理、奉批提訊。此案偃師縣令雖判令四股均分、以昭平允，但違背了遺囑對財產的分配，王月丹情有不甘

〔註94〕〔清〕李鈞：《判語錄存》卷 2「爭產事」。《歷代判例判牘》第十冊，第 42 頁。

屢次上控，也是源於此。在崇尙「必也使無訟」的古代社會裏，法律秩序的最終目的是要達到「無訟」，因此要使此案息訟、息紛爭，必定要遵守其分產的遺囑。這其中關節被洛陽郡守李鈞看到，因此只有遵守遺囑兩股均分，才能息王月丹之不甘、息爭產之訟。該案先使偃師縣令遇到兩難的問題：遵守遺囑未免偏枯；平允分配又引紛爭。在這個兩難問題上，偃師縣令選擇了不遵遺囑、平允分配，這種判法李鈞委婉地批評爲「以君子之心測小人之腹，割宅讓產，正難望之椎魯愚氓也」。偃師縣令想要以情斷案、教民興讓，但在本案中顯然不合適，因而引發了王月丹的迭次上控。既然該案不能喻之以情，自不得不折之以理。王月丹所恃爲乃祖之命，只有按照其祖之議方能息爭。因此李鈞改判爲遵守其祖遺囑，但這種做法在民情中顯然不公平，畢竟子孫出嗣，不能對本門財產有所覬覦，且長房子孫繁多，二房僅王月丹一子，要使息訟且判決更加公平，只有採取一定的變通措施。

這種變通措施即是：一方面承認遺囑的效力，判處兩方均劈；一方面在查出王家「停柩未葬」之後，把處理其祖父葬務的事情落在長房身上，並從爭議財產中撥離相應的費用以使長房順利解決「停柩」之事。因而，李鈞針對此案判詞如下：「查其祖停柩未葬，著公除地二十畝，交長庚變賣爲營葬之費。再除地十五畝，爲長庚繼母史氏養老之資。餘莊五處，地一頃二十畝，並傢具、糧食等物，著邀同原中，均按兩股公劈，以靖囂爭。」〔註95〕

按照清代的喪葬費用，除了有厚葬習俗及富貴人家不計外，在清代一人的葬務處理大約僅需要十兩銀子。這通過清代的燒埋銀數量可以推斷，明清以來，改變了元代殺人後賠付五十兩燒埋銀的規定，改爲過失殺人賠付十兩銀子。明清規定街市驛車馬致死、獵戶過失致死、無故投擲石塊放彈射箭傷人致死、因事威逼人致死等，追燒埋銀十兩。〔註96〕燒埋銀即埋葬銀，雖帶有一定程度的命價賠償性質，但由此也可看出當時一般人家如不講究厚葬的話，花費十兩銀子左右即可安置死者、辦妥喪事。另外，曾國藩曾訂立湘軍在戰場上戰死或逃脫的獎懲標準，「打仗陣亡者，照營制，賜恤銀子五十兩，燒埋銀十兩。〔註97〕」由此可見，在清代只需十兩銀子即足夠埋葬死者。

〔註95〕〔清〕李鈞：《判語錄存》卷2「爭產事」。《歷代判例判牘》第十冊，第42頁。
〔註96〕楊立新：《人身權法論》，人民法院出版社2002年版，第47頁。
〔註97〕轉引自趙菊春：《曾國藩帶兵與高效團隊建設》第215頁，中國華僑出版社2005年版。

　　再對比一下當時土地價值，根據清代文人錢泳所描述：「前明中葉，田價甚昂，每畝值五十餘兩至百兩，然亦視其田之肥瘠。崇禎末年，盜賊四起，年穀屢荒。咸以無田為幸，每畝只值一二兩，或田之稍下，送人亦無有受諾者。至本朝順治初，良田不過二三兩。康熙年間，長至四五兩不等。雍正年間仍復順治初價值。至乾隆初年，田價漸長，然余五六歲時，亦不過七八兩，上者十餘兩。今閱五十年竟長至五十餘兩矣。」〔註98〕可見，乾隆以後，田價漸長，並且漲幅較大。到了本案發生的道光年間，田價更是驚人，每畝長至五十餘兩。根據道光七年的一份田契所載，當時田價正如錢泳所講，價值昂貴。

　　道光七年（1827年）南海縣李恒謙賣田契〔註99〕：

　　　　立永賣民田契人李恒謙，係南海縣五斗口司佛山鎮人氏。今因急用，兄弟祖母商議，願將此祖遺下經分名下田三丘：一丘坐落土名柵下海邊，一丘坐落土名圍眼基，一丘坐落土名二步閘，共該今杖稅四畝七分。出帳召人承買，取今時價銀二百七十兩。先召房親人等，各不就買。次憑中人引至義倉承買，依口還實價銀二百七十兩正。……

此契約也表明本案發生的道光年間田價甚高，由此推算出，本案洛陽郡守李鈞判詞中，判給長房處理停柩的喪葬費用二十畝地，實在為一筆價值較高的財產。若按照錢泳所言，二十畝地當時時價約合一千兩銀，相對於僅十兩燒埋銀的營葬費用，確實極為可觀。

　　這種做法可謂是用心良苦，一方面要糾正偃師縣令對其祖遺囑置之不顧的做法，以防興訟；一方面又要使判決結果盡可能地達到平允。既要認識到王月丹「小人之腹」，不能期冀其「割宅讓產」，所以要按照遺囑分配財產，以杜紛爭；又要照顧到長房子孫繁多，不致使其在分配財產時處於過份劣勢，儘量公平。如何遵守一個當時不太平允的遺囑，又使案件的處理顯得公平？「停柩」事實的發現成了一個很好的藉口。處理停柩而需要的費用，通過從爭議財產中撥離來實現，所撥離財產也即營葬費用是最不會有爭議的費用，郡守把這一部份財產撥給長房，以供營葬之費。這部份財產既救濟了長房在遺產分配中所處的劣勢，又使對方當事人無法提出任何駁斥意見，最終達成

〔註98〕〔清〕錢泳：《履園叢話》，江蘇廣陵古籍刻印社1995年版，影印本。

〔註99〕張傳璽：《中國歷代契約彙編考釋》，北京大學出版社1995年版，第1335頁。

了各種利益的平衡，達到了州縣法官所追求的「息訟」和「平允」。

　　然而，就停柩而言，本案中官方對停柩的態度是極其寬容的，並沒有因其違法而實施杖責、甚至沒有對此事作出任何反對的評價。就整個社會範圍來看，停柩之風是愚悖之風，形成一定社會危害，從而成為法律所禁止的違法、違禮的社會問題，而就本案的個別事例來講，停柩事實成了解決難題的一個藉口，幫助地方官順利解決財產分割問題。所以，地方官不僅沒有進行杖罰、斥責，恐怕私心也慶幸有停柩情事，使其能在「息訟」和「平允」中得到兩全。因而從爭議財產中撥款使當事人解決停柩問題，可以說，停柩情事在本案中得到了較大程度的寬容。

　　其四，僅對所控事實作出判決，而對停柩置之不問。

案例六：阻葬事

　　審得洛陽縣臬書馬待聘控監生馬澤榮阻葬率搶等情一案。緣馬待聘曾祖馬驥，為胞叔馬明德過繼，後明德又生二子：馬祿、馬勳。馬祿祔葬先塋，馬勳故後，其子澤榮以地無吉穴，改葬新塋。馬驥與其妻浮厝先塋之旁，其子浮厝澤榮新塋之旁，其繼妻又寄埋他處。其再繼妻，與其子婦，暨其孫均停柩在家。累累多棺，久經暴露，蓋不但無穴可葬，抑且無地可容。道光十一年十一月，其曾孫馬命甲，與弟馬錫甲，即馬待聘等，營建新阡，謀欲合葬。先期以告族親，馬澤榮初無異議，繼而索地三十畝，為先塋祭田。命甲不許，澤榮遂倡言子應從父，已葬不可復遷。屆期啟攢率眾凶阻，復赴命甲家滋鬧。謂所享之業，皆係伊家繼產。指揮男婦十餘人，牽去轅騾一頭，抬去白花四簍，並砸毀什物多件。命甲告官，該縣命將騾頭、棉花送還。其曾祖仍令祔葬先塋，餘聽其便。命甲不服，由府迭控司院。待聘越控至院憲。查子孫擇地葬親，原欲選建佳城，以安靈魄。其先塋如無吉穴，即當聽其改卜，更不在有無隙地。若謂子應從父，則伊古以來一姓只有一塋，何改建新阡者比比皆是？其所葬豈果無父之人？且馬勳亦明德之子，何以改葬？如謂少子可移，而長子必不可遷。此種例文出於何處？至為祖宗公除祭田，原無不可。然必二門、三門，照數均撥，方為平允。乃澤榮謂慮其薄於所後，一經遷葬，便不肯祭掃先塋。夫嗣子之於嗣父，或者中年取繼，隔膜不親。若曾元之於高曾，日久相習，早已視同一脈，安

能於所後所生尚分厚薄？且何不待其不行祭掃而後，以大義責之，
乃作此臆度之詞，預為挾制，其為假公濟私，又可概見。馬命甲等，
應聽其將伊曾祖以下各柩，另行改葬。馬澤榮量予戒飭，再敢要阻，
定行提案重究。至騾頭、棉花等物，雖已送還，其隨同搶鬧之馬景
等，均有不合，念馬命甲等再三哀懇，姑免深究，以全族誼。馬待
聘越控，戒飭。〔註100〕

案中當事人家中停柩累累，久經暴露，可謂有嚴重的違法事實，本應究治。
但本案只對當事人所控事實（阻葬）及程序上的違法（越控）作了判決，而
對嚴重的停柩行為，不僅沒有杖責，甚至沒有口頭責怪、駁斥，反而以「無
穴可葬、無地可容」等詞為其解脫。這種對停柩不置一詞的漠然做法顯示出
與國家法態度的背離。

小　結

　　清人由於風水擇葬或無力厚葬，產生了停柩不葬的社會問題，流行成
俗。但停柩不葬習俗違反禮制和律例，往往遭到儒學影響下的士紳及官宦們
的批判。他們一方面運用禮進行說教，一面倡導國家為停柩之禁訂立行政法
規，服除未葬不得參加選官、考試。然而中央並沒有採納制定行政法規的意
見，作為最高決策者的皇帝，也僅僅是申明停柩之俗是違法的、違禮的，要
求地方官多方勸導、及時掩埋。停柩之條本是對個人義務的設定，然而在實
施中，皇帝卻把它轉化為地方官義務的設定，把權力下放給地方官員，因而
地方官在實踐中的做法對停柩習俗產生了直接影響。

　　地方官針對停柩的習俗，採取了各種方法，然而採用不同的方法有不同
的態度。其一，中央雖沒有制定停柩的行政法規，但地方上卻有按照行政處
罰進行規制的做法。如福建實施了服滿未葬，不得赴試的做法；河南知縣龔
一發制訂了如不按時葬親，則紳士通詳遞革的規定。其二，地方官履行自己
的職責和義務，不僅通過告示、諭令多方勸導，使百姓知禮懂法，還切實掩
埋未葬屍柩，漸少民間停柩之棺。其三，在司法實踐中，地方官很少因為停
柩而執行杖責之罰，多是對停柩顯示了一種容忍的態度。

　　停柩在律例中是杖責的輕罪，且所犯甚多，地方官一般不對其依法嚴懲。

〔註100〕〔清〕李鈞：《判語錄存》卷4「阻葬事」，《歷代判例判牘》第十冊，第107頁。

而且，民間也幾乎沒有因停柩而告劾的案例，涉及停柩的案例，大多是當事人因其它訴訟請求而希望官府介入，在介入的過程中發現當事人的停柩現象，從而進行附帶處理。這種附帶的處理往往顯示了地方官處理實際問題的技巧，而非適用法律的準確。民間因葬事而引發訴訟的，大多是財產分割的糾紛，家中停柩累累卻無人履行營葬的義務。地方官居中分配財產時，撥離營葬費用，使之成爲專項支出，這樣一來，爭議雙方當事人都不會也不敢對這項支出有任何異議，從而直接解決當事人的停柩現象。於是，通過對財產的劃撥，形成對速葬的刺激，原本爲義務的喪葬之事，在劃撥一定費用的刺激下，成了一項權利。一旦擁有了速葬厝棺的權利，也就意味著擁有了對某項財產的支配權，而速葬棺柩也成了權利與義務的統一。而當事人的停柩現象得以根本解決。

在停柩的具體實踐中，司法手段具有一定的被動性，只有發生訴訟時才對其進行附帶處理，而且地方官對其顯示了更大的包容態度，很少嚴格依法嚴懲。相比之下，地方官員傾向於用行政的手段積極對停柩進行調整，無論是勸導也好、掩埋也好，既是地方官作出政績的方法，也是改善民間停柩習俗的切實辦法。在諸多方法的合力下，清代停柩之風的改良取得了一定的效果，但積重難返，並不能從根本上革除。

總體而言，對停柩不葬習俗，中央保持一種折衷的模糊態度，而地方官在司法實踐中也對其較爲容忍，並無杖責處罰。其原因恐怕在於停柩不葬雖然是一種違反禮制、違反法律的習俗，但其社會危害性並沒有觸及帝國的根本。就違反禮制而言，停柩不葬習俗雖不合禮，但它既沒有嚴重危害禮制中的等級、等差原則，也沒有動搖傳統社會的名分倫常的根基；就違反律法而言，停柩屬於州縣自理的輕罪，其處罰權完全由州縣自主決定，杖責既不符合州縣體察民俗的管理模式，也不符合州縣教化民眾的本意。綜合以上原因，中央僅要求地方官多方勸導、切實掩埋，把治理停柩的權力完全交給地方官，這便是對停柩的治理保留了一定餘地。而地方官如果對停柩習俗採取個別究治的司法手段，則無疑司法成本過高，而採取普遍治理的立法、行政甚至禮教手段，更加符合基層管理的方法，也更容易達到改良喪葬習俗的效果。

第三章　清代火葬習俗的法律實踐

第一節　清代火葬制度的演變

　　清入關之後頒佈的第一部法典《大清律集解附例》，對火葬作了這樣的規定：「其從尊長遺言，將屍燒化及棄置水中者，杖一百。從卑幼，並減二等」〔註1〕。但是，該條僅是因襲明律，並沒有真正得以實施。事實上，清初的滿洲，喪葬習俗主要沿襲女真的火葬習俗〔註2〕，焚屍而埋骨灰。努爾哈赤時代及清代前期的火葬，不僅在平民間盛行，即便是皇室貴族也實行火葬。當時的建州地區，「死則翌日舉之於野而焚之。其時，子孫族類咸聚會，宰牛馬，或哭或食，蒙白二三日除之」〔註3〕，葬俗頗為粗簡，與中原葬俗不同；而作為最高統治者的努爾哈赤、皇太極、順治皇帝死後亦是採用火葬〔註4〕。而在

〔註1〕　〔清〕沈之奇：《大清律輯注・禮律・喪葬》，懷效鋒、李俊點校，法律出版社 2000 年版，第 418 頁。

〔註2〕　滿族先人女真人的葬俗，一般情況下是人死焚化之後，將骨灰置於錦緞袋或布袋之中，然後移入甕罐內，通常為兩罐，將罐口對接套在一起，埋在地下，稱為「寶宮」。根據塔娜：《滿族傳統喪葬習俗》（《滿族研究》1994 年第 1 期）一文的論述，滿族先人女真人採取火葬，主要和其宗教信仰和生活環境密切相關。十七世紀前，女真信仰薩滿教；十七世紀後，在中原地區佛教思想的影響下，女真人認為火葬可以使靈魂超度進入天堂，可以保祐家族平安。

〔註3〕　〔朝鮮〕李民寏：《建州聞見錄・禮俗》，轉引自萬玉紅：《論清代火葬制度的淵源及演變》，《遼寧大學學報》哲社版 2003 年 9 月第 5 期。

〔註4〕　有關清初皇帝的火葬問題，學界有數文詳細考察論述，見陳垣：《順治皇帝出家》（《陳垣學術論文集》中華書局 1980 年版，第 533～541 頁）；尹德文：《清太宗皇太極火葬考略》（《故宮博物院院刊》1985 年 1 期）；邢宏偉：《試述清

貴族官民中，火葬不僅普遍而且合法，「和碩親王薨，停喪於家，俟造墳完，方出殯，期年而化；多羅郡王，多羅貝勒，停喪五月出殯，七月而化；固山貝子以下，公以上，停喪三月出殯，五月而化；……官民停喪一月出殯，三月而化。」〔註5〕

清廷於順治五年四月辛未（1648.4.28.），曾公佈喪葬則例，即「殯殮發引安葬例」，規定官民人等「其有願從舊制焚化者，聽之。凡發引焚葬，俱不得過所定之期。不及期者，聽從其便。」〔註6〕又於順治九年九月辛巳（1652.10.14）更定祭葬禮，特議定了火葬制度，「官民停喪一月而殯，三月而化，不許逾期。如有在定期內出殯焚化者，聽。上墳亦聽其便。」〔註7〕

火葬在統治階層的默許和操作下成爲「合法」的喪葬習俗，而法律文本中的火葬之禁則成爲具文。清初滿洲平民中盛行火葬，「死則以敝船爲槨，三

帝由火葬向土葬的轉變》（收錄於支運亭主編《清前歷史文化：清前期國際學術研討會文集》，遼寧大學出版社 1998 年版）；葛玉紅：《清代火葬制度的淵源及演變》（《遼寧大學學報》（哲學社會科學版）2003 年 5 期）。有關努爾哈赤的火葬問題：康熙二年（1663），「聖祖令改造盛京福、昭二陵地宮，十二月辛酉，改造福陵地宮成，安奉太祖高皇帝寶宮，設寶座、神牌於享殿」（《清聖祖實錄》，康熙二年十二月），邢宏偉文據此論證努爾哈赤死後是火葬的，地宮中僅爲骨灰罐「寶宮」，而非保存遺體的梓宮。有關皇太極的火葬問題：崇德八年（1643）八月初九日，皇太極病逝，盛殮後移崇政殿停屍，至九月壬子，「奉移大行皇帝梓宮敬安陵寢」，「諸王等僅焚塌前舉哀」。根據實錄另一條材料「順治元年（1644）八月初九日下，本有甲子小祥，以國禮焚化大行皇帝梓宮」，在順治元年八月，「丙寅（十一日）葬大行皇帝，中宮太后率衆妃及公主等詣焚化處舉哀。」又據《康熙會典》記載：「太宗文皇帝喪禮……行期年致祭禮。親王以下，奉國將軍淑人都統尚書命婦以上齊集，讀文致祭行禮。是日，奉移梓宮升化。行揀殮禮：親王以下，佐領以上，固倫公主和碩妃以下，縣主，奉國將軍淑人，都統尚書命婦以下，於殿階西南齊集。皇后公主等詣升化處舉哀，恭行揀殮，奉安神案上。」可見，皇太極也是在死後於焚塌上火化的，同時還「焚化御衣及陳設等物」（《清世祖實錄》卷二），屍體焚化後於順治元年八月「奉安入土」。有關順治皇帝的火葬問題，近代史學家陳垣（《陳垣學術論文集》第 1 集 539 頁、500 頁、530 頁，中華書局 1980 年版。），根據《五燈全書》和《清聖祖實錄》中對順治皇帝棺槨稱謂的變化，論證順治皇帝死後採取了火葬，並認爲順治帝火化，半循塞外風俗，半循信佛教。此外，邢宏偉文還順治皇帝採取火葬的原因在於：滿族入關不久，滿漢融合尚淺，在涉及皇帝火化的喪葬習俗問題上，遵循故土先祖之風。

〔註 5〕 《清世祖實錄》卷 68。
〔註 6〕 《清世祖實錄》卷 38。
〔註 7〕 《清世祖實錄》卷 68。

日而火」〔註8〕，或者「七七必殯，火化而葬」〔註9〕，當時滿洲火葬的風俗叫做「熟葬」，「人死焚屍而瘞，曰熟葬。熟葬之法，舁棺至郊野，置柴上，請師舉火。火燬屍起，挺而僕之，須臾肉盡，骨僅存，然後拾貯所謂淨匣中而瘞之土。」〔註10〕除平民外，軍士兵將之葬亦盛行火葬之法。正如乾隆帝在論及葬俗時所說的那樣：「本朝肇迹關東，以師兵爲營衛，遷徙靡常。遇父母之喪，棄之不忍，攜之不能，故用火化，以便隨身奉侍，聊以遂其不忍相離之願，非得已也。自定鼎以來，八旗蒙古各有寧居，祖宗墟墓，悉隸鄉土，喪葬可依古以盡禮。而流俗不察，或仍用不化，此狃於沿習舊俗，不思當年所以不得已才出此之故也。」〔註11〕可見，清初由於戰爭頻仍，八旗兵遷徙無常，既不忍棄置遠方使死者遠離故土，又無法送棺歸葬故里，因此，各地兵將及其父母戰死、病死，都採取火化骨殖，由其親人送歸故里安葬。雖爲不得已之舉，但仍流行於師兵之間。

然而，由於火葬焚化屍骸的做法與漢族固有的文化傳統相牴觸，一直深受社會秉禮重孝的士紳們所抨擊。漢族以保存先人遺體爲孝，儒家倫理亦強調慎終追遠、事死如事生，在這種傳統文化的薰陶下，火化祖先屍體是不孝的、殘忍的行爲。統治者在接受傳統儒家文化之後開始對火葬習俗進行反思，乾隆帝對當年火葬習俗進行了「不得已而爲之」的解釋，雖然有些學者認爲這只是乾隆帝的託詞〔註12〕，爲了掩飾其火葬陋習而已。不過即便是掩飾的態度，也可以看到最高統治者對火葬的態度有了一個從「聽之」到「不認可」的轉變。

康熙二十年十一月，欽天監監副邵泰衢曾向康熙條奏幾件應行禁止之事，其中就有禁止滿漢焚化的建議，但當時康熙只是對條奏中天文一事做了回應，對於禁止焚化一條，並未答覆〔註13〕。不過根據蔡葵的考察，康熙帝

〔註8〕 方拱乾：《絕域紀略·風俗》，光緒17年刻本。

〔註9〕 〔清〕徐珂：《清稗類鈔·喪祭類》「寧古塔人之喪」條，中華書局1986年第1版，3545頁。

〔註10〕 〔清〕西清：《黑龍江外記》卷6，藏於國圖，據光緒間刻本影印。

〔註11〕 《清高宗實錄》卷5，雍正十三年十月乙酉。

〔註12〕 常建華：《清代的國家與社會研究》，第343頁。「事實上火葬是滿族固有的葬俗，並非出於軍事活動的遷徙無常，乾隆的說法是爲了掩飾滿族入關後接受漢文化而摒棄原來『陋習』而已。」

〔註13〕 中國第一歷史檔案館整理：《康熙起居注》第一冊780頁，中華書局1984年版。康熙二十年辛酉十一月：「二十五日甲戌。早，上御行幄，大學士、學士

晚期曾對火化習俗提出異議，在儒家喪葬思想和漢族土葬習俗的影響下，中央的喪葬策略正在不斷調整。〔註14〕眞正大規模禁火葬運動始於乾隆帝，乾隆登基後於雍正十三年十月十二日發佈上諭，採取土葬、禁止火葬：「古之葬者厚衣之，以薪葬之中野，後世聖人易之以棺槨，所以通變宜民，而達其孝心也。本朝肇迹關東，以師兵爲營衛，遷徙靡常。遇父母之喪，棄之不忍，攜之不能，故用火化，以便隨身奉侍，聊以遂其不忍相離之願，非得已也。自定鼎以來，八旗蒙古各有寧居，祖宗墟墓，悉隸鄉土，喪葬可依古以盡禮。而流俗不察，或仍用不化，此狃於沿習舊俗，不思當年所以不得已才出此之故也。朕思人子事親送死最爲大事，豈可不因時定制而痛自猛省乎。嗣後除遠鄉貧人不能扶柩回裏，不得已攜骨歸葬者，姑聽不禁外，其餘一概不許火化。倘有犯者，按律治罪，族長及佐領等隱匿不報，一併處分。」〔註15〕這條諭旨後來纂修爲例收入《大清律例》中。

乾隆帝上諭對火葬之禁的例外情況有更爲嚴格的規定。律文中規定「若亡歿遠方，子孫不能歸葬而燒化者，聽從其便」〔註16〕，而乾隆五年奏准「盛京等處旗人身故，祖塋遙遠，不能送回，呈請火化歸葬者。由該佐領申報都統，移咨步軍統領衙門，委官往驗火化。再京外旗人奉差告假出外，身故無力扶柩回京者，呈報該處官員火化攜回。其餘概不准火化，違者治罪，佐領族長隱匿不報者，交部議處。」〔註17〕這是對盛京等處旗人需要火化做了程序上的規定，使之更爲詳細，其火葬不僅要符合不能扶柩回京的條件，還要

捧摺本面奏請旨：欽天監監副邵泰衢條奏，應禁邪教，以崇正體；選用清廉督、撫，以治黎庶；滿洲、漢軍葬祭，焚化奢靡，應行禁止；貧窮侍衛，應查給賞賜；滿洲緣事官員，應免披甲；治河宜速求成效；天文、地理正當切要之書，宜急令學習，廢去無益之書，以裨國用；軍前之罪，應行豁免等十四款事。上曰：『他且無論，即以天文言之，金星時常白晝經天。議者動言無兵則爲兵起，有兵則爲兵息，此乃一定者也。亦不過所值分野當之，豈有概斬兵起之理？此皆不足信。雖然天示災眚，乃眷戒人主之意，人生漫不修省可乎？可將此本發回京師，俟朕回時再議。』」

〔註14〕 蔡葵：《論我國古代火葬習俗》，雲南大學歷史系編：《史學論叢》，昆明：雲南大學出版社1993年版。關於康熙帝時期的火葬存廢，根據《喪葬陵墓誌》326頁所說「康熙二十年對清皇室的喪葬制度進行改革，推行土葬，並制定禁止火葬的律令」，該禁止火葬律令，惜未親見，如確然屬實，那麼康熙帝時期，則已經實行了改革火葬的制度。

〔註15〕 《清高宗實錄》卷5，雍正十三年十月乙酉。

〔註16〕 《大清律例·禮律·喪葬》。

〔註17〕 《光緒大清會典事例》卷1147「八旗都統·公式·禁令二」。

進行申報，處理申報火葬的機構需層層上報，並在官員監督驗看下進行火葬，足見其程序之複雜、執行之嚴格。

此外，乾隆幾次重申火葬之禁，而禁火葬先從官軍始。雍正十三年曾議准「京師旗民飭令步軍及巡捕三營，每歲春秋嚴禁火化，犯者重懲，並出示勸令及時安葬以厚風俗。」〔註18〕乾隆元年曾議准「各省駐防官兵亡故，如家貧不能扶柩回京，准照軍前之例火化。官為送回。再各省駐防官兵已故婦女閒散人等骨殖，亦於每年官送之便，一併送京。」〔註19〕乾隆帝單獨對駐防官兵亡故不能扶柩回京的，做了准許其按照軍前之例火化的批示，足見對於官兵亡故之事，不是任由火葬的「聽從其便」，而是需要得到皇帝的首肯，以後才可按例施行火葬。

自此，清政府開始對火葬習俗進行較為嚴厲的禁革制度，同治七年又有一次大規模的禁火葬行動，翰林錢寶廉根據石門縣舉人所反映的嘉興地區土民進行火葬的情況而向清廷上摺，奏請出示嚴禁，清廷根據錢寶廉的摺子飭令地方官對火葬出示曉禁。清廷於同治七年四月作出上諭：「翰林院侍講學士錢寶廉奏請嚴禁火葬一摺。火葬之習，久干例禁。近來浙江杭、嘉、湖等府尚有此弊。若如該學士所奏，實於地方人心風俗大有關係，亟宜嚴禁，以挽頹風。著浙江巡撫出示曉諭，申明例禁，並恐他省沿此陋習，著各省督撫通飭所屬州縣，一併嚴禁，如有似前火葬者，即行按律治罪。其嘉興府向有惡棍阻葬等事，並著李瀚章飭令各州縣從嚴懲辦，以儆習頑。欽此。」〔註20〕之後李瀚章奉上諭對浙江火葬勒碑永禁，以厚風俗。

第二節　民間火葬習俗的社會狀況

一、清代火葬習俗的概況

清代雖火葬之禁甚嚴，但由於各種經濟原因、地理原因，民間的火葬仍然是禁嚴則少息、令馳則風靡，因此對火葬的禁止有不斷加強之趨勢，而火葬仍然在某些地區成為一種流行的、普遍的喪葬風俗。歷朝歷代，火葬之俗載於典籍者，不可勝數。顧炎武《日知錄》裏曾徵引《宋史・禮志》范同之

〔註18〕《欽定大清會典則例》卷179「步軍統領」。
〔註19〕《光緒大清會典事例》卷1147「八旗都統・公式・禁令二」。
〔註20〕《清穆宗毅皇帝聖訓》卷十《聖治》。

言及黃震《乞免再起化人亭狀》，批評宋時的火葬之風，對火葬之俗有詳細論述。火葬，其方式大多爲焚燒屍體，然後將骸骨灰燼裝入罐子，沉入水中，或將骨壇進行土葬，埋入土中。「親死即舉而付之烈焰，餘骸不化，則又舉而投之深淵」〔註21〕，因此，火葬有時也稱作「水葬」，即所謂的「火化水淪之風」〔註22〕，也叫做「焚屍沈骨之俗」〔註23〕，這種水葬的實質仍是火葬。褚人獲《堅瓠集》引唐龍江《夢餘錄》，在痛斥批判火葬之餘，也說明了火葬與這種「焚屍沈骨」的水葬是稱謂有所不同，但實屬同性質的火化屍體的喪葬習俗：「火葬起於西域，慘毒不仁，昔人比於炮烙之刑。施之僕隸，然且不可，況於親乎？禮於先廟焚尙須三日哭，豈有燎灼其親之屍，而仁人孝子乃能安於心乎？東南爲仁義禮樂之區，文物之盛甲天下，而此風流行，莫以爲怪，不能用夏變夷，是亦士大夫之恥矣。近又有燎其親之屍，飲酒至醉，拾其殘骨擲之於水，謂之水葬，有人心者尤不忍聞。」〔註24〕因此，《大清律例》規定「其從尊長遺言將屍燒化及棄置水中」的行爲，有「燒化」和「棄置水中」兩種形式，但直接將屍棄置水中的「水葬」只在某些少數民族如藏族、門巴族中流行，並不普遍，因此該條文實則都是對火葬習俗的禁止性規定。

（一）清代火葬的流行及分佈區域

清代對火葬禁令甚嚴，然其俗一時難息，《清詩鐸》中曾有詩對當時的火葬進行詳盡的描述，如《憫俗（火葬詩）》一詩：「仍用浮屠荼毗法，謂令死者得入西方伍。長者鑊，短者斧。樸毀棺開速厝火，赫然焰起如流虹。驚魄

〔註21〕〔清〕顧炎武著、黃汝成集釋《日知錄集釋》卷15「火葬」。

〔註22〕《募勸掩胔瘞骼》，見花子金編譯：《芥子園隨筆・戊卷・案件》「風俗三・勸埋柩」，廣西民族出版社1995年版。

〔註23〕〔明〕宋濂：《傅守剛墓碣》：「自焚屍沈骨之俗成，雖纓弁之家亦靡然從之。魚爛河決，不可救藥，君子每爲之太息。有若傅守剛之事，其可不表之以勵人人乎？守剛之父歿，其諸兄具棺斂已，舁出中野。縱火而燕之，守剛勢不能止，哭踊將絕。燕已，編荊成筐，實以象泉，拾遺骸以歸。守剛欲夜半持去，會守者嚴不果，明日諸兄捧筐至大澤而投清冷之淵，守剛尤痛憤之深。俟諸兄還舍，解衣入淵中，且泣且拾，堆實沙上，脫所服縕袍裹之。奔告予先子尚書府君，府君命留間房中設几筵，使其父之友買明善徽木，造小櫝藏之。適堪輿家趙翁自城南來，憫守剛之志，爲擇地一所，守剛慵書而買之，負土成墳，手藝松柏於四周。其兄怒，以其辱先也，於發而出之，予仲父文友君將挈守剛訴縣，乃懼而止。」

〔註24〕〔清〕繆荃蓀：《江蘇省通志稿・禮俗志》第三卷「喪祭」，443頁，江蘇古籍出版社1991年版。

暗泣生悲風，高天暗慘亦垂憫。嗟爾人子寧無恫，須臾燼滅人散去。殘骸飄零委霜露，饑烏啞啞飛下樹。」〔註25〕另外一首《火葬歎》也感慨了火葬之慘：「人死不入土，久恐委溝瀆。誰知更有慘於此，忍心火葬到骨肉。掩骼埋胔仁政急，慮其暴骨飽狸腹，吁嗟火葬出異俗，如此曷若將骨暴。骨暴猶得全其軀，焚如只存軀一掬，嗟乎兄弟本同枝，父兮母兮更將我撫育，乃竟忍心灰其軀，哀哉何異遭殄戮，雷霆罰之胡不速，多少荒郊鬼爭哭。」〔註26〕吳梅村也曾寫詩隱喻過清初貴族的火葬，其《讀史偶記四十首》之二十二首所言：「大將祁連起北邙，黃腸不慮發丘郎。平生賜物都燔盡，千里名駒衣火光。」〔註27〕

　　清代的火葬之俗，在江浙、閩臺地區又比其它地區更爲盛行。

　　江浙地狹人稠，自古興火葬之風，顧炎武在其《日知錄》中曾說「火葬之俗，盛行於江南」。江蘇的喪葬習俗多於禮制相悖，「清之禮制，載在《會典·通禮》及律例，各省所同遵，而蘇俗多軼於禮律。」〔註28〕清人陳宏謀描述過乾隆初年江蘇地區的火葬：「蘇郡五方雜處，煙火稠密到處水鄉，葬地甚少，其死不及葬，日久暴露者甚多。甚有竟用火化，名爲火葬。又有用壇盛骨，沈於深潭，名爲水葬。」〔註29〕同治年間，江蘇火葬依然成風，並以蘇、松、太三府最爲興盛：「訪聞有無知愚民於父母屍棺，無力安葬。每隨清明前後，相率焚燒，名爲火葬，此俗各屬皆有，蘇、松、太三府爲最盛。」〔註30〕黃汝成在《日知錄集釋》中又描述過清代道光年間杭州的火葬：「火葬之事，杭城至今猶沿其俗，至爲慘傷，而長官不爲禁止，士大夫不知動色誡諭，習爲故常。而今杭城火災，日月相告，往往一家火發，連及數家或數十家，甚至有通巷被焚者。當火起時，官民奔救，莫之能止。安知非此火化

〔註25〕〔清〕張應昌：《清詩鐸·喪葬》，中華書局1960年版。
〔註26〕〔清〕張應昌：《清詩鐸·喪葬》，中華書局1960年版。
〔註27〕〔清〕吳梅村：《吳梅村詩選》，葉君遠選注，人民文學出版社2000年版，第208頁。「此詩據鄧之誠《清詩紀事初編》卷三《吳偉業》，大將指的是清禮烈親王代善。」葉君遠又分析：「這組詩雖題名爲『讀史』，實則每一首都是詠時事。只是爲了避忌，無不以隱語括之。『熟悉清初事者，一見即知。其不能知者，雖揣測無益也』（鄧之誠《清詩紀事初編》卷三《吳偉業》）。」
〔註28〕〔清〕繆荃蓀：《江蘇省通志稿·禮俗志》第三卷「喪祭」，427頁，江蘇古籍出版社1991年版。
〔註29〕〔清〕陳宏謀：《培遠堂偶存稿》卷10，頁36a～38a，光緒丙申秋鄂藩署重刊本。
〔註30〕《江蘇省例·嚴禁火葬》，同治八年刻本。

之魂，積怨而致此屬也！」同治年間曾有石門縣舉人、職員、職監聯名稟報浙江火葬風氣，之後錢寶廉奏請聖旨嚴禁浙江火葬，足見火葬已經遍及浙江省各個縣鎮，並引起了社會知識階層的不滿，可見浙江的火葬風氣之盛。錢寶廉奏請禁火葬一折中說道：「火葬之習，浙江杭、嘉、湖三府皆有之，而莫盛於嘉屬之石門、桐鄉等縣。」〔註31〕

閩臺自宋時即有火葬之風，宋時福建羅源「喪死者焚屍，麋其骨，眾董（熏）合和，淩風飄颺，命曰昇天，以尤細爲孝。」〔註32〕明清火葬之風更熾，明人馮夢龍曾描述福建壽寧「壽多火葬，……祖有墳山，不能專葬，挺而火之，厥有自矣。大家艱於得地，亦有停至百餘年者，子孫衰替不克葬，仍付一炬。」〔註33〕清代更是如此，「通郡海濱沙民，父母死則暫殯而終焚之，拾其骨入瓦缶。初以坍漲靡常，將負之而遷徙也；久則習以爲常例。自地方官禁之，則比比皆然，恐啓索擾之漸。」〔註34〕乾隆時福鼎「貧者多火化」〔註35〕，政和「村落小民向多用火葬者」〔註36〕，屏南亦有「焚棺之俗」〔註37〕。

除此之外，廣東、江西、雲南某些地方也有火葬之風，明清之際廣東貧窮人家「以無地而葬以水火者。」〔註38〕乾隆七年九月陳宏謀於江西巡撫任上發「諭查義冢檄」嚴究火葬：「火化屍棺，久已欽奉上諭，通行飭禁，何以江西尚有此風？今既設有義冢置備棺木，委員專理，凡有燒化屍骨之處，一體查拿究處，不得故縱。」〔註39〕清初陳宏謀在雲南曾禁火葬，足見當時

〔註31〕 《禁火葬錄》，張仁善據同善齋善書坊光緒丙戌（1886 年）重刻藏板整理，原書藏於南京圖書館整理。收入中國社會科學院近代史研究所、近代史資料編輯組：《近代史資料》1981 年第二期（總 45 號），第 204 頁。中國社會科學出版社 1981 年版。

〔註32〕 〔宋〕葉適：《水心文集》卷一六《林正仲墓誌銘》，轉引自方寶璋：《閩臺民間習俗》，福建人民出版社 2003 年版，第 195 頁。

〔註33〕 〔明〕馮夢龍：《壽寧待志》卷上《風俗》，轉引自方寶璋：《閩臺民間習俗》，福建人民出版社 2003 年版，第 197 頁。

〔註34〕 〔清〕徐宗幹：《斯未信齋雜錄‧壺廬雜記》，臺灣文獻叢刊本，第 28～29 頁。轉引自方寶璋：《閩臺民間習俗》，福建人民出版社 2003 年版，196 頁。

〔註35〕 乾隆《福鼎縣志》卷 2《風俗》。

〔註36〕 道光《政和縣志》卷 1《風俗》。

〔註37〕 民國《屏南縣志》卷 19《禮俗志》。

〔註38〕 屈大均：《廣東新語》。轉引自常建華：《清代的國家與社會研究》，人民出版社 2006 年版，第 336 頁。

〔註39〕 〔清〕陳宏謀：《培遠堂偶存稿》卷 14，頁 22a，光緒丙申秋鄂藩署重刊本。

雲南亦有火葬之俗，雍正十二年，陳宏謀任雲南布政司時曾發《再申禁約令》
〔註40〕：「父母身死，均宜用棺掩埋，不許火化、火葬，更不許將親屍棄野
掛樹，任犬鳥取食。」

　　廣東、江西、雲南等地雖有火葬，但僅限部份地區或部份時段，比如清
初盛行而中期逐漸消亡，不像江浙、閩臺地區的火葬風俗綿延數百年，亦難
以完全禁革。可見，清代的火葬習俗主要集中在江浙、閩臺等南方地區，相
比停柩不葬風俗全國皆有的情況，其範圍有其特定性。停柩不葬主要由於喪
家迷信風水，停柩以待善地，而風水觀念在明清時期盛行於全國各地，即便
士大夫等知識階層也未能免俗。

　　火葬在特定地區興盛，亦有其獨特的原因：（1）火葬的分佈受不同區域
地理狀況的制約。火葬雖歷代世人直斥其非，但卻符合江浙、閩臺地區地狹
人稠、葬地較少的地理狀況，因而在這些地區得以流行，中原、華北地區地
域遼闊不乏葬地，因而火葬之事也較少。（2）火葬的分佈與各地受禮制、禮
教影響深淺有關。學界多認同火葬是受佛教的影響，誠然，火葬能被下層貧
民接受用以葬之父母，確與佛教的傳入和興盛有關，但也應注意到百姓接受
火葬實與其受禮制思想影響大小有密切關係。火葬與停柩不葬都是因為貧不
能葬（土葬）從而採取的變通做法。然而在中原、華北等受禮教影響較深的
地區，即使喪家貧窮，一時不得安葬，必會選擇停柩不葬以待將來再葬，不
會將親人屍柩付之與火；而江浙、閩臺則多選擇火葬。江浙一帶物產富饒、
崇尚糜費，因而江浙商賈之家，在婚喪嫁娶、衣食住行方面，有很多僭越禮
制的做法，正如《江蘇省通志稿》中所指出：「蘇俗多軼於禮律」。既然不合
禮制之事在江浙一帶較為普遍，那麼無力可葬的貧家選擇不合禮制的火葬也
是司空見慣、不以為非禮的。

　　火葬之俗，以正統禮教的角度來看，毋庸質疑是非禮的，在知識階層的
眼中亦是鄙惡之俗，但就江浙、閩臺的客觀條件而言，未必不是順應人情的。
正如柳詒徵所言：「制立禮法，必順人情。吾國喪葬之禮，悉緣人情而加以文
飾者也。然人情亦至難言，有慎終追遠之情，亦有愛財惜費之情，情歧而俗
以之歧，守禮者以世族之情為情，解事者以貧下之情為情。如榮嶷所言，初
不繫乎禮法，亦不關於佛教，第以事屬苟簡，不費資財，則亦冒禁令而為之，
此學士大夫所無如何者也。久之而貧民之俗及系纓弁，又久之而孝慈之念發

〔註40〕〔清〕陳宏謀：《培遠堂偶存稿》卷2，頁12a。光緒丙申秋鄂藩署重刊本。

於顓愚，情不齊而俗愈不齊，乃蔚成社會之奇觀。」〔註41〕

　　火葬相比停柩不葬具有特定分佈區域的特點，這正是由於其順應吳越的社會、經濟、地理狀況形成的。自宋至清，歷朝歷代皆有請禁火葬之事，大多是從禮教、孝義的角度而言，而宋人榮嶷同時也看到，火葬雖違反禮法和孝慈之義，但若一概厲行禁止，並非順應人情，因此榮嶷建議了火葬之禁要有種種例外，使貧下之民和客旅遠方之人可便宜行事，人情與禮法兼顧可得。《宋史‧禮志》載：「紹興二十八年戶部侍郎榮嶷言：『比因臣僚陳請禁火葬，令州郡置荒閒之地，使貧民得以收葬，誠爲善政。臣聞吳越之俗，葬送費廣，必積累而後辦。至於貧下之家，送終之具，惟務從簡。是以從來率以火化爲便，相習成風，勢難遽革。況州縣休息之久，生聚日繁，所用之地，必須寬廣，仍附郭近便處。官司以難得之故，有未行標撥者。既葬埋未有處所，而行火化之禁，恐非人情所安。』」〔註42〕由此可知，火葬之順應人情，非禮法一時所能禁，因此在清代有禁嚴則少息，令馳則風靡的狀況。

（二）火葬流行的成因分析

　　清代火葬流行的原因十分複雜，首先地狹人稠的地理環境造成火葬在某些地區的流行。正如顧炎武所言「河東地狹人眾，雖至親之喪，悉皆焚棄。」〔註43〕根據陳宏謀的分析，蘇郡在在都是水鄉，葬地太少，南方重視桑蠶，少有的土地要用來栽桑養蠶，導致田無隙地，無地可葬。同治年間，湖州知府宗源翰也在禁火葬時分析過湖州火葬的原因在於「葬地難買」，火葬習俗在山鄉較少、水鄉尤甚，這說明水鄉的葬地過少不足營葬；即便有地，也是「有地皆桑，無隙可容」。石門縣舉人曾對該縣火葬作這樣的描述：「鄉民無知，堅執蠶桑爲重，營葬則有礙種桑之見，遂至相習成風，小康之家亦都焊然爲之」〔註44〕。土地的珍稀、葬地的不足、民人重視桑蠶是南方火葬習俗流行的重要原因。

〔註41〕柳詒徵：《火葬考》，《柳詒徵史學論文續集》上海古籍出版社 1991 年版，第348 頁。

〔註42〕《宋史‧禮志》。

〔註43〕〔清〕顧炎武著、黃汝成集釋：《日知錄集釋》「火葬」。

〔註44〕《禁火葬錄》，張仁善據同善齋善書坊光緒丙戌（1886 年）重刻藏板整理，原書藏於南京圖書館整理。收入中國社會科學院近代史研究所、近代史資料編輯組：《近代史資料》1981 年第二期（總45 號），第 204 頁。中國社會科學出版社 1981 年版。

其次，貧不能葬是貧下之家採取火葬的主要原因。土葬費財較多，貧民無錢下葬，便採用火化的方法，既方便又省錢。正如清人張履祥所言：「火葬一事，歷代所禁，然而不止者，……誘於貧而無財。」〔註45〕清代同治年間任江蘇巡撫的丁日昌，制定嚴禁火葬的省例，「訪聞有無知愚民於父母屍棺，無力安葬。每隨清明前後，相率焚燒，名爲火葬。」〔註46〕這種火葬的形式在貧民階層，是非常流行的。

再次，佛教對喪葬習俗的影響。明清之際即有人探究火葬的原因，很多人都認爲是出自佛教的影響。縣志中就有記載，說清代浙江金華府永康縣的火化，「乃以焚人爲佛法」〔註47〕。清代江蘇吳縣通濟寺的化人亭，「以焚人爲佛法」〔註48〕。但根據常建華的研究，清代人們的火葬觀念只是佛教影響的傳承，而出於佛教信仰則不是主要原因〔註49〕。這種觀點也符合當時人的一些記載，如馮夢龍記載福建壽寧火葬，並不是因爲佛教的影響：「壽多火葬，非惑西方之教也。」〔註50〕而宋人榮嶷所言，初不繫乎禮法，亦不關於佛教，第以事屬苟簡，不費資財，則亦冒禁令而爲之。〔註51〕可見在清代，佛教是人們能夠從心理、觀念上接受火葬的原因，而非主要原因，大部份人火葬恐怕還是出於「不費資財」等現實因素的考慮。

此外，還有因特殊原因造成的火化現象，如疾病原因：民間認爲對那些因傳染病而亡者要進行焚化，比較符合衛生，如小說《紅樓夢》寫道晴雯死後，王夫人說：「女子癆死的，斷不可留」，結果晴雯的屍骨即抬往城外化人廠火化了。還有迷信的原因，如夭折兒童、寡婦死亡之後採取火葬，以防屍骨作祟。如清末河南開封一帶，「二三歲的小孩因病殤亡，必焚其屍於野，使成灰隨風而散，其意謂除其禍根，以保下胎之安寧也。」〔註52〕

綜合分析火葬與停柩不葬流行的原因，可以看出二者之間有著一定的聯

〔註45〕〔清〕張履祥：《楊園先生全集》，中華書局2002年版，第528頁。
〔註46〕《江蘇省例·嚴禁火葬》，同治八年刻本。
〔註47〕康熙《永康縣志》卷6《風俗》。
〔註48〕〔清〕顧炎武著、黃汝成集釋：《日知錄集釋》卷15《火葬》。
〔註49〕常建華：《清代的國家與社會研究》，338頁。
〔註50〕〔明〕馮夢龍：《壽寧待志》卷上《風俗》，轉引自方寶璋：《閩臺民間習俗》，福建人民出版社2003年版，197頁。
〔註51〕柳詒徵：《火葬考》，《柳詒徵史學論文續集》，上海古籍出版社1991年版，第348頁。
〔註52〕〔清〕徐珂：《清稗類鈔·喪祭類》。

繫，火葬與停柩不葬都可能是因爲喪家貧窮、無力營葬所選擇的喪葬方式，
但是火葬與停喪不葬現象也互爲因果：第一，由於拘忌陰陽，尋覓佳壤一時
不得，遂至停喪，停至三代、五代之後，家貧漸無力埋葬，遂而舉火焚之，
如福建古田「貧民無錢作壙，停棺野僚，日久火之」〔註53〕。蘇杭「鄉僻貧
家，寄柩山根水涯，年久日深，相沿火葬」〔註54〕。楚州「貧家⋯⋯有積數
喪不能舉者，歲月既久，甚至火化」〔註55〕。陳宏謀《禁火葬檄》載：「各處
停頓之棺甚多，堂中董事至壇收埋，輒以各有親屬、不願安葬爲詞，結黨抗
拒，以致近來火化暴露，日多一日」〔註56〕。《清詩鐸》亦載：「人死不入土，
久恐委溝瀆。誰知更有慘於此，忍心火葬到骨肉」〔註57〕。這是停喪爲火葬
之因。第二，在江浙也有另外一種情況，即江浙地狹人稠盛行火葬，而由於
國家法禁甚嚴、地方官執行力度較大，火葬風俗在這時趨於衰微，多數人家
開始土葬，然土葬費用高於火葬很多，不許火葬而有無力土葬，則停喪不葬
現象更爲普遍，這是火葬爲停喪之因。比如李漁曾記載清代江南地區的《募
勸掩骼瘞骸》諭令〔註58〕，即是說明這種情況：

> 吳越向多火化水淪之風，司牧者以禮教董之，封阡始盛。然力
> 艱弗舉，地遠弗歸，與夫拘牽於陰陽干支之說者，不免暫停積以待
> 首丘。而一時射利之徒，遂築土爲居，廣招寄頓。索直不遂，則委
> 之戶外，飽饑鳶而飫聚蟻，其去火化水淪也無以異。此廓除之屬禁
> 所由興也。⋯⋯幸撫院諭按院，方慨然以捐援置地爲己任，而本道
> 與府縣諸僚，相率從事，紳纓長者復從而擴錫類之仁，欲本道出一
> 言爲激勸。⋯⋯本道執是以祗告同志，共樹陰功。至卜地宜高燥，
> 瘞櫬宜標題，及受雇給金有條，請佃自封，阻撓後葬有禁，尤願在

〔註53〕〔清〕陳盛韶：《問俗錄》卷2《古田》，清刻本。

〔註54〕《禁火葬錄》，張仁善據同善齋善書坊光緒丙戌（1886年）重刻藏板整理，原
書藏於南京圖書館整理。收入中國社會科學院近代史研究所、近代史資料編
輯組：《近代史資料》1981年第二期（總45號），第204頁。中國社會科學出
版社1981年版。

〔註55〕戴晟：《楚州二俗》，見繆荃蓀：《江蘇省通志稿・禮俗志》第三卷「喪祭」，
431頁，江蘇古籍出版社1991年版。

〔註56〕〔清〕陳宏謀：《培遠堂偶存稿》卷10，頁36a～38a，光緒丙申秋鄂藩署重
刊本。

〔註57〕《清詩鐸・喪葬》。

〔註58〕花子金編譯：《芥子園隨筆・戊卷・案件》「風俗三・勸埋柩」，廣西民族出版
社1995年版。

事員役，力行曲體焉。

該諭令表明這樣一種情況：地方官在禁火葬之事上較為嚴厲，致使民間不敢擅自火葬，火葬之事漸息，但昂貴的土葬費用又反過來導致停柩不葬現象。這樣的結果導致在治理停喪不葬、火葬風俗的時候，地方官的政策趨於一致，一般都是採用勸諭速葬、土葬；官方出資代為埋葬；倡導、鼓勵地方士紳出資為喪葬善舉等等。

二、火葬的社會評價

火葬形成雖早，但早期並未廣泛地流行開來，隨著佛教在唐末五代時期的普及，茶毗火葬法逐漸被世人所接受，火葬也順勢形成為「俗」，盛行於庶民社會。但火葬燒毀屍骨的做法與傳統保留全屍的土葬之法完全背離，對接受儒家「慎終」思想的士大夫而言，是難以接受的。因而自宋代開始社會上就有很多反火葬的言論，火化親人屍骨被認為是極端不孝、極端殘忍的做法，如司馬光曾言：「今親肉未寒，為人子者何忍付之烈焰，使為灰燼乎？」〔註59〕程頤也曾感慨：「古人之法，必犯大惡則焚其屍。今風俗之弊，遂以為禮，雖孝子慈孫，亦不以為異，可不哀哉！」〔註60〕

在清代，火葬是遭到批判最激烈的幾種葬俗之一，其觀點也延續了宋儒的觀點，認為火葬是殘忍、不孝的。如顧炎武所言：

> 舉其屍而畀之火，慘虐之極，無復人道。雖蚩尤作五虐之法，商紂為炮烙之刑，皆施之於生前，未至戮之於死後也。王敦叛逆，有司出其屍於瘞，焚其衣冠，斬之，所焚猶衣冠耳。惟蘇峻以反誅，焚其骨。楊元感反，隋亦掘其父素冢，焚其骸骨，慘虐門既開，因以施之極惡之人，然非治世法也。隋為仁壽宮，役夫死道上，楊素焚之，上聞之不悅。夫淫刑如隋文，且不忍焚之，則痛莫甚於焚人者矣。蔣元暉瀆亂宮闈，朱全忠殺而焚之，一死不足以盡其罪也。然殺之者當刑，焚之者非法。非法之虐，且不可施之誅死之罪人。況可施之父母骨肉乎。世之施此於父母骨肉者，又往往拾其遺燼而

〔註59〕　〔明〕章潢：《圖書編》卷110，引司馬光言，頁46b，轉引自何淑宜：《明代士紳與通俗文化——以喪葬禮俗為例的考察》國立臺灣師範大學歷史研究所2000年版，第109頁。

〔註60〕　〔宋〕程頤：《河南程氏遺書》，《二程集》中華書局1984年版。

棄之水，慘益甚矣。〔註61〕

顧炎武引用古時火化是作爲殘忍之懲罰措施的事例，說明火化屍骨是慘虐的行爲，更何況清人用來火化父母親人的屍骨，更加殘忍。火葬是很多儒士不能接受的喪葬形式，清初學者張履祥曾就「貧而無財」的火葬藉口進行批判。他認爲，如果無財，則有棺無槨即可；甚至更爲貧窮者沒有棺槨，僅僅使死者斂其手足葬之中野，也是可以的，何必要實行火葬呢？這一觀點批駁了貧而無財的藉口，並斥火葬父母屍骨的行爲大爲不孝，「一抔之土不可得子之掩，蓋尚爲有人之心者哉？」〔註62〕

乾隆年間所修《崇明縣志》中收錄了一篇《戒火葬說》，成爲當時地方官紳勸誡火葬的例證，且該文直到民國年間仍爲編修地方志者所採用，足見該文所體現的教化作用爲官紳、世族所重視。其內容如下：

> 晚近以來，習元人火葬之惡俗，煎屍肉，滅肢體，哀哀父母，生我劬勞，何辜而遭此慘劫也？昔仲尼畜狗，死猶以斂蓋埋之曰彼嘗致力於人也，人之於父母，曾不得比於斃犬，悖理傷教極矣！當始死時，家雖貧必多方極力棺殮之，奉堂朝夕供祀之，曰我不忍委父母於壑也。曾幾何時付之一炬，試問前日之拮据殮者何心哉？伏讀《大清律》云：凡發掘人墳墓、開棺見屍者，絞。卑幼發尊長墳墓，開棺見屍者，斬。殘毀他人死屍及棄毀水中者，各杖一百，流三千里。於他人且不可犯，於其父母乎？聖朝孝治天下，火葬久有屬禁，惡俗猶相沿不改，抑思親棺幾何？但得片土寸壤，措諸地可矣。不然，即義冢一環，免其暴露，不勝於析骸粉骨乎？人心滅，天理絕，律法所不容，聖賢所深戒其說出於異端，萬萬不可從者，願爲邑之孝子慈孫戒也。〔註63〕

該文認爲世人火葬父母，其行爲還不如仲尼葬斃犬，因而是悖理傷教的，爲律法所不容。從這些反火葬的言論中可知清代士紳對火葬的憎惡態度，他們以禮、法的規定爲基點，從違禮違法、殘忍不孝等各個角度進行了批駁。

〔註61〕張亮采：《中國風俗史》，團結出版社 2005 年版，第 167 頁。

〔註62〕〔清〕張履祥：《楊園先生全集》卷 18《喪祭雜說》，中華書局 2002 年版，第 528～529 頁。

〔註63〕民國《崇明縣志》卷七《經政志·義局》，轉引自馮賢亮：《土火之爭：清代江南鄉村的葬俗整頓與社會變革》，錢杭編：《傳統中國研究集刊》（第 2 輯），上海人民出版社 2006 年版，第 158 頁。

在他們看來，火葬也好、土葬也好，並不僅僅是個人選擇葬法的私人行為，而是具有深遠倫理意義的葬俗。火葬的盛行是對儒家倫理價值體系的極大破壞，也是對儒家倫理規範的挑戰。因而批判火葬的言論，其意義也不僅僅在葬法本身，而是重新完善儒家倫理價值體系的嘗試。這些言論表達了他們使儒家倫理價值與禮教推行於庶民社會的願望，發揮了一定的教化功能，在國法家規之餘，對民間喪葬習俗進行社會評價、調整和規制。

第三節　火葬習俗的法律調整

一、火葬的中央立法

　　清代立法之初，法律繼承明律的火葬之禁，規定了禁止火葬的內容。《大清律例‧禮律‧喪葬》規定：「其從尊長遺言，將屍燒化或棄置水中者，杖一百，卑幼並減二等。若亡歿遠方，子孫不能歸葬而燒化者，聽從其便。」然順治朝定喪葬則例允許火葬，因此火葬在清初仍是合法行為，禁火葬之律文不免虛位擱置。三代之後漸習漢俗，於是乾隆頒發上諭禁止火葬，規定凡火葬按律治罪，這才通過上諭的形式把火葬之禁的律文加以強調，此條律文也開始被重視起來。乾隆五年，律例館在編修法律之時，把乾隆的上諭恭纂為例，形成了《大清律例‧禮律》「喪葬」的第一條例文。原例為「八旗、蒙古喪葬，概不許火化。除遠鄉貧人不能扶柩歸里，不得已攜骨歸葬者，姑聽不禁外。其餘有犯，按律治罪。族長與佐領等隱匿不報，一併處分」〔註64〕。

　　這條例文的出現表明了清政府禁止火葬的態度，重申了火葬之禁的作用，並促使各地方官制定地方性立法，著力倡導土葬、革除火葬，具有很大的示範意義。然而在具體司法實踐時，卻遇到了法律適用的難題，原因在於例文要求「其餘有犯，按律治罪」，但此例中所指的「律」到底為何律值得深究。喪葬律文載「從尊長遺言將屍燒化及棄置水中者，杖一百，從卑幼並減二等，若亡歿遠方，子孫不能扶柩歸葬者，聽從其便。」該律文規定了兩種情況：（1）聽從尊長或卑幼遺言，將屍火化；（2）亡歿遠方、子孫不能扶柩歸葬，將屍火化。第一種情況為違法行為，杖責處置；第二種情況屬於法律規定的但書，是火葬之禁的例外，也是被許可的合法行為。但民間風俗繁多

〔註64〕〔清〕吳壇：《大清律例通考‧禮律》「喪葬第一條例文」。

複雜，單就民人火化的理由而言，又何止律文規定的兩種。大多民人百姓既無尊長遺言，又非亡歿遠方，只是狃於舊習，或者家境艱貧，從而採取火葬。這種情況即屬於例文所言「其餘有犯」，既然不是亡歿遠方，則排除了其合法性，但又不是聽從遺言而爲，在司法實踐中自不能按照喪葬律的規定，進行杖責處罰。那麼援引哪條律文？如何進行處置？這成爲司法實踐中的一個必須面對的問題。針對這一法律適用問題而言，司法實踐中往往援引發冢律內毀棄尊長死屍條問擬。這可能是受了律文小注的影響，禁火葬律文之前，律文內有小注云「若棄毀死屍，又有本律」。因此在司法實踐中，遇有非遵從遺言的火葬，不能適用該條律文，才認作「棄毀死屍」，援引棄毀死屍本律。

但「火葬與毀棄，其情各別」，〔註65〕發冢律內毀棄尊長死屍條載：「若毀棄緦麻以上尊長（未葬）死屍者，斬（監候）。……其子孫毀棄祖父母、父母及奴婢雇工人毀棄家長死屍者，（不論殘失與否）斬。」而律所謂「毀棄」情事是指「死屍在家或在野，未殯葬將屍焚燒、殘毀之類」〔註66〕，主觀上有毀棄屍體的故意或者過失，並且往往帶有毀屍滅跡或者報復泄憤的目的。如乾隆二十三年陝西一案：

> 陝西司　一起報明事〔註67〕
> 　　據陝撫審題：平番土民薛得伏毆傷張明福身死棄屍一案，……詎張明福傷重，旋即殞命。薛得伏聞知慌懼，包萬秀恐致報官驗屍，同至受累，倡言棄屍。薛得伏等允從。隨至張大受家將屍抬出，撩棄河內。屍叔張文正將屍撈獲，買棺盛殮。包萬秀聞知，慮其敗露，復約薛得伏等同赴河沿，逼令張文正燒屍。張文正被嚇，隨與張迎等將屍燒化，撿骨裝入木匣。鄉約王繼福先後具稟，研訊不諱。查張明福雖係土司所差之人，而橫行逞兇，被毆至斃。確核薛得伏等並無抗拒不服情事，未便照毆差致死律議擬。應以首先爭鬥之薛得伏擬抵。包萬秀始則倡言棄屍，繼又逼令燒毀，情事殘毒。將薛得伏、包萬秀均擬絞候。具題。
> 　　經臣以律載，官司差人勾攝公事，而應辦公事人抗拒不服，毆

〔註65〕《大清律例通考·禮律》「喪葬第一條例文」。
〔註66〕《大清律例·刑律·賊盜》發冢。
〔註67〕《刑部駁案彙鈔》卷三「殘毀他人死屍」，《歷代判例判牘》第六冊，第77頁。

所差人致死者斬監候。又殘毀他人死屍及棄屍水中者，杖一百流三千里。謂屍未殯葬，將屍焚燒殘毀之類；若已殯葬者，依開棺見屍律從重論等語。今薛得伏等因張明福催辦驢騾，接替協臺車輛，詬詈毆打，被辱不甘，輒行共毆斃命。據該撫聲明，張明福恃差橫行肇釁逞兇，薛得伏等並無抗拒不服情事，未便照毆差致死律擬斬等語。但薛得伏等並未雇備驢騾，張明福責問詈罵，揚鞭毆打，究為恐誤公差起見。薛得伏等糾集多人，公同計議，是否確係前往商辦驢騾？抑或聚眾謀毆？有心抗拒？事關毆差，尚宜嚴鞫實情，按律定擬。不應遽照鬥殺律，草率完結。再包萬秀起意將張明福屍身撩棄水中，經張文正撈獲棺驗。包萬秀慮其敗露，復約趙化鵬等將屍燒化，在律既有應得之罪，未便比照發冢開棺見屍律擬議。應令該撫速行詳細覆審，按律妥擬具題到日再議，等因。

題駁去後，續據該撫將包萬秀改依殘毀他人屍律擬流。薛得伏仍照原擬。具題。臣部於乾隆二十三年十一月內議覆。奉旨：薛得伏依擬應絞，著監候秋後處決。餘依議。

對比火葬與毀棄，可知兩者主觀惡性不同，前者是遵循固有習俗、實施的有特定程序的喪葬形式，而後者帶有毀棄屍體的故意或過失，因此主觀惡性不同、情事不同。兩者的刑罰也有輕重之別，對火葬的處罰一般是杖責（不論聽從尊長還是卑幼遺言），而毀棄尊長死屍的刑罰則為死刑。那些既沒有遺言、又非亡歿遠方的人，即便實施了火化屍體的行為，究其主觀因素和情事，仍屬狃於舊習，應是遵循民風民俗的範疇，與毀棄尊長死屍不可同日而語。援引毀棄尊長死屍條來處理這些火葬情事，顯然是情罪不協、罪輕而罰重。這種情況給注重情罪相協的司法實踐帶來了一定的困惑，畢竟「火葬與毀棄，其情各別」，援引發冢毀棄律來處罰火葬情事頗有不妥，因此在乾隆二十一年編修法律時，律例館將原例文的「按律治罪」，改為「照違制律治罪」，所謂違制律，即「法律中諸不敬，違儀失式，及犯罪為公為私，贓入身不入身，皆隨事輕重取法，以例求其名也」〔註68〕。

例文則改為「旗民喪葬，概不許火化。除遠鄉貧人不能扶柩歸里，不得已攜骨歸葬者，姑聽不禁外，其餘有犯，照違制律治罪。族長及佐領等隱匿

〔註68〕《晉書·刑法志》。

不報，照不應輕罪，分別鞭責議處。」改後的例文情罪相協，才如吳壇所言「方爲平允」〔註69〕。

二、地方性法律文件對火葬的規定

在禁火葬問題上，省級政府採取了地方立法的方式進行治理。省級官員制定了省例、檄文等地方性法律文件，對火葬問題進行規制。這類法律文件大多包含兩項主要內容：一是根據各省不同情況對各地的火葬進行勸諭、教導；二是勒令、監督下級政府的禁火葬工作，使其付諸實踐。

乾隆年間，陳宏謀在任江蘇按察使時，奉禁火葬的上諭，制定檄文予以禁止。

　　禁火葬檄〔註70〕

　　停棺不葬，律有明條，暴露火焚，罪同毀棄，雍正十三年十二月欽奉諭旨嚴禁火化，勸導速葬。天語煌煌，所以哀矜死者不復遭烈焰之慘，又所以化導生者不復蹈不孝之罪也。蘇郡五方雜處，煙火稠密到處水鄉，葬地甚少，其死不及葬，日久暴露者甚多。甚有竟用火化，名爲火葬。又有用壇盛骨，沈於深潭，名爲水葬，因而地方射利之徒，專設燒人壇，砌有磚圈，置有鐵斧，打義器具，寄棺房屋，凡遠近貧民死後無論有主無主之棺，俱送壇戶火化，積薪焚骸，腥聞遠近。

　　前經蘇城好義紳士協力捐資公建錫類堂，條列書宣，訪集無主屍棺，概爲埋掩。又慮衣冠舊族，有主有山無力安葬而恥以先人遺骸入漏澤者，另立廣仁堂，捐資代爲營葬。並請各院憲行令地方官將六門壇場器具拆毀，嚴禁壇戶不得射利燒棺，取具改業遵依。其堂中經費又經升任劉糧道奏明，奉旨交議，蒙前院憲查明，入官房產永爲堂中經費。奉旨准行。久經勒碑，遵行在案，計自設堂以來，所葬者不下萬有餘棺，不但停棺不葬者漸少，而火葬水葬之事亦可漸息。生死存歿，心安理順，實爲三吳善政。

　　近聞日久法馳，各處壇戶復重砌磚圈，廣置器具，恣意焚燒各

〔註69〕《大清律例通考·禮律》喪葬第一條例文。
〔註70〕〔清〕陳宏謀：《禁火葬檄》，《培遠堂偶存稿》卷10，國家圖書館藏。

處停頓之棺甚多，堂中董事至壇收埋，輒以各有親屬不願安葬爲詞，結黨抗拒，以致近來火化暴露日多一日。悖理傷化，殊堪髮指，若不實力查禁，害何底止？仰府官吏即專委佐雜各員，分頭前往各壇，先將磚圈眼同拆毀，器具繳官，如有現在違例燒棺之壇戶，立即重責、具報。一面將各屋停頓之棺查照、編號、造冊，報堂收埋，不得藉詞阻撓再三。縣事務殷繁，於此等事不及分身查察，稍有懈馳，又滋前弊。或於府縣佐雜內專委一員，專司其事，不時稽查，如有抗違，許地保、堂長赴該衙門稟究。倘有地方受賄容隱，一併分別責處。

又聞六門外有存留官壇名目，以供當差者，不知在官從無火化之事，何須設立官壇，以滋隱射焚棺之弊，是否概行革除，一併查明議覆。喪葬之事，風化攸關，前人善政，亟宜整理，均毋玩忽。

除行府委員分查將各壇拆毀、器具繳官，並將官壇一併拆毀，毋許藉名仍復火化，現在有寄頓待焚之千餘棺，設法細查安葬外，查江蘇地沖人眾、在在水鄉、葬地甚少，此種火葬及停棺不葬之惡習亦正不少，若不設法稽查通行嚴禁，殊關風化，合急通飭，仰該官吏立速專委府縣佐雜一員專司，確查所屬各縣地方，如有藉承值官差爲名，設立官壇，立即拆毀具報。倘有擅立燒人壇場，迅速拆毀磚圈，並追器具繳官，仍將現在違例燒棺之壇戶責懲取（具）改業遵依，報查地方受賄容隱，不報一併責處，一面查明各屬地方，從前如有設立義冢、官堂，現在作何舉行，有無法久弊生應行整飭，如無義冢可葬，又無官堂代葬，可否倡率勸諭設法舉行，或新立義冢，或派人專司，逐一定議通詳候奪。事關風化，切無泛視。

檄文先分析了江蘇火葬習俗盛行的原因：首先，江蘇存在「葬地甚少」的地理條件，民間無地可葬而用火葬之法作爲權宜之計；其次，在江蘇，停棺不葬現象頗爲普遍，久而不葬，後世更加無力可葬，只能付之火焰，採用火化。也因此，民間對火葬的需求日益增加，則爲他人火葬成爲一項可以漁利的行業，因此在江蘇形成了「壇戶」的職業，設「燒人壇」、「化人場」，專門爲人火葬。

陳宏謀的檄文是奉上諭精神而制定，同時也是重申了律例的規定。除了要遵循法律、諭旨之外，省級政府還考慮到禁火葬是行仁政、行教民孝慈的

禮教的重要途徑。在實行仁政上，掩骼埋胔、收埋枯骨是地方政府應盡的義務，彰顯王政的仁德，「哀矜死者不復遭遭烈焰之慘」；在推廣禮教上，教民孝慈是地方政府的職責所關，即「化導生者不復蹈不孝之罪」。基於這幾點的考慮，省級政府積極推動地方立法，禁止火葬、推行土葬。內容涉及廢除壇戶、公建慈善機構「錫類堂」「漏澤園」「廣仁堂」等。這一檄文具有較強的針對性，對遏制江蘇的火葬之風起到了一定的效果。

然而乾隆二十四年陳宏謀任江蘇巡撫的時候，江蘇的火葬風俗仍然禁而不止，於是陳宏謀也感慨「（江蘇）婚喪……干犯禮法，有玷家風。歷任院司屢經禁處，積習已深，執迷不悟」，因此陳宏謀再蒞茲邦之時，責無旁貸地說「懲惡安良勢在必行，訓俗維風責難他諉」，於江蘇任上再次禁止火葬，頒發《風俗條約》實行火葬之禁，規定「有子孫之親，棺毋許火化」。

從這兩處禁火葬的規定來看，地方上在執行中央火葬之禁時，對火化有一定的妥協和包容。《大清律例》規定符合以下條件，採用火葬不算違法：（1）遠鄉貧人（2）亡歿遠方（3）子孫不能歸葬〔註71〕。中央對火葬禁令的例外規定得相當嚴格，必須符合以上三個要件後，因「不得已」火化後「攜骨歸葬」的，才可以不按違律處罰。除此之外，本地居民死後須安葬本地，不允許火葬。然而由陳宏謀任江蘇巡撫的火葬禁令來看，「有子孫之親，棺毋許火化」，也就意味著，凡有後代子孫的人，死後一概不許火葬，而無子孫後代的人（即使並不符合亡歿遠方的條件），死後火葬是被允許、或者被默認的。因此，該火葬禁令的例外則被改成了「無子孫之親」。而這種例外的條件相比《大清律例》三個條件的規定，顯然是更爲寬容，可施行火葬的範圍也更加寬泛，可以看做是地方省例對國家立法的變通。

這是由江蘇的特定原因造成的，江蘇雖然物產精良、人文風雅，卻是火葬盛行的地方，這一方面由於江蘇風俗尚紛華、好奢靡，因此在喪葬上也盛行厚葬之風，一些艱貧之家無力承擔選擇火葬；另一方面江蘇「地沖人眾、在在水鄉、葬地甚少」，因之無地可葬從而採取火葬。所以火葬之風在江蘇難以徹底清查、息絕。江蘇火葬情況複雜，造成火葬難禁的原因除了以上所

〔註71〕見《大清律例》：「其從尊長遺言，將屍燒化及棄置水中者，杖一百，從卑幼並減二等。若亡歿遠方，子孫不能歸葬而燒化者，聽從其便。」第一條例文「旗民喪葬，概不許火化，除遠鄉貧人不能扶柩歸里，不得已攜骨歸葬者，故聽不禁外，其餘有犯，照違制律治罪。」

分析的「家貧無資土葬」和「地狹無地可葬」之外，還存在著更爲複雜的社會原因。江蘇火葬較多，爲他人承辦火葬成爲一種專門的職業，稱爲「壇戶」，俗稱「化人場」（或《日知錄》所言「化人亭」），火葬的存廢直接和壇戶們的生計經營相關，壇戶的出現使爲他人火化屍體成爲一種職業，壇戶也開始向職業化發展。火葬中產生的豐厚的利潤，不僅導致私營的壇戶在不斷增多，甚至還出現了一種以官方名義火化「以供當差者」的「官壇」，官壇的出現使火葬有了名義上的「合法性」，這種趨勢不僅造成了「法不責眾」的現象，也形成了火化在人們心目中並不違法的印象。因此給禁止火葬的工作帶來了巨大的難題。

　　不僅如此，由於火葬與壇戶、官壇的經營收入密切相關，因此各地壇戶在禁止火葬、倡導土葬的行動中進行抵制和抗拒。火葬之風亦與壇戶不無關係，壇戶生計既與火葬休戚相關，則見縫插針，每官方嚴厲禁止時便暫時歇業，火葬之事漸息；等到日久法馳便重操舊業，火葬之風再次興盛。在陳宏謀任江蘇按察使之前，曾有好義紳士出資成立了「錫類堂」、「廣仁堂」等慈善機構，代民妥爲安葬，他們還呈請前任院憲行令各地方官，嚴禁壇戶的燒棺化人的經營攝利行爲，將壇場器具燒毀，令其改業，並對慈善機構的堂中經費作一妥善處理，之後勒碑遵行在案。自官方查禁壇戶、令其改業，民間設立錫類堂、廣仁堂以來，所葬者數量不下萬餘棺，壇戶銷聲匿跡，而火葬、水葬之風也漸息。而陳宏謀任江蘇按察之時，火葬之禁已經是日久法馳，各地壇戶重操舊業，重砌磚圈，恣意經營火化這一職業。各地壇場復又停頓大量棺槨，不是成爲停柩之棺，便是付之於火，各堂董事去壇場收埋這些停頓之棺，代爲安葬，而壇戶們由於火化的利益驅使，結黨抗拒不肯交出停頓之棺。壇戶們結黨抗拒收埋土葬的藉口即是：這些停頓之棺各有親屬，不願安葬等。這一藉口所隱含的意義在於：既然當事人自願選擇火葬，各負責安葬的慈善機構似乎也無權強行安葬，在壇戶們結黨抗拒之下，義冢善堂形同虛設，禁火葬仍執行不力。那麼，要革除火葬，勢必要考慮到壇戶們藉口抗拒這一事實。在江蘇，火葬是慣例和常態，土葬反而是例外和反常態，江南葬俗「葬之水火，不則以爲淳俗」〔註72〕，所以嚴格按照國家立法那樣執行確有難度，不符合亡歿遠方、子孫不能歸葬的條件而火葬的比比皆是，民間也

〔註72〕〔清〕繆荃蓀：《江蘇省通志稿·禮俗志》第三卷「喪祭」，442 頁，江蘇古籍出版社 1991 年版。

不以爲非法。

綜合江蘇火葬習氣以及壇戶結黨抗拒之事，陳宏謀再任江蘇巡撫時立《風俗條約》，在這一條約中，他並沒有申明國家法律是如何嚴格規定火葬範圍的，僅僅是規定「有子孫之親者，棺毋許火化」。這一規定有幾點益處：（1）從中央立法與地方立法的關係上看，陳宏謀在江蘇的規定雖然放寬了火葬的範圍，不嚴格依照國家法律規定的亡歿遠方、子孫不能歸葬的條件來執行，但無疑更加貼近江蘇省民俗民生，便於執行貫徹。（2）從江蘇省特殊民情來看，壇戶既是一固定職業，結黨抗拒之事不能小覷，他們所言「各有親屬，不願安葬」雖爲藉口，卻也實際阻礙了義冢善堂的安葬行動和官方的禁止火葬的事務，因此，《風俗條約》的規定從根本上否認了壇戶們藉口的合理性。凡有子孫、親屬等，不許火化，那也就意味著「各有親屬，不願安葬」這一藉口失去了權利的依託，當事人都不能自主自願地選擇火葬，那麼對於壇戶的授權火葬行爲當然也是無根據的。（3）從江蘇客觀條件看，江蘇地少人多，雖然官方極力倡導土葬、實力查禁火葬，義冢善堂也妥爲安葬停頓之棺，但「葬地甚少」的客觀條件確是無法改變的事實。再加上江南重視桑蠶，少有的土地還要用來種植桑蠶。因此，地方官即使願意嚴格地執行國家火葬之禁，但可以妥爲安葬的土地也並不充裕。一面是「風化攸關」，一面是「葬地甚少」，二者的矛盾讓地方官不得不採用變通的做法。正是因爲如此，要做到火葬在江蘇的徹底根除是不可能的，其禁令也不具備實際的執行力，所以變通規定可能是具有可操作性、也最實際的，這也正是地方性法律文件的優勢所在。

在官方嚴格禁止火葬、廢除壇戶的時候，火葬之風得到了一定的遏制，但日久難免有執行不力、法令廢弛的情況，一旦官方的管理相對鬆弛，火葬之風會再度流行。乾隆年間大禁火葬之時，火葬之風有所收斂，但之後火葬在政府沒有嚴屬禁止的寬鬆環境下，又蓬勃起來。同治年間，中央、地方政府再次大禁火葬。同治七年，根據翰林院侍講學士錢寶廉奏請禁火葬的摺子，而發上諭禁止火葬，時任浙江巡撫的李瀚章奉此上諭勒碑禁止火葬（見附錄）。

同治七年八月，江蘇巡撫部院的丁日昌，針對江蘇禁而不止的火葬習氣，也發佈了「嚴禁火葬」的禁令：

> 訪聞有無知愚民於父母屍棺，無力安葬。每隨清明前後，相率
> 焚燒，名爲火葬，此俗各屬皆有，蘇、松、太三府爲最盛。又有既

葬之後，將其父母棺木揭開洗骸諦視，易木棺以土罐，亦屬忍心害理，合行飭禁。箚司轉行各屬，一體遵照出示，嚴禁示內。先以至情至理之言，剴切開導，繼將子孫毀棄祖父母、父母死屍者，應斬；及發掘祖父母、父母墳冢，分別見棺、見屍，應行凌遲、斬決各律例明白聲敘。庶有人心者，或可感而生悟，畏法律者亦可憚而不為。倘示禁之後，仍有此等惡俗，許該圖地保及鄰佑人等，出首報官嚴拿，盡法懲治。地保鄰佑人等知情匿報，另行發覺，一體治罪。並由地方官會同善堂紳董，設法籌款，多置義冢，以免暴露。仍通飭各屬確查未葬棺柩，尚有若干。勒定限期，務令於本年冬至以後，大寒以前，一律埋葬淨盡。倘逾限仍查有停柩不葬之風，定惟該府廳州縣是問。〔註73〕

　　除了省級法律文件對火葬作出規定之外，州縣告諭、告示也對火葬作出禁止性規定，並勸導百姓莫行火葬。下級官員深入基層，對民俗有直接改良之功，他們上要相應皇帝諭旨對百姓多方勸導；下要體察民情、民俗，進行有效的管理。告諭是州縣對管內事務進行管理的一種方式，雖然不能簡單加以「地方性立法」的標籤，但其確能在一定程度上起到法令的作用，並且由於告諭的主要目的是為執行國家法律，使之具體化並具有可操作性，因此在聯繫情理法、整頓民俗上起著很大的作用。明代儒者王陽明曾就火葬之俗，在其任上諭南安贛州軍民：「風俗不美，亂所由興。窮苦已甚，而又競為淫侈，豈不重自困乏。夫民習染已久，亦難一旦盡變，吾姑就其易改者，漸次誨爾。吾民居喪，不得用鼓樂，為佛事，竭貲分帛，費財於無用之地。而儉於其親之身，投之水火，亦獨何心。」〔註74〕

　　清人陳宏謀在對王陽明的告諭進行評價時，精闢闡述了州縣告諭在法律實踐和行政事務管理上的重要性。「告諭者，所以章德禮之化，與民相告語。唯恐民之不知而有犯。乃以政防刑，而非以刑為政也。」可見告諭與政刑一樣，都是為政、為治的手段和方式。並且，告諭可以張德禮之化，並且是以政輔刑，具有禮教、政教的作用。

　　況且改良喪葬習俗也是州縣的應盡義務之一，正如熊勉庵所言，「凡有地方之責，相其土俗，曲為化誘，或禁火葬，或禁宰牛，或禁淫祠，或禁造謗，

〔註73〕《江蘇省例・嚴禁火葬》，同治八年刻本。
〔註74〕〔清〕陳宏謀《從政遺規》卷上「王文成公告諭」。

或禁鑿山占河，等及種種殘虐侈費事，天未有不厚報之者。」〔註 75〕《清代州縣故事》中列舉了州縣的各種刑名、錢糧應管事件，其中，停柩、墳山爭訟等民間喪葬風俗均是州縣應該治理、管理的事務。〔註 76〕清代入關後，改革喪葬風俗，仿漢俗率行土葬，在中原地區取得預期的效果、倡行土葬，但在江南地區由於地窄人眾、經濟發展、重視桑蠶，因此導致民無地可葬，仍然盛行火葬，這種被法律禁止的葬俗在清朝一直是著重改革治理的風俗，尤其於乾隆、同治兩朝最為嚴厲。

為響應乾隆禁火葬的上諭，地方州縣都作出了禁火葬的努力。如福州羅源縣知縣梁瀚於乾隆十三年禁民火葬〔註 77〕；福州古田縣令葉世經也在任上，勸民莫行火葬〔註 78〕。時任湖州知府的宗源翰奉同治上諭發佈了《應禁六條》簡明禁令，把國家法令對火葬的禁止性規定重點摘出，以使民眾重視火葬的違法性，俾州縣城鎮鄉村遵守：

　　一火葬奉特旨嚴禁，有再犯者，以違旨論，從重治罪；鄰祐地

〔註 75〕〔清〕熊勉庵：《熊勉庵寶善堂居官格言》，收入南海周炳麟竹卿輯《公門懲勸錄》卷上，《叢書集成續編》五四冊，618 頁，臺灣新文豐出版公司 1989年版。

〔註 76〕蔡申之：《清代州縣故事》，臺北：文海出版社 1969 年影印本，第 49 頁。「刑名應管事件如：封贈、蔭襲、官員、貢監、官結、考成、祭祀、人命、盜賊、偷竊、剪絨、姦情、押帶、詐騙、逃逸、叛逆、忤逆、搶奪、鬥毆、賭博、鴉片、窩娼、私梟、私宰、會匪、訟棍、邪教、謀害、私鑄、私雕、墳山、風水、爭斷、鄉飲、保甲、停柩、伐冢、驛站、鋪兵、偷渡、放火、越獄、拒捕、失火、丁憂、起復、節孝、建坊、銷毀制錢、蠹役、強豪、假印、通緝、遇風擊船、投充、安插流犯、強行嫁娶、典雇兒女、僧道冊、內地人出洋回籍、樂舞生、渝旨、大計、蠱毒、丟包、酒醉逞兇、扒城、犯夜、保題保留、議穀、捐納、文憑、揀選、上任、委用、委署、試用、記錄、科場、書院、旌表、限期、加級、恤贈、武闈、軍機、終養、告病、降革、秋審、匿喪、遷穴、閱城、買妾、買婢、盜砍、結盟、結會、光棍、開剝棚廠船照、鄉總鄉練。錢穀專辦事件如：奏銷、地丁、錢糧、稅契、關稅、採買、糧米、社穀、出借額穀、兵餉、魚課、酒稅、學稅、貢品、監課、雜收、引費、災賑、孤寡口糧、承追、承辦、爭產爭賑、抗欠、囚衣、囚糧、錢債、捐修、廟宇、交盤、編審、報墾、漕糧、交代、救火、器械、盤查倉庫、補撥坍陷、建修工程、礮臺、營房、刑錢年終會奏、晴雨、糧價、收成分數、支給解穀、各社副長、一切交代、隱匿、驛站、鋪司、一切差務銀兩、穀米出境、拆毀城垣、育嬰堂、毀棄器物樣稿、盜買盜賣、擅食人地瓜菜、一切水利、賑濟饑荒、採買銅鉛硝礦。」

〔註 77〕咸豐《順德縣志》卷 25《列傳五・梁瀚傳》。

〔註 78〕《上江兩縣志》卷 24《耆舊》。

保知而不首，鄰祐議罰究處，地保責革；

一僧道有勸人火化及爲作道者，枷責驅逐；

一開棺折骨裝壇者，照「毀棄祖父母、父母、子孫屍骸律」治；
買已用之棺者，一併治罪；

一傍棺已久者，限三月，極遲半年以內舉葬，違者照律究辦；
有功名者斥革；

一惑於風水，任意停棺者，照律究處；

一惡棍多方阻葬者，嚴飭拿辦；密報者有賞，切勿隱忍。〔註79〕

地方官吏響應上諭精神，對地方火葬的治理作出了努力，他們著手製定的地方性法律文件也成爲國家律例規定的細化。其內容不僅重申了國家的法律和禮制的內容，使百姓瞭解火葬雖世人多爲，但確是不合法、不合禮的喪葬習俗；同時也規定了禁止火葬的具體辦法，如搗毀燒人壇、定查禁火葬的人員程序等，可算作國家律例的有效補充。另外，地方性法律文件有些規定與國家律例並不一定完全一致，如陳宏謀放寬律例所規定的火葬範圍，從這個角度講，地方性法律文件又是國家法律的變通規定。這些地方性法律文件既貫徹了國家法律禁火葬的精神，又能體察民情、民俗，從而在禁火葬問題上產生較好的社會效果。

三、家法族規的調控

清代家法族規作爲國家法律體系的組成部份，對地方喪葬習俗也有所規範，其中有不少關於禁止火葬的規定。可見地方宗族組織自覺地規範、改良喪葬習俗，使地方秩序更加符合禮制及國家法制，發揮宗族對社會秩序的管理職能。光緒年間建立的嚴家祠堂，刻有明代的王士晉所定《宗規》，這些作爲家法族規的禁令一直被民間宗族沿用遵守。

葬必擇地，避五鬼，不得泥風水邀福，至有終身不葬，累世不
葬。不得盜葬，不得侵祖葬，不得水葬，尤不得火化。犯律重罪。

〔註80〕

〔註79〕 〔清〕宗源翰：《頤情館聞過集・守湖稿》卷七《勸葬》，光緒三年刻本。
〔註80〕 〔清〕陳宏謀編：《訓俗遺規》卷二「王士晉宗規・四禮當行」，民國十五年
石印本。

　　家法族規多從道德上規範宗族成員的行為，對孝悌仁義等道德標準都有所要求。在對待宗族成員火葬問題上，把火葬規定為「大不孝」之行為而加以禁止。漳州《浦西黃氏族譜》「國棟公家規條則」規定：「殯葬隨家厚薄營辦。倘力不及，惟宜深掘埋葬，堆封厚土，切不可用回教焚化，為大不孝，後雖深悔，終亦何及？亦不可惑於吉地，停柩不葬，致餘暴露，以難子孫。須陰德求之。」〔註81〕漳州黃氏族譜嚴禁宗族用回教焚化式的火葬，而事實上，回教宗族內部亦是嚴禁火葬的，如《中國南方回族古籍資料選編補遺》中收錄嘉慶年間福建惠安縣回族鄉郭氏宗族所定的族規《開列喪制宜戒條項》，要求喪葬要墓而不墳，即實行土葬：〔註82〕

　　　　喪制三年喪。大功小功等殺，分別敬遵聖朝制度，故不待言。

　　而習俗所尚不同，他宗他教，逐一開列以分別劃除。

　　　　喪事戒功果追薦繳庫。

　　　　喪事戒糊紙厝及冥金冥銀冥錢冥人冥轎等項。

　　　　喪事戒鼓樂。

　　　　喪葬戒用鼓樂。

　　　　喪葬戒用道釋引路。

　　　　喪葬戒獻紙錢。

　　　　喪葬戒用幢幡護送。

　　　　喪葬戒用吉服（藉名吉葬，非禮也）。

　　　　喪葬後巡墓戒獻紅白錢。

　　　　喪葬後墓而不墳。非有甚害，切勿遷掘，以致先人不安（世俗有一種圖利之輩，嗜好無厭，專惑堪輿，不惟停柩之貽害，或陷於水火，或至家破，暴骨霜露。即安土之後，貪迷富貴，始而遷於一，繼而三四遷，其不孝罪大已極，尚無可逃之，矧欲邀福，其可得乎？戒之）。

　　　　喪事戒焚死者病時之食用器具（若謂可丟，胡不以所寢之床榻並焚之？且亦不仁之心，戒之）。

〔註81〕漳州《浦西黃氏族譜》，2002 年編，180 頁。轉引自陳進國《信仰、儀式與鄉土社會──風水的歷史人類學探索》，584 頁。

〔註82〕《惠安百崎郭氏族譜》，轉引自馬建釗、張菽暉主編《中國南方回族古籍資料選編補遺》95 頁，民族出版社 2006 年第一版。

喪事戒用尼姑等超度（其不孝之罪，已出先賢論定。戒之）。

喪事戒停柩（死者須速入土爲安）。

喪事戒豎幡打城惡習。

凡近盧無寂滅諸端，非關世道人心之要，經戒除之，逐一再列，以儆後人，知爲無用，後人凜之戒之。

嘉慶十二年丁卯臘月初七日

宗純肇汾訂

此外，根據俞榮根教授《文化與法文化》的考察，茂縣沙壩水草坪村保存著一塊光緒三年（1877 年）立的題爲《蘇氏先祖之墳墓》的石碑。內容爲禁火葬改從土葬。碑文夾著不少方言和錯別字，文句不通，不易釋讀。其開頭寫道：

蓋聞孝悌忠信，禮義廉恥，世道之根本。堯舜之道，孝悌而已矣！夫孝，人之本輿！

接著敘述了火葬大違孝道，必須禁絕的道理：

……葬期臨時，葷酒狂徒，抬喪出來，由（猶）如造反，即那（拿）斧亂砍，有的舉火，有的舉柴，燒得□汞口黑，……拋屍露骨，兒孫其心何忍？！故此，最代（這帶）人不興（旺），代代故絕，人財兩減。

碑文的最後，提出了禁火葬的禁令：

……堂官下族，商等議論：從今禁莫火葬，興其血葬。男女喜歡，……日後依此行事。……倘若反口，不依前輩詒詒，……絕子絕孫也……〔註83〕

家法族規中火葬之禁，對地方的喪葬習俗及宗族內部秩序起到了調控作用。這些規定既申明了火葬的違禮、違法性，也申明了火葬是違反宗族利益的，具有很強的說教特點。此外，其懲罰措施也極有宗族管理的特色，採取了「絕子絕孫」等詛咒的方式來禁絕火葬，並沒有切實有效的懲罰措施。不管怎樣，家法族規雖有禁無罰，但清代族權較爲發達，家法族規對宗族成員起到了重要的約束作用，因此這些家法族規對火葬的調控成爲官方禁令的輔助力量。

〔註83〕俞榮根：《文化與法文化》，法律出版社 2003 年版，第 251 頁。

四、官方積極作爲與民間慈善救助

（一）官方掩骼埋胔的義務

國家律例、地方性法律文件對火葬的規定是一種靜態調控，其貫徹實施要需要司法、執法的程序，而相比之下，更能付諸實踐的莫過於官方的掩骼埋胔行爲。地方官通過官方出資收埋枯骨，以及鼓勵民間善堂、義冢的建立，更切實地緩解民間貧家無力可葬、無地可葬的窘迫，既使民無違法火葬之虞；也無費資安葬之憂，可謂善政。這種掩骼埋胔的做法不僅僅是彰顯仁德的善政，同時也是地方官的義務，是其職責所在。

地方官所擔負的掩骼埋胔的義務，在《大清會典》「收埋枯骨」條詳有規定。《康熙會典》載：「順治九年題准：直省飢饉，死者暴骨草野，各令委員掩埋，仍將埋過數目報部。又令：各地方官於空閒官地，設立義冢，凡死不能葬，及無主暴骨，進行收埋，如有好義之人，收瘞貧屍，及掩埋枯骨數多者，地方官勘實，給匾旌獎。」〔註84〕康熙二十四年，重申直省地方官收埋枯骨的職責：「直省地方如有無主暴露枯骨，各該地方官建置義冢，立法收埋，咨報禮部。」〔註85〕

此外，《清通鑒》記載：同治四年，因御史奏外省兵復地方，骸骨縱橫，請旨收埋枯骨，皇帝認可後諭令督撫和統兵大臣督飭地方官收埋暴露骸骨。

> 壬子年（二十一日）御史汪朝棨奏：十一月間，刑部因犯死者，每日至八九名之多，難保非禁卒人等剋扣衣糧，致令斃命。外省被兵新復地方，骸骨縱橫，未能收埋，請增修仁政。命刑部堂官嚴諭提牢禁卒人等，將獄囚妥爲看守，不得剋扣衣糧，致令飢寒受病；至被兵省份，被難士女，骸骨縱橫，無人埋葬，遂至拋棄河濱，填積溝壑，殊堪憫惻，著軍務省份督撫及各路統兵大臣督飭地方官收埋暴露骸骨，用消沴癘而迓祥和。〔註86〕

因此，收埋枯骨是中央政權所重視的善政之一，正所謂「生養死葬，人道並垂，掩骼埋胔，王政所重。」〔註87〕皇帝以中央名義幾次重申過，地方

〔註84〕《康熙會典》卷54《禮部・儀制司》「收埋枯骨」條。近代中國史料叢刊三編717冊，2647頁。

〔註85〕《康熙會典》卷54《禮部・儀制司》「收埋枯骨」條。

〔註86〕章開沅：《清通鑒》（4）「穆宗毅皇帝・同治四年」，山西人民出版社2000年版，111頁。

〔註87〕〔清〕陳宏謀：《培遠堂偶存稿》卷9，頁21a。光緒丙申秋鄂藩署重刊本。

大員也曾多次責成地方州縣履行這一重要職責。陳宏謀再任江蘇巡撫時，就一再向地方州縣重申「掩骼埋胔原屬地方官應辦之事」，要求地方官「務須認眞實力查辦，愼毋畏難虛應」，並使地方官責成各圖總「不時巡查，一有暴露棺骸，即報地方官掩埋，隱匿不報，查出即將各該圖總懲治。」〔註88〕

掩骼埋胔不僅可以消弭瘟疫，施行善政，亦能對地方火葬、停柩之風產生一定的影響。地方官履行其收埋枯骨的職責，從一定程度上能漸少民間喪葬的壓力，緩解火葬、停柩之風。《培遠堂偶存稿》就收錄了陳宏謀在天津、江蘇等地任職時所發的查辦、掩埋枯骨的檄文。乾隆初年，陳宏謀任天津道任之時，曾連續兩年就查辦掩埋枯骨一事，發《掩埋垙冢檄》和《查埋枯骨檄》積極究辦。

檄文一　掩埋垙冢檄（乾隆四年五月）

津城內外，荒冢累累，其中浮厝者多經雨水，棺木暴露，其近河及低窪之地，汛水一至，任其漂蕩淹沒，殊覺可慘。如北門外至西沽一帶；南門外至海光寺一帶；西門外至教軍廠一帶，遍地皆冢，其中固有無主孤墳，亦有浮厝者，當此秋雨將至，若不及時掩埋，勢必又遭漂蕩。仰府官吏，即轉委雜職各員，前往通查，凡近郊內外及沿河窪地淺厝暴露之封官，如有子孫親族者，即令其自行遷葬，如有一時不能遷葬，責令用土掩埋，以免暴露。倘係無主之義冢垙墟，官即雇人掩封，毋許暴露，需費少則量爲捐給，多則詳請酌量動撥，務須實力奉行，毋得視爲故套，仍將遵行緣由報查。〔註89〕

檄文二　查埋枯骨檄（乾隆五年三月）

生養死葬，人道並垂，掩骼埋胔，王政所重。既死之後，僅存枯骨，無貴無賤，入土爲安。語云：葬者，藏也。葬而不藏，與不葬何異？苟有人心，所當憫惻。津城四郊以外，遺棄枯骨最多，其義冢及停棺拋露者，亦復不少，地處低窪、附近河海，一遇雨水漲發，漂蕩淹沒，均所不免。本道於上年業經行府委員查辦在案，未據回覆，或因委員憚於煩勞，或前府懼其無費，亦未可知。近來四郊枯骨更多，沿河窪地，淺厝浮掩之棺，亦復不少，將來雨水驟至，

〔註88〕《培遠堂偶存稿》卷47，頁 12a～13a。
〔註89〕《培遠堂偶存稿》卷6，頁 35a～35b。

難免漂蕩淹沒之慘。除西關道旁義冢內枯骨，已於另案詳動「海可疊道」餘剩銀兩辦理外，所有東門、北門外疊道兩旁，並南門至西沽，又西門至海光寺、教軍場一帶之坵墟，其中有無主孤墳坍塌暴露者，有現有子孫而暫時浮厝無力安葬者，更有枯骨遺棄於道路溝港者，亟宜查明分前，亟爲掩埋。而不委員分查，許動公項，勢必又如上年徒託空言，毫無實事，合亟委查。仰該所千把胡士榮、蔡永鎮，即將東、西、南、北一帶，凡有義冢及河窪地內淺厝暴露之棺，帶同鄉地查明有子孫者即令其自行遷葬；倘或力不能葬者，即諭令用土封掩，以免暴露；至若無主之孤墳、遺棄之枯骨，即雇夫收檢深埋於義冢之內，毋令暴露郊野，所需費用查明、約估數目、開折，由縣具報定議具詳以憑酌奪，慎毋草率遲延。〔註90〕

　　乾隆中期，陳宏謀再任江蘇巡撫時，又發兩道檄文《委員掩埋蘇城朽棺檄》〔註91〕和《通飭掩埋朽棺檄》〔註92〕，要求查埋蘇城暴露屍柩和枯骨，顯示出對掩骼埋胔職責的充分重視。這些諭令、檄文明確了收埋枯骨的工作分工和操作程序。(1) 規定了義務的履行者、執行人和責任人。掩埋枯骨是地方官應盡的重要義務，對該義務的履行及具體實施要求專案專辦，即地方官委專員清查、統計並報告上級。陳宏謀清楚的認識到委專員辦理「收埋」的重要性，如不委專員清查，並准許其動用公款，收埋一事勢必成爲「徒託空言」，「毫無實事」。因此，明確收埋義務的履行者和具體執行人非常必要，如在天津專委千把胡士榮、蔡永鎮，在蘇州專委儒學王大嵩、縣丞彭宏基。同時規定了對收埋事務具體負責的責任人，即清查暴露屍棺的各地圖總和各地州縣官：如發生隱匿暴露屍棺不報的情況，則將圖總懲治；如發生圖總亂攤派費用的情況，則由其地方州縣承擔責任。執行人、責任人的明確使事有專管、職有專司，從而「清查掩埋枯骨」不致成爲具文。(2) 規定了清查掩埋枯骨的具體辦法。官方的清查工作非常細緻，把暴露棺壇分爲有主和無主，有主棺壇又有無力掩埋和有力掩埋之分。無主棺壇則官爲掩埋，掩埋地點或是棺壇原地，或是移至義冢；有主又有力掩埋的棺壇則勒令其掩埋，無力掩埋的，官方出資掩埋。這樣做既避免了火化，同時還防止停柩所帶來的

〔註90〕《培遠堂偶存稿》卷9，頁 21a。
〔註91〕《培遠堂偶存稿》卷47，頁 10a～11a。
〔註92〕《培遠堂偶存稿》卷47，頁 12a～13a。

環境問題。清查、掩埋棺壇的實施辦法比較具體和細緻，有利於專司人員的操作，使掩埋枯骨具備實踐中的可操作性。（3）規定了義冢的經營和費用的支出。火葬的興起多是由於民間貧家無力可葬，而幫助艱貧之家營葬是杜絕火葬的一個有效辦法，因此，地方官比較重視義冢和善堂的建立、經營。檄文規定了義冢、善堂的經營和官方掩埋枯骨所需的費用如何支出，許其動用公項，對於掩埋枯骨一事有重要的意義。

（二）義冢的慈善助葬事業

義冢的建立原是為了禁止火葬之風，《明史》記載了洪武五年的諭令：「古有掩骼埋胔之令，近世狃元俗，死者或以火焚，而投其骨於水。傷恩敗俗，莫此為甚。其禁止之。若貧無地者，所在官司擇寬閒地為義冢，俾之葬埋。或有宦遊遠方不能歸葬者，官給力費以歸之。」〔註93〕故治理火葬之風，除了運用頒佈禁令、諭令等禁止性規定的方法外，也採用設立義冢、善堂等慈善機構，以期改良火化之風。如松江府按院甘紫亭曾設義冢治火葬，然而人在而政存，人走而政息。

> 松俗火葬習以成風，甘按院紫亭公創立義冢，刻碑以垂永久。
> 公去而火葬如故矣。然其費亦不少，如僧道送喪、獅豹前列、鼓樂
> 喧闐、親朋醉飽，不下四五金。何不買地分許，薄葬其親，俾免焚
> 炙之苦？〔註94〕

但也從而看出，「義冢」作為一項禁止火葬的輔助方法，能對禁火葬產生直接的、顯著的效應。今人的研究也論證了義冢對於禁止火葬與保護環境具有莫大的作用〔註95〕。

〔註93〕《明史・禮志・凶禮》「士庶人喪禮條」。

〔註94〕〔明〕李紹文：《雲間雜識》卷2，「甘紫亭禁火葬」條，民國二十四年冬上海瑞華印務局影印黃氏家藏舊本。轉引自馮賢亮：《墳壇義冢：明清江南的民眾生活與環境保護》，《中國社會歷史評論》第七卷，2006年第161～184頁。

〔註95〕馮賢亮《墳壇義冢：明清江南的民眾生活與環境保護》論證了火葬在江南的盛行及義冢對於禁止火葬的重要作用，「由於江南土地珍稀，下層民眾貧乏無力的，多從火化。從而官紳宣導的土葬與民間盛行的火化，時常產生衝突，官方的屢次示禁，既體現了以維護儒家倫理道德一方的不滿，也深刻說明了火化習俗的長久頑固性。」在勸禁火葬、推行土葬的過程中，義冢的作用凸顯出來。「義冢的建設與推廣，是土葬對抗火葬的一種有效舉措，明清兩代長期在城鄉地區得以倡行。」「清代江南地區曾存在數量不可勝計的義冢群，雖一開始由政府頒定地方廣泛設置，但時有荒廢，而紳商富室主持的慈善組織，

　　鑑於義冢對火葬影響的重要性，因而對義冢進行規範化管理成爲官方的政務。江西巡撫陳宏謀制定《諭查義冢檄》，規定了義冢的經營者、收支、報埋查埋程序及費用等等，對義冢的具體事務進行干預，使之更加規範化、合理化，並有效避免民間組織經常出現的費用不敷的弊端。

　　該檄文從慈善救助的角度幫助百姓進行土葬，從而對抗民間艱貧之家權宜的火葬形式。在嚴格執行火葬禁令之餘，設置義冢，使民有棺可殮、有地可葬，設義冢也成爲禁火葬中比較有效的輔助工作。因此官方積極設置義冢，並積極干預義冢的管理，使之更加規範，陳宏謀對江西的義冢組織就進行了較爲詳細的規定。首先，詳細勘察舊冢、設立新義冢，規定義冢的管理者；其次，詳細規定助葬的具體程序和工作方式，如打撈屍骸的獎勵、對無主棺柩的清查造冊、掩埋後用石標記便於移葬等，此外還規定善堂應制定相應章程，以形成制度，以免日後懈怠；第三，詳細規定了義冢的費用問題，以免出現一般慈善機構經常出現的弊端，諸如收支不明、費用不敷等。一般慈善機構諸如義冢、善堂之類雖一時有富商豪紳捐資，但難免日久馳廢，無專人管理、專人監督，費用支出不明，容易滋生種種弊端，最終使其慈善助葬事業難以持續下去。陳宏謀顯然也認識到這個問題，「即以此八百餘兩爲收埋之用，有時而盡，向後何以爲繼？」〔註96〕因此，詳細規定了在此次設立義冢、捐輸費用、掩埋枯骨之後，後繼費用從公款和所置義田中支出。「倘再行掩埋爲數甚多費用不敷，應於司庫公項動用。向後每年需費於所置義田內動用」。明確了義冢的管理、程序和費用收支，使義冢的工作更加規範合理，並能持續發揮其慈善助葬、遏制火葬的作用。

　　當然，民間慈善機構爲了自身工作的便利，也需要取得官方的認可和支持。如清代江南地區義士俞曉園建立義冢、掩埋枯骨，爲了義冢地界範圍的確定，仍需要向官方申請譜牒，於官方記錄在案，使義冢的地界得到官方確認，具有合法性，避免了對其地界的各種爭端。袁枚的《小倉山房文集》中對此事有詳細記載。

俞氏義冢碑記〔註97〕

　　維繫著大量義冢，彌補了官方能力的不足，給當時江南的城鄉地區提供了許多公共墓地，並以義舉的形式，常年維護著地方環境衛生。」善堂經營的義冢在禁止火葬過程中，起到了很大的作用。

〔註96〕《培遠堂偶存稿》卷14，頁22a。

〔註97〕〔清〕袁枚：《小倉山房文集》卷13，光緒18年鉛印本。

《周禮》蠟氏掌除骴，有死於道路者，埋而置楬焉。又族師，十家爲聯，五人爲伍，使相葬埋。古制民之產，名山、大川、廣谷無禁。地，公地也，恣民之所使之，故送死無憾。今任土之法廢矣，尺寸皆民私也。流離之泯，夭爲凫殀，橋死於中野，橫陳而已。誰能無穢虐士，而損所有以仁其類乎？

丙子歲，江南洊饑，箚瘥天昏，羈鬼相望，捐瘠者，焚如者，漂溺者，蠅蚋之所姑嘬者，屬於道。俞子曉園以爲大戚，施櫬千餘，地百畝，聚遺骸而掩諸幽。望之罦然高，下不及泉，上不泄臭，竁而臨，如旅人成群，得安宅焉。鄉里感之，有司誼之，朝廷旌之。曉園亦仁矣哉！曉園又來曰：「余，新安人也。貿遷江寧，去住無恒，弗告茲舉於邑長，慮有奪其界者，是爲善不竟也。請牒地若干，輸於官，立精文善法，俾傳永永無極。」吁！曉園非獨仁，其智且足用也。

余考《春秋》，晉、鄭之間有隙地曰玉暢、頃丘、喦、戈、錫，子產與宋人盟曰：「勿有是。」及子產卒，宋人取錫，遂尋干戈。又《周禮》，墓大夫率其屬而巡墓屬。古人之於地界，或盟或巡，猶有爭者。矧茲荒兆，難徵於鬼，非曉園意思深長，他日者，且湮且索，且侵削，且鉏萊雜下，冤伏陵窖，爲枯骨祟矣！欲世世萬子孫毋變，宜詳區界而勒諸石。凡核得袤長一百七十六弓二尺，寬一百三十四弓。其存爲捨櫬費者，中有熟地廬舍。按年收子利四十餘緡。

爲防止土地的紛爭，袁枚爲俞曉園的義冢勘察區界，並勒石以明其長寬。除此之外，袁枚還規定義冢的固定收入，以及樹碑褒獎建設義冢的慈善行爲。可見，民間的慈善機構、慈善行爲爲了增加其權威性，努力尋求官方的認可；而民間紳士的慈善組織在很大程度上彌補了政府這方面工作的不足，並提高了效率，因此官方也積極加以確認和褒獎，鼓勵民間慈善機構的興起，並運用國家權力賦予其權威性，使之在掩骼埋胔工作進行上更加便利。

義冢的重要作用也因此凸顯出來，江南停棺、火葬、水葬之風甚熾，正如袁枚所言「捐瘠者，焚如者，漂溺者，蠅蚋之所姑嘬者，屬於道」，而俞曉園的義冢則「施櫬千餘，地百畝，聚遺骸而掩諸幽」，這種行爲不僅幫助了政府盡掩骼埋胔的義務，也有效避免了當地因貧、亂而實行的火葬、停棺之風。

　　清代有些地方因爲戰亂而遺骸遍地，戰亂平定之後，地方官府基於其掩骼埋胔的職責，需積極掩埋戰亂中罹難死亡的骸骨，而地方紳士也積極相應，捐資協助。貴州現存定頭「萬人墓」〔註98〕遺址，爲「定頭城被難眾姓老幼男女遺骸之總墓」，也是一座較大的義冢，其碑文《誌義冢文》爲禮部候選縣正堂任瓏所撰。該碑文記述了萬人墓即義冢的建立，說明了義冢建立對掩胔埋體的作用，因此官方對建設義冢一事進行褒獎，稱爲「義舉」。

誌義冢文〔註99〕

　　聞之，掩胔埋體，聖王之政也；營葬錫類，孝子之心也。安南屬之會昌里定頭城，明末因馬乃之叛，設汛於茲，軍民雜處，農商並居。至本朝嘉慶二年丁巳，遭興義北鄉苗氛之變，蔓延鄉里，遠近村落攜家逃難來茲。圍困月餘，守土登陴，糧盡城破，遂遭屠戮。屍填巨港之岸，血滿孤城之窟。逃出之人百無五六，無貴無賤，同爲骸骨，傷心慘目，可勝言哉！平定之後，野無桑麻，或一姓一子，或數姓數家，瓦塊石頭，盡是朱門世族，肥田瘠土，無非野草山花。往往鬼哭，天陰日斜，亦有子侄尚存，姻婭祭弔，不至含恨靡涯。首事諸君，告於余曰：吾等伯叔父母，均罹此難，還定安集，死骸莫辨，堆積如山，業經埋掩，同人捐貲，包墳營奠。泐石記名，丘

〔註98〕　定頭「萬人墓」掩埋了嘉慶二年在王囊仙領導的「南籠起義」中死難的百姓，根據貴州省黔西南布依族苗族自治州史志徵集編纂委員會編：《黔西南布依族苗族自治州志　文物志》(貴州民族出版社1987年版，第19頁) 記載：定頭「萬人墓」在貞豐縣城東北十五公里定塘村，建於清嘉慶二十四年 (1819)。墓裙石砌，封土高兩米、周長十九米。墓前立有單簷硬山頂四柱三門牌樓式墓碑，側有耳碑四塊，除右邊最外側的一塊耳碑已毀外，其餘均完整無損。主碑高三米餘、寬一米餘，中有月梁式欄額，額上橫書陰刻「雲蒸霞蔚」四字，浮雕兩幅：一爲「雙鳳朝陽」，一爲「二龍戲珠」。主碑正中豎書陰刻「定頭城被難眾姓老幼男女遺骸之總墓」。左刻「嘉慶丁巳 (1797) 二月初一破城被難」，右刻「嘉慶己卯 (1819) 季春月寒食節吉旦」。兩旁楹聯，上聯：「二十餘年吞風飲露幾忘當日遭劫恨」；下聯：「億萬斯年俎豆馨香豈料今朝樂安眠」。兩側次碑高二點五五米、寬一點零五米，欄額書「吟風」、「唱月」，額上有雲紋浮雕。兩塊次碑刻有四百餘死者姓名，次碑楹聯上聯：「幾處螻咕吟夜月」；下聯：「一坯荒冢伴斜陽」。左右兩塊內側耳碑，高二點二五米、寬一米，刻有對死者的挽詩七首。左外側耳碑刻有吏部候選縣正堂任瓏所撰的「誌義冢文」。

〔註99〕　貴州省黔西南布依族苗族自治州史志徵集編纂委員會編：《黔西南布依族苗族自治州志　文物志》貴州民族出版社1987年版，第20頁。

隴共建，欲使後人，牛羊句踐，敢請誌之，俾民共建。余曰：「此義
舉也。」嗚呼噫嘻！誰無父母，精魂何依。誰無子女，抱影提攜。
亦有兄弟手足樂悲，亦有夫妻鏡破驚飛。老歟、少歟、男歟、女歟？
生爲同郡之人，死伴同城之鬼，在世忠良，靖節何悔，後之覽者亦
將太息於無已。不揣才疏，故採得而誌之。
　　　　時在
嘉慶二十四年歲次己卯季春月　　　　　　　　　　　中浣　谷　旦
　　　　戊辰　　　　　　　　　　恩科舉人吏部候選縣正堂
　　　　　　　　　　　　　　　　普陽任　瓏拜手撰
　　　　　　首事　略

此外，貴州貞豐縣城西隅茶園村方家井，遺留了一座茶園「萬人墓」，
此墓建於光緒四年（1878），收埋了嘉慶時期、咸同期間貴州兩次起義中死
難的枯骨。該墓由光緒年間貞豐知州余駿年籌款捐資而建，余駿年令人搜羅
枯骨，得骸骨數百筐，合葬於此，稱爲「萬人墓」，並爲其撰寫了墓誌銘《貞
豐萬人墓誌》〔註 100〕，刻於碑的背面。根據碑文記述，貴州幾次戰亂之後
「骸骨狼籍，竟無人過而問」，時任貞豐知州的余駿年於光緒丁丑年，「奉檄
□地，見而哀之，集都人士籌所處，率無成議。越戊寅，瓜期在邇，恐是事
之□畫餅也。乃籌款捐資，付吏目楊君部署之。又俾黃、尹、鍾、劉、覃、
王數君子襄其事。驚蟄十日，始鳩工，於川原田野、潢污草澤中搜□無遺。
匝月間，獲壘壘之骨數百簣，遂卜葬於黃平寨之高原而□厝之。……凡歷百
餘日竟事。」

貴州安龍縣城東隅保留一座較大的義冢。清咸同年間，張凌翔、馬河圖
領導的白旗起義失敗後，清政府以安撫爲由，於光緒十年（1884）搜集在戰
爭中的死屍骸骨，叢葬於城郊，後人稱之「萬人墳」。

從這些義冢的情況來看，建立義冢是一項慈善助葬的事業，爲無力營葬
的貧民提供喪葬費用和營葬土地，掩埋無主枯骨和無主棺柩。義冢的建立和
經營，上可完成掩骼埋胔的王政；下可增修助民安葬的仁政，既遏制了火葬、
推廣了生養死葬的禮教，又避免了捐瘠漂溺、蠅蚋姑嘬所引發的衛生污染問
題，使「下不及泉，上不泄臭」，可謂一舉幾得。

───────────────

〔註 100〕貴州省黔西南布依族苗族自治州史志徵集編纂委員會編：《黔西南布依族苗族
　　　　自治州志　文物志》貴州民族出版社 1987 年版，第 22 頁。

正是由於義冢具有這些功能，地方政府積極介入義冢的建立和經營，實施規範化管理，紳士富商也積極捐資營建義冢，進行慈善救助。綜合清代各種義冢的情況來看，義冢建立的形式有三種：（1）政府建立。如陳宏謀在江西勘察新設的義冢，即是爲掩埋無主棺柩而由政府發起設立的；貴州的茉園萬人墓、安龍萬人墳，都是政府以安撫爲名，履行掩骼埋胔的義務。這些雖有官員、當地同人的捐資，但主要是相應政府號召，其設立應視爲政府履行義務而的行爲。江西巡撫陳宏謀《諭查義冢檄》是以省級政府名義所下的檄文，而貞豐知州余駿年是「奉檄□地」，可見也是奉上憲檄文所行的仁政。臺灣新竹縣的枕頭山義冢是「乾隆年本縣官議定作爲冢地，以便民間葬地。」〔註101〕（2）官員帶頭捐資營建。地方官員出於教民慈孝的禮教目的，往往帶頭捐資，施行仁政。如咸豐年間桐鄉知縣戴槃，於咸豐五年帶頭捐資 50萬，並勸諭鄉鎮富商捐錢，幫助貧民營葬，爲其提供棺木和墓地。戴槃宣揚「古人掩骼埋胔爲仁政之大端」的思想，勸諭人民踊躍資助慈善事業，以使生養死葬得以眞正實現。「死者之於生者，其父母耶？其兄弟耶？其夫婦耶？子媳耶？皆關骨肉之至。親生既同其室，死不能斂其形，甚至爲鳥鳶所食，獾貉所殘，蚊蚋所姑唼，斷未有不傷心慘目者。」〔註102〕（3）民間自發捐資建立。民間眾多鄉紳、士人基於其浸潤的儒家思想，往往願意擔負推廣仁孝的責任，幫助貧民達到生養死葬的禮教要求，因此積極捐資，自發組織建立義冢、善堂，幫助貧民營葬。如江南俞曉園捐資建立義冢，臺灣新竹縣十八尖山義冢爲「何、林、郭等戶充出作爲義山，僅可百姓葬地」〔註103〕，這些義冢即是這樣的形式。

義冢的建立雖有這三種形式，但是官方營建與民間自發建立的義冢並不是毫無聯繫的。首先，官方營建的義冢，其長期維護營繕工作、後繼的慈善救助工作，都需要得到民間各界人士的支持，需要民間有專人管理，否則無以後繼。正如貞豐知州余駿年在《貞豐萬人墓誌》中指出：「歲時之培壘，風雨之護持，樵木之約禁，使封丘萬古，得□於滄桑，則在後來之賢司牧與

〔註101〕孔昭明主編：《臺灣文獻史料叢刊——第二輯（37）新竹縣制度考》「枕頭山義冢」，臺灣大通書局1984年版，122頁。

〔註102〕〔清〕戴槃：《桐溪紀略》，同治七年刻本。

〔註103〕孔昭明主編：《臺灣文獻史料叢刊——第二輯（37）新竹縣制度考》「十八尖山義冢」，臺灣大通書局1984年版，122頁。

□一鄉之善士，而非今日所能預計也。」〔註 104〕其次，民間自發營建的義
冢，爲了更加便利的工作，需要取得官府的認可和支持，取得譜牒之類的憑
證，使其所營建的義冢具有權威性，所用費用、土地不容爭駁。江南義士俞
曉園在捐資營建義冢之後，擔心「去住無恒」，害怕「有奪其界者」，則是「爲
善不竟」，因此請求地方官員勘察測量義冢的尺寸，「請牒地若干，輸於官，
立精文善法」，以防日後爭議，「俾傳永永無極」。

　　義冢的經營雖一時有足夠的捐資和土地，但日久容易弊生，則其助葬的
工作不免廢弛，因此政府比較積極地介入到義冢的經營中，規定其具體程序
和管理人員、費用等，甚至勒令經營義冢的善堂制定章程，使其規範化。咸
豐年間臺灣淡水以官方名義立《義冢石碑》，對冢地的用途進行明確，嚴禁
民人私自開墾耕種、售賣漁利。要求合屬紳耆、墾戶、佃民人等：「當知掩
骨埋胔，古有明訓，豈容藉斷遷葬，任意踐踏？」並規定「山場埔地，經各
前憲先後捐買義冢墳場界內，概聽人民隨處瘞葬。該處居民不得再行混占冢
界，私墾耕種。即金廣福界內旱瘠埔窩無礙田地坡圳者，亦應聽人瘞葬。惟
墾費所需、隘糧攸關，准豫酌給番銀幫貼墾戶，或三元、或五元，隨力措辦。
倘若修築，毋許阻索；即在平時，亦戒戕傷。庶幾生養有地、死葬有方，以
安幽魂。該民人等亦不得在別人費買界內，藉端占築虛堆，希圖售賣漁利，
致干查究。各宜凜遵毋違。」〔註 105〕

　　臺灣淡水的義冢從乾隆年間建立以來，長期缺乏規範管理，以致出現了
藉墾混界的弊病。導致民人爲地界爭鬥，墳冢因藉墾被挖，破罐露體滿山遍
野。在這種情況下，基於當地士人的聯名請求，政府積極介入義冢的管理中，
重新確定了義冢的用途、範圍，禁止民人隨便開墾、霸佔漁利，義冢墳場聽
任民人隨處埋葬，重申了掩骼埋胔的古訓和生養死葬的仁孝之義。

　　從官方掩骼埋胔的職務履行和義冢的建立經營來看，掩骼埋胔作爲一項
積極的、直接推行土葬的方法，其本意雖然是完成生養死葬的禮義，然而在
實踐中確是遏制火葬比較有效的措施。因而中央強調地方官吏的掩骼埋胔、
收埋枯骨的職責；省級政府也不斷飭令、監督州縣官員積極履行該職責；而

〔註104〕貴州省黔西南布依族苗族自治州史志徵集編纂委員會編：《黔西南布依族苗族
　　　　自治州志　文物志》第 22 頁。
〔註105〕孔昭明主編：《臺灣文獻史料叢刊——第二輯（37）新竹縣制度考》，臺灣大
　　　　通書局 1984 年版，120 頁～122 頁。

基層官員在履行掩骼埋胔職責中也付出了努力，有的甚至自己捐廉建造義冢。

總而言之，政府對義冢的功能非常重視，積極介入民間慈善機構和義冢的建立、經營、管理當中，並樂意對民間自發建立的義冢提供權威性的譜牒和證明。民間紳士、士人在基層社會中也充當了重要的角色，發揮了普及國家法律、推行禮教的作用，他們以解決民間疾苦爲己任，在抵制火葬、助民營葬方面作出了很多努力，但民間慈善事業缺乏權威，容易遭到他人混界、爭地的窘迫，因此也需要向官方取得認可和支持。可見，官方作爲與民間救助是相輔相成的，官方掩骼埋胔的職責需要民間鄉紳富商進行配合，並有賴地方鄉董進行後繼延續性的營繕、經營；而民間慈善救助機構也需要官方的支持，才能實現規範化的管理和取得權威的地位，使他人不致隨意侵犯其權益。

五、治理火葬的實際效果

火葬關乎禮教、風化，因此禁於國家律法。就地方官吏的主觀意願而言，火葬之風與其所接受的儒家禮教思想格格不入，出於增修仁政、推廣禮教、執行法律的目的，他們採用各種方法治理火葬：或者制定地方立法，或者勸諭並教導治下百姓禮義孝慈、生養死葬，或者勒令下級官吏詳查究辦，或者積極興辦義冢幫助民人營葬等等，這些措施都取得了不同的效果。從另一方面而言，治理火葬也是衡量地方官吏政績政務的標準之一，在各種原因的匯總下，地方官員在火葬問題上厲行禁令，希圖取得火葬禁絕、「民俗大化」的結果。因此，正史在記述地方官吏的政績時，也會從禁革火葬、大化民俗著筆。

如《清史稿》記載陳宏謀任江蘇按察時的政績，即說明陳宏謀「按察江蘇，設弭盜之法，重誣良之令，嚴禁淹親柩及火葬者。」〔註106〕

湯斌曾「令諸州縣立社學，講《孝經》、《小學》，修泰伯祠及宋范仲淹、明周順昌祠，禁婦女遊觀，胥吏、倡優毋得衣裘帛，毀淫祠小說，革火葬。蘇州城西上方山有五通神祠，幾數百年，遠近奔走如鶩。諺謂其山曰『肉山』，其下石湖曰『酒海』。少婦病，巫輒言五通將娶爲婦，往往療死。斌收其偶像，木者焚之，土者沈之，並飭諸州縣有類此者悉毀之，撤其材修學宮。教化大

〔註106〕《清史稿》卷307《列傳九十四・陳宏謀傳》。

行，民皆悅服。」〔註107〕

　　王凱泰「初名敦敏，字補帆，江蘇寶應人。道光三十年進士，選庶吉士，授編修。咸豐十年，以母喪歸。同治……七年，擢福建巡撫，課吏興學，禁械鬥、火葬、溺女、淫祀舊俗，奏請撥釐金糴米二十萬石實常平倉。充鄉試監臨，奏請整飭科場積弊。臺灣獄訟淹滯，奏請勒限清釐。」〔註108〕

　　朱次琦「官襄陵時，縣有平水，與臨汾縣分溉田畝，居民爭利構獄，數年不決。……每行縣，所至拊循姁姁，老稚迎笑。有遮訴者，索木椅在道與決，能引服則已，恒終日不笞一人。其它頒《讀書日程》，創保甲，追社倉二萬石，禁火葬，罪同姓婚，除狼患，卓卓多異政。在任百九十日，民俗大化。」〔註109〕

　　從這些正史的記載來看，能禁革火葬，通常說明官吏在政務上比較重視移風易俗。喪葬風俗攸關風化，風化問題則與政教息息相關，因而對習俗的治理自然成為衡量官員能力的一個標準。

　　福州府閩清，民國時所修縣志說：「火葬之習，邑舊有之。」〔註110〕這指的是閩清在清代曾有過火葬之習，而現在漸趨消亡，可見在閩清，通過立法、教化的作用已經達到了控制火葬習俗的效果。該府的古田縣在道光時期的情況是：「古田多火葬，邇年城中絕無，僻鄉尚有。」〔註111〕足見古田縣的火葬之禁執行較好，城中已經絕無，只在僻鄉才可見到。大田：「邑古時有用火葬者」〔註112〕，亦說明之前的火葬在清末民初時已經逐漸消亡。

　　在清代嚴厲禁革火葬的狀況下，喪葬風俗得到了很大的改善，很多地方已經杜絕了清初的火葬之風，如上述的閩清、古田等。民間喪葬思想也有了很大的改變，逐漸符合國家法和禮的相關要求。生養死葬的觀念深入人心，入土為安也成為人們對死後的最大要求，由於土葬觀念逐漸佔據主導地位，喪葬也更加向禮靠攏，民間的喪葬思想逐漸了正統的喪葬思想趨於一致。可以說，清代的火葬之禁達到了前朝所沒有達到的深度，取得了禁革的預期效

〔註107〕《清史稿》卷265《列傳五十二·湯斌傳》。
〔註108〕《清史稿》卷426《列傳二百十三·王凱泰傳》。
〔註109〕《清史稿·儒林傳一》卷480《列傳二百六十七·朱次琦傳》。
〔註110〕民國《閩清縣志》卷五《禮俗志》，轉引自常建華：《清代的國家與社會研究》，人民出版社2006年版，第335頁。
〔註111〕〔清〕陳盛韶：《問俗錄》卷二《古田》，清刻本。
〔註112〕民國《大田縣志》卷五《民俗》。

果。這從批判火葬的聲音中也可管窺一斑。清初，幾位大家對火葬的批判尤為強烈。顧炎武《日知錄》中列「火葬」專條對火葬的起源、成因做了分析，對歷代禁革火葬的制度做了梳理，也對火葬進行了強烈的批判，對其違法違禮性進行了詳盡的剖析，可謂入木三分。此外，清初的學者陳確、張履園、唐灝儒，不僅寫專文批駁火葬之風，且身體力行，組織葬親社等抵抗火葬。清初大臣朱軾、徐乾學等力斥火葬之非，提出各種建議以圖禁絕火葬，陳宏謀作為乾隆時期的封疆大吏，在就任各處，但凡發現火葬之風，屬行禁止，是火葬之禁的有力執行者。從他們的批判中可見，清初的火葬之風較熾。然而這種批判之聲到了清朝晚期則較少，這也許能說明經過乾隆、同治兩朝的大禁火葬，清晚期的火葬習俗得到了一定的遏制。但終清一代，無法從根本上解決人口數量的膨脹，因而改變不了地狹人稠的客觀狀況，因而也未能將火葬完全消除。〔註 113〕

小　結

　　清代火葬習俗經歷了從合法到非法的過程，清初沿襲女真的喪葬習俗，滿人多習慣火葬，此外，因戰爭頻仍遷徙靡常，官兵也多用火葬。因此順治定喪葬條例，賦予火葬的合法性。但火葬背離傳統喪葬習俗，並且不合禮制，遭到了儒生、仕宦們的嚴厲批判，認為火葬是殘忍不孝、違禮悖理的，需要禁止。這些呼聲得到了上層統治者的注意，並且隨著局勢的穩定及禮教治國的需要，改革違禮的喪葬習俗也成為必要。因而統治階層做出了改革火葬制度、推行土葬的努力，按乾隆的上諭要求，自此喪葬須依古以盡禮，火葬成為被禁止的習俗。

　　在改革火葬之前，大清律中沿襲明律內容，對於火葬的禁止性規定，即「其從尊長遺言，將屍燒化或棄置水中者，杖一百，卑幼並減二等。若亡歿遠方，子孫不能歸葬而燒化者，聽從其便。」但順治定例使火葬合法，根據特別規定優先於一般規定的原則，律例的禁止性規定成為具文。自最高統治者下旨禁止火葬之後，律例的相關規定才開始發揮作用，據此增加、修改了

<hr>

〔註 113〕蔡葵的研究也表明，火葬在清代朝廷嚴禁下迅速萎縮，但作為一個被部份群眾長期接受的葬俗，絕不會絕跡。見蔡葵：《論我國古代火葬習俗》，載雲南大學歷史系編：《史學論叢》，昆明：雲南大學出版社 1993 年第一版。

禁止火葬的例文，完善了火葬的中央立法。

　　除了基本法典《大清律例》對火葬有禁止性規定之外，省例、州縣告諭等地方性法律文件都對之進行了法律調整，此外，家法族規作為國家法律體系的組成部份，也制訂了禁止火葬的條文和禁約等。可見對火葬的禁止，即便是靜態的法律調整，也是多層次、多方位的。

　　實踐中對火葬的治理，仍然具有多種樣態。多層次、多方位的法律調整對治理火葬產生了一定的效果，再經過乾隆、同治兩朝的大禁火葬，清朝晚期火葬之風已經得到很好的遏制，不過出於地少人稠的地理狀況，某些南方地狹地區仍無法完全革除火葬的做法。

第四章 清代盜葬及墳葬糾紛的解決

第一節 盜葬之風及調整方式

　　清代風水之說頗為流行，人死多信堪輿，謀求吉地，一時不得則停喪數年、數百年。但停柩不葬從禮制上講是違禮的，從環境衛生上講易腐泄臭，給環境也造成一定的破壞，因此國家立法革除、予以改良。不過總體而言，從其刑罰（杖刑）上可知停柩不葬屬於輕罪，這是因為其雖然違反禮制、破壞環境，但對社會秩序的危害並不大。但還有甚者，為了使喪者葬於吉地，在別人葬地上侵墳盜葬，輕則被葬地主人訴諸官府，強制遷葬；重則使葬地主人發掘墳冢、移動骸骨，甚或引起事主雙方械鬥，造成人命官司。這種盜葬行為既不利於當時社會提倡的「息訟」精神，也不利於地方秩序的穩定，可以說是社會秩序的一大隱患。

　　民間族譜、方志、地方官案牘中記載大量風水相爭、侵墳盜葬的案件；清代的案例彙編中也收錄了很多因盜葬械鬥引發人命官司的刑事案件，可見清代民間的風水觀念，也同樣導致盜葬、占葬風俗之熾。

一、清代各地的盜葬之風

　　風水觀念引發盜葬之訟，清學者趙翼在《陔餘叢考》中已經提到：「爭風水者，往往多盜骨之弊。余友沈倬其宰上饒，見庫中有骨數十具，皆盜葬成訟貯庫者。」〔註1〕嘉應地區多聽信風水之說，人死不得吉地，一時又不能通

〔註 1〕〔清〕趙翼：《陔餘叢考》卷 32「洗骨葬」，中華書局 1963 年版，680 頁。

過契買方式購得吉地，則強佔別人吉穴，盜葬侵墳。「葬惑於風水之說。有數十年不葬者，……甚且聽信堪輿，營謀吉穴，侵墳盜葬，構訟興獄破產，以爭尺壤。」〔註2〕金門地區亦盜葬成風，「葬地惑堪輿家術，盡誠致敬，聽憑指揮，又必合乎年命，均其房分，故常寄厝多年，強者每貪吉地，恣意占葬，牙角交訟，虛詞退遷，破耗貲產不恤，近山鄉鱸，藉傷煞為詞，挾制阻撓，指索賄賂，不厭不止。」〔註3〕江西上饒縣「惟溺女惡習，及盜葬賣休諸弊，亦所時有。」〔註4〕福建莆田縣鄉民沉迷風水，侵墳盜葬，往往引起械鬥，「堪輿之說，原出陰陽家者流，至近代變本加厲，酷信青鳥家者話，謂富貴出自墳墓，沉迷風水，爭訟盈庭，椎埋盜骨，假穴（？）占山，冒墳盜葬，在在發生爭端，爭之不已，就引起械鬥，甚至造屋豎碑，建稠植樹，也稱有礙風水，橫加把阻。」〔註5〕

福建風水之盛，導致許多違法盜葬、霸佔墳地的現象，錢琦曾在其頒發的《風水示誡》中，談到福建因過份迷信堪輿而引起的各種違法行為，且相習成風：有覬覦他人吉壤，倚仗勢利、用強侵佔者；有無力制人，私將祖骸盜葬他人界內者；有己地希圖湊錦成局，硬將鄰界賴為己業者；有冒認別家舊墳為祖先，無恥占葬者；有豫先偷埋碑記設立假墳，以圖爭占者；有以廢契舊譜為據，影射蒙混者；有以墳外官山霸為己產，不許他人葬埋者；有鄰地築墳恐礙己地風水，硬向阻撓者；有不許他人在界外築僚開溝，阻止械鬥者；有見他人墳樹茂盛強佔強爭者……情偽百出，不一而足。其結果是「造人不能甘則各逞刀筆，互相告訐，希圖抵制，或理不能勝則聚眾行強，毀人成工，挖人棺槨，甚至糾約械鬥，釀成人命。」〔註6〕

乾隆年間舉人龔一發也曾對福建風水之說表示擔憂，以其容易引起豪強覬覦之心，恐有盜葬等意外之事發生，而勸誡族人風水不可信。「祭墓始於漢而人均遵而行之，亦秋霜春露，古今情然。或遭離亂變遷，發掘無存，或年久式微失祭，不可考。此皆仁人孝子之所宜動心，況吾閩風水之說易於惑

〔註2〕乾隆《嘉應州志》。

〔註3〕民國《金門縣志》卷13《禮俗》。

〔註4〕同治《上饒縣志》，江西省志編輯室：《江西地方志風俗志文輯錄》，1987年鉛印本，第196頁。

〔註5〕《莆田縣志·莆田的烏白旗械鬥》，轉引自陳支平：《福建宗教史》，福建教育出版社1996年版。

〔註6〕《重纂福建通志》卷55《風俗·福州府》，同治十年刻本。

人，而豪強多生覬覦，尤有意外之事，為子孫者可不詳紀之哉。……亡人以歸土為安，不可惑於風水求福，並惑於利某房不利某房之說，以致停棺不葬，罪莫大焉，則有子孫不如無子孫矣。」〔註7〕

風水觀念深入民間，因此許多地區都存在爭風水的案件，存在因爭風水、爭吉壤而引起的違法盜葬、占葬現象，清代安徽、福建、江西、江蘇、浙江等地區，都存在大量的盜葬案件和爭風水、爭吉壤的訴訟案件。盜葬之風對社會秩序的危害是比較顯著的，由於民間宗族對祖墳的重視，一旦發現祖墳被盜葬，容易激發全族的敵對情緒，往往引起械鬥、掘墳等嚴重的犯罪事情，甚至一些紳士為了保護祖墳，也不惜以掘墳等犯罪之事來維護宗族利益。如《浦城西溪黃氏世譜》記載的嘉慶四年（1799）浦城盜葬構訟事件，黃氏宗族因邑人盜葬，浙省生員黃翔等率同族眾、武舉、生監等，發掘盜葬人張翹等祖墳棺柩、拋棄屍骸，這些有功名之人為了維護宗族的祖墳、對付盜葬，並使祖墳恢復到侵害之前的狀態，寧願以違法並革去功名的代價，去換取祖墳的安定。〔註8〕盜葬在刑律中是杖責八十的輕罪，但由於民間對墳墓所具有的特殊含義的重視，因而盜葬極有可能是引發發冢、人命等惡性犯罪事件的起因，它所引發的社會問題也是非常嚴重的。

二、國法與家法族規的雙重調整機制

（一）國法及地方官吏對盜葬的禁止

盜葬、占葬輕則引起民間細故案件，重則為械鬥、人命官司，給社會秩序造成比較嚴重的破壞，也不利於政府對「無訟」狀態的追求。因此，國家

〔註7〕 龔葆琛纂修：《福州通賢龔氏支譜・墳墓》，清光緒九年（1883）刻本，國家圖書館藏。其「世系考」曰：「厚齋公，十四世，天字行，一發，原名關渭，字天璠，號厚齋，山元長子，母林氏，清康熙五十四年乙未十月初九日寅時生，府學廩生，乾隆丁卯科優貢生，中乾隆午科順天舉人，官到雲南鎮南州誥授奉直大夫。」轉引自陳建國：《信仰、儀式與鄉土社會——風水的歷史人類學探索》，中國社會科學出版社2005年版，第747頁。

〔註8〕 根據陳進國的研究，許多家族士紳為了維護祖墓風水免受異族侵害，積極合族訴訟，並甘冒被革去功名或爵位的危險。永春縣《桃源太平李氏族譜》（1999年重印本，第289頁）記載本族士紳傳記：「天承（清康熙至乾隆年間人氏）廩膳生，……聰明好學，臨事勇敢，年少游庠，歷試高等，旋即補廩。乃因店上山被鄭熾盜給顏汝霖作墳墓，激起公憤，將顏墓毀掘。告公首名垂青二名，並族人三十餘名，公及世旭被刑實甚，革去衣巾，此志尚不移。」見陳進國著：《信仰、儀式與鄉土社會——風水的歷史人類學探索》，第586頁。

法律嚴禁盜葬之風，《大清律例》規定：「於有主墳地內盜葬者，杖八十，勒限移葬。」〔註9〕除國家立法禁止盜葬之外，地方官也頒佈各種告示勸誡百姓莫信風水，如前所引錢琦的《風水示誡》，此外《溫州歷代碑刻集》中收錄了明代溫州知府劉芳譽所定《禁約盜葬碑》〔註10〕，嚴禁盜葬之風。

> 溫州府爲禁約盜葬以正國典。欽賜墳塋計階奉禁：王文定禮部尚書，例應禁圍八十弓步，不許諸人盜葬及踐踏、污穢、樵採。山鄰張賜、張倫等藐禁故犯，曾於嘉靖年間盜葬，已經究罪起棺。今於本年正、四等月復盜二穴，恬不畏法，眞頑梗之民也！本府委勘甚悉。近又親驗相同。除問罪遷葬外，爲此立石嚴禁。蓋此彈丸黑子之山，他無古冢，總屬禁內。如敢仍前不悛，許該地方官、總看山人等預阻，呈官依律究治，沒山人官。互相容隱者一體連坐，決不輕貸！松木俱係勘定，如有盜砍，拿來究罪。
>
> 萬曆二十四年（1596）十一月初七日立。

清代關於禁止盜葬的碑文也比較常見，如清代光緒十三年（1887 年）廣州番禺縣所立的《嚴禁熸界爭占鋤墳盜墓示諭碑》〔註11〕

> 補用府陞用同知直隸州署番禺縣事連平州正堂加十級紀錄十次陳爲出示嚴禁事。現據宗子伍學能等稟稱：竊伊等承祖遺下新造隔山村前土名赤珠岡山地一段，該稅三畝一分，東至李山，西至潘地，南至嚴山，北至梁地，前面橫闊一十四丈九尺二寸，後面橫闊七丈五尺五寸，左邊直長一十五丈九尺二寸，右邊直長一十五丈六尺，自元代安葬五世祖國英公暨祖妣黃氏並宗族隨後附葬，墳塋共二十一穴，久經監有石界並立契投，叨蒙布頒天字八十一號契尾收執，歷年祭掃，輸糧無異。惟是該處墳山與伊村相隔遙遠，加以山鄰叢集，時慮照管不及，致有毀占之虞。且山狗棍徒只固謀利，罔顧害人，或鋤墳盜葬，或毀界爭占，甚至挖減骨骸，移甲易乙，種種弊端，難以枚舉。近因毀墳挖告之案屢見迭出，與其臨事告發，不若先事防維，然必奉有憲示，山狗姑能斂跡，迫得黏抄契據，並繪具山圖，呈叩臺階，伏乞迅賜給示，泐石嚴禁，俾杜後患，而妥先靈，存歿均感切赴等情。據此

〔註 9〕　《大清律例・賊盜・發冢》。

〔註 10〕　金柏東主編：《溫州歷代碑刻集》，上海社會科學院出版社 2006 年版，第 221 頁。

〔註 11〕　碑在番禺區化龍鎮水山村赤珠岡伍氏祖墓前。碑文見冼劍民、陳鴻鈞編：《廣州碑刻集》，廣東高等教育出版社 2006 年版，第 1205 頁。

除批揭示外，合行出示曉諭。爲此示諭諸色人等知悉：爾等須知該處
山地係伍姓祖墳塋，已安葬多年，毋得侵佔盜賣，倘敢故違，一經查
出，或被指控，定行拘究不貸。各宜凜遵毋違，特示。

光緒十三年二月十日示

官府之所以對盜葬之事頒布告示、勒碑禁止，一是由於盜葬所帶來的不安因
素要高於其它喪葬習俗，預防盜葬這種輕微刑事犯罪，就有可能預防更爲嚴
重的刑事案件和鄉間社會的混亂。二是基於地方紳士、族長房長禁盜葬的請
求所作出的反應。地方縉紳、族長房長擔負著履行本地或者本族的公眾事務
的職責，自然在維護本地或本族祖墳墓地安寧的問題上，他們往往承擔了更
多的責任。不僅如此，由於墳墓對宗族所具有的特殊性的意義，使得地方宗
族領袖有維護宗族平安和宗族風水的使命，因此在保護祖墳問題上，積極主
動地尋求官方的認可，請求官方予以支持，頒發某種墳墓的權利憑證或者勒
石立碑，廣而告之。在這種碑文裏，請求立碑人負擔祖墳墓地權利歸屬的證
明責任，通過買地契稅、族譜記載等各種方式向官府證明墓地的所有權，經
過官方勘察無誤之後，方有機會獲得官府的認可，並立碑宣告墓地的所有權
及不可侵葬的規定。對官府而言，只要經勘察無誤，墓地確屬請求人（往往
是以一族的名義）所有，官方是十分樂意予以勒石立碑，爲他們的權利作出
確認和告示。這種確認仍然是一種防患未然的措施，予以確認和立碑告示之
後，可以充分預防將來侵葬、盜葬之事，即便無法避免侵葬、盜葬的發生，
至少在判斷權利歸屬上不須做過多的糾纏，使將來的案情更加趨於簡單。

　　此外，碑文往往有不許本族子孫私自盜賣的禁文，這主要是因爲子孫私
自盜賣祖墳墓產，給他人進葬提供一個好的藉口，對進葬人而言，他們是契
買墳地，通過正當方式獲得了此地的所有權，同時也獲得了進葬、添葬的權
利，那麼葬於此地也自然不屬於違法盜葬的範疇。然而對本族族民來講，墳
地不僅是可以用市價計算的產業，也是帶有風水這種無形價值的資產，他人
的進葬一旦影響風水，則損害可能是無法衡量的，因此對於這種事情，族人
往往公攤出資再把墳地買贖回來，請求別人遷葬。乾隆年間廈門倉里鄉黃氏
宗族就因族內有盜賣墳地的現象，不得不請求官府立碑嚴禁盜葬及盜賣祖
墳，如碑文所示：

　　　　西邊社廈防分府示禁石刻〔註12〕

〔註12〕何丙仲編：《廈門碑誌彙編·示禁鄉規》，中國廣播電視出版社2004年版，第
　　　429頁。

特調泉州清軍海防總捕、駐鎭廈門分府、加三級劉，爲墾恩示
禁，以塞弊竇，以保祖墳事。本年十一月二十三日，據嘉禾里倉里
社族眾房長黃永達等稟稱：切永達等聚族二十二都倉里社，承祖遺
下本鄉公山一所，土名圳岵赤岑頭燈山，列葬歷代祖塋，並無他族
墳墓。緣子姓日繁，力農是賴。公議許就荒埔報墾，以及山麓蓋僚，
年供薄稅，世作祀費，不准售人盜葬戕祖，延今百餘載，相傳無或
異。詎世風日下，人心不古，邇年來有一二不肖子孫妄聽地棍勾引，
或藉已蓋僚屋，貪金盜賣造墳，致他族涎圖戕祖。客歲曾經公出銀
項賠償，今年又有效尤，計謀陰鬻。此雖子弟之不肖，實亦杜塞之
無方。因思各處鄉山多有蒙憲張示，達等乃僉議循例懇恩給禁，俾
遠方咸知著落，庶地棍不開弊竇。伏乞俯察輿情，恩准給示，嚴禁
盜賣。祖骨蒙澤，合族載德等情。據此，合行出示嚴禁。爲此示，
仰附近居民及黃姓合族人等知悉：嗣後務須遵照，所有圳岵赤岑頭
燈山既係通族列葬歷代祖塋，該子任不許私行盜賣造墳，並不得藉
耕園搭蓋僚屋，貪金轉售。附近居民及遠方人等毋得私自承買。如
敢故違，許該地保同族眾房長指名，前赴本分府具稟，以憑拘就。
該族眾亦不得藉示，侵佔他人物業。各宜凜遵毋違，特示！

乾隆二十三年十二月　日給。倉里鄉族眾房長黃國圭、國標、
國永、泰元、禹文、與權、瑞芳、與模、與咸、永智、子霞、仕華、
永達、永清、永位同勒石。

族內子孫盜賣祖墳從而造成異族侵葬的後果，侵葬這一後果影響到了整個宗
族的利益，使族眾不得不想辦法清除侵葬所帶來的破壞本族風水的不利後
果，只能出價贖回墳地。這種盜賣現象嚴重侵犯了族眾的整體利益，因此由
族長房長代表族眾予以禁止，然而家法族規雖然嚴厲並被廣泛運用到各個宗
族中，但對族眾來講，仍屬私力救濟，有時無法產生足夠的權威性和足夠的
威懾力，正如碑文所言：「此雖子弟之不肖，實亦杜塞之無方」，一語道破了
宗族族長、房長在管理族內事務的無奈。因此，爲杜絕這種族內子孫盜賣現
象，族長、房長就迫切需要官府介入族內事務的管理中來，在官府的支持下
勒石立碑，禁止子孫盜賣、禁止異族盜葬，就更加具有權威性，也使宗族在
維護本族墳墓、風水等相應權利的時候有充分的法律依據。

可見，官府對於盜葬、占葬等現象頗爲重視，用頒發告示、訂立碑文等

各種方式，嚴禁百姓盜葬，這一方面是由於盜葬所帶來的各種後果是惡劣的，如無盜葬之弊可減少許多訴訟案件，也可使鄉間社會秩序相對安定；另一方面，官府對盜葬的重視，來源於民間對祖墳、墳地的重視，一般侵犯財產案件多停留在民間細故範疇內，而一旦發生盜葬之事，被侵葬祖墳的事主往往涉於挖掘、毀棄盜葬屍骸，進而引發嚴重的械鬥、人命等刑事案件，如上述所引浙江黃氏宗族及福建李氏宗族因祖墳被盜葬，而採取挖掘墳墓等極端的方式，正是由於民間宗族對墳墓、風水有著不容侵犯的重視，官府爲息訟及達到安定的社會秩序，也必須對侵犯墳墓的事實做出必要的反應。因此，官方對盜葬持以否定的態度，強行禁止或苦心勸諭，總之要達到對盜葬之風的有效控制。

（二）家法族規對盜葬的禁止

民間的鄉族社會裏，祖墓風水對宗族的發展延續、子孫繁衍具有非常特殊的意義，在民間社會的觀念中，墳墓的安定與好壞問題從現實意義上講意味著子孫對已死祖先的「孝」；從發展的角度上講，墳墓是影響到子孫命脈的重要象徵性資本。日本學者滋賀秀三曾論述墳墓對中國人的意義：「對於中國人來說，墳墓是具有極爲重要意義的存在。明顯象徵著視祖先和子孫爲一個『氣』之展開的中國人的世界觀的就是墳墓。祖先不是作爲個人而生、作爲個人死去，而是作爲無形之氣的一個環節曾生存過。如果這個成爲許多子孫目前正在繁榮者的話，祖先也就繼續活在他的子孫之中。像這樣死了而又繼續活著的祖先的住處便是墳墓。在把墳墓稱作陰宅、與此相對的把活著的人們的住宅成爲陽宅的用詞方法也明顯地表達出了對墳墓的人們的意識。和陽宅要愼重地選擇地形方位來建設一樣，比其更強烈得多的是關心墳墓要卜到吉地來營造。這一地相的吉凶或管理的良否被認爲左右著子孫的命脈。」〔註13〕

民間社會中普遍存在墳墓左右著子孫延續、宗族發展的意識，在這一意識的驅使下，墳墓的安定被放在非常重要的地位，一旦墳墓被侵，於個人於宗族而言，都是無法忍受的冒犯之事，因此民間宗族普遍訂立家法族規，防止祖墓被侵。這些家法族規主要從三個角度試圖保護祖墓風水：1、禁止族

〔註13〕〔日〕滋賀秀三：《中國家族法原理》，張建國、李力譯，法律出版社2003年版，第304頁。

內盜葬之事的發生，有敢違反，族長、房長對其處罰並勒令遷葬；2、嚴禁子孫子孫盜賣祖產，防止給他人侵葬造成口實，違反者以不孝論，重則刪之出譜；3、保護墳墓的安定，制定嚴格維護祖墳的程序和機制，利於及時發現並預防異族盜葬。

如邵武《江氏宗譜》「禁竄葬」：「祖塋空穴不許有力者買葬，懼其分奪靈氣也。壙外空地不許恃強者開穴，懼其挖傷地脈也。前代已立約封禁穴以碑爲界，各房祖塋一壙之內碑牌平列，本分止葬，一棺者不得以二小者，尤不得挖葬。今嚴立祠規，有敢竄葬盜葬者，通族鳴官、拔出、罰租入祠，至可免其拔出者從眾酌量罰租作醮。」〔註14〕

《福建建寧縣巧洋孔氏宗譜·族規》規定：「盜葬祖山，干犯塋禁弓步，責令房長拘出，笞責三十，即押起遷外，宰豬奠冢。逃躲不出，拘次丁登山，族房尊長、紳士公同起遷屍棺，押次丁領歸安置，笞責奠冢。俟拘出本人，加倍按行。」〔註15〕

江南寧國府太平縣館田李氏宗族，於清道光二十八年訂立《李氏家法》，其中「謹塋墓」條曰：「夫塋墓乃祖宗體魄所藏，子孫命脈攸關，非眇小也。自惑於形家之說，往往有貪求吉地，延至數十年不葬其親者。即已葬之家，又或終歲不履其地，而風雨傾塌，狐鼠侵穴，猶然不知。今後祖冢頹廢者，宜壘砌之；遺失者，加倍封界。祖塋犖內，毋得鑽穴盜葬。如有此事及盜賣風水與人者，均以不孝論。倘或恣砍陰木、竹薪，縱牲食踐，均從重議罰。或異姓侵犯祖塋界址，彼此須協力鳴官懲治。」〔註16〕浦城《蓮湖祖氏族譜》「凡例」曰：「敬先墓。墳墓爲先人遺骸所宅，蓄樹林，擴邱壟，所爲以護衛也。雨草尺地不可棄捐，苟有不肖子孫盜拼墓木、盜賣墳山者，必嚴究治，斷不少寬。」〔註17〕浦城《徐氏族譜》「族禁」規定：「禁侵賣祖墓祖祠。佳城郁郁，前人體魄，攸歸廟貌峨峨，歷代英靈如在，所貴善相保護，豈容巧肆侵謀，盜葬先墳，恐有妨於窀穸，侵佔宗廟，不無礙乎几筵，況乃轉鬻諸

〔註14〕漳州《浦西黃氏族譜》，轉引自前注《信仰、儀式與鄉土社會——風水的歷史人類學探索》，第584頁。

〔註15〕歐陽宗書：《中國家譜》，新華出版社1992年版，第148頁。

〔註16〕江南寧國府太平縣《館田李氏宗譜·家法》，轉引自朱勇：《清代宗族法研究》（原件藏安徽省博物館，館藏號碼03622），湖南教育出版社1987年版，215頁。

〔註17〕浦城縣《蓮湖祖氏族譜》卷1，清光緒二十五年（1899）重鐫本。轉引自《信仰、儀式與鄉土社會——風水的歷史人類學探索》第586頁。

他人，尤必傷殘其先祖，其幽棲之白骨，鬼哭荒郊，絕世宦之明禋，魂飄空野，不仁不孝，孰重孰輕，輕則罰而追贓，重必刪之出譜。」〔註18〕福州《雲林程氏家乘》「家範」規定：「凡祖考墳墓，本宗子孫凡遇時節，務親展省，栽培樹木。……不許私賣墳石，砍伐樹木。違者不孝，生不許與祭祀，死不許入祠堂。」〔註19〕

　　還有些家法族規專爲墳墓的日常管理而定，如《得一錄》收錄的保墓良規，制定了詳細的保護墳墓的措施、程序。

　　　　保墓良規〔註20〕
　　　　卷八之三
　　　　墳墓者宗祖骨殖所棲託。祖宗安則子孫亦安。氣相感也。惟人事靡常。變端百出。孤墳三尺。誰保百年。不有代爲護持者。九原能無怨恫耶。述保墓良規。今夫祖宗之賴有子孫者。養生送死之外。惟此春秋祭掃。保守墳墓爲重耳。無如人之貧富不同。丁之多寡不一。或有門衰祚薄。鶣口四方。不能照應墳墓者或有年遠乏嗣。無人祭掃墳墓者。遂使祖宗墳墓。使爲鄰右侵佔。繼爲奸佃盜賣。青冢易處。白骨何存李戴張冠。年年變幻。以移塚作生涯。以盜墳爲恒事。雖有王法。亦難禁止。推之本骸得氣。遺體受蔭之理。無怪嚮之子孫。稍能饘粥者。至此而變而赤貧矣。嚮之子孫僅有孑遺者。至此而變爲斬盡矣。嚮之子孫卜地葬親。思所以妥先靈而綿世澤者。至此而竟爲烏有矣。誰非子孫誰無墳墓。使己之祖宗而爲他人發掘。爲子孫者安乎不安。言念及此。實堪憫惻。近訪得蘇郡常、昭兩邑凝善堂，一切無主墳墓及無力照應之墳墓，俱爲確查舊址，繪圖入冊，給賞墳丁，豎碑存案，春秋巡查檢點。雖歷年久遠，不至遺廢，誠爲善舉吾邑同人議欲倣照辦理。謹擬規條分錄於左：

　　　　……

〔註18〕〔民國〕徐裝纂修：《重修徐氏族譜》卷1，民國三十五年（1946）鉛印本。轉引自《信仰、儀式與鄉土社會——風水的歷史人類學探索》第586頁。
〔註19〕侯官縣《雲程林氏家乘》卷十一，民國二十七年（1938）鉛印本。轉引自《信仰、儀式與鄉土社會——風水的歷史人類學探索》第586頁。
〔註20〕〔清〕余治：《得一錄》卷4，同治11年刻本。

一合例入冊古墓。將坐落四址、丈尺、方向、姓名、墳塚幾
個、有無樹木牆坦、圖繪地形、以及看管何人，詳細注明堂冊，
以備查核。但歷年久遠，豈無形跡更變，須擇附近歷久不變之處，
如池澗、庵堂、高墩、大墳、牌坊、古樹等類，在於何方，遠近
約有幾丈，以爲標認，並載冊內，以杜墳佃日久移碑移冢盜賣諸
弊。

……

一丈量地步。俱歸營造木尺。堂中立營造丈杆一根。司事稽
查隨帶丈杆量覆地界。碑式營造長五尺。闊一尺三寸。厚五寸。

一查明姓名者。碑上刻某姓某名之墓。無從查考者。刻無主
古墓。如棺骸鱗次。荒冢累累者。量清四址丈尺。面前豎一石碑。
刻無主荒墳。古塚幾個。亦編號入冊。

一墳冢、墳牆俱有者。載明單冊。著佃保護。其無墳牆而僅
有墳冢者保護墳冢。如墳冢坍塌者。隨時酌給工費。加高。如無
塚而地低陷者。亦給費填滿立塚。

一先賢名人之墓。子孫式微。勢將爲人侵佔者。一體立碑入
冊。春秋祭掃加意保守。以昭尊崇。

一有等墳墓。並非無主。其子孫單寒。或僅存寡居。恐年久
遺失。或鄰墓侵佔。自願報堂入冊。准其一體立碑編號。將四址
丈尺載明冊內。逐年稽查。如家道尚可。酌捐經費多寡聽其自便。
載入冊後或有子孫惑於風水。自願遷葬。應先報明堂中註冊。

墳墓對宗族延續具有非凡的意義，從而使墳地、祖墓成爲一項特殊的具
有象徵意義的資產。對這種象徵性資產的侵犯，被侵犯人往往不是簡單的按
照財產的實際價值來計算，而是綜合考慮墳墓作爲土地的現有價值，以及墳
墓風水作爲延續後代繁榮昌盛的預期性價值。前者尚有市價可以參考，也即
是有其實際的、可計算的價值，而後者則完全是人們意識中的價值，是風水
觀念中無法計算的隱形價值，無可計算，因此也被視爲無價。

在當時的社會，被侵犯祖墳的人會認爲這不僅是對其財產本身的侵害，
更重要的是影響了自己的風水，破壞了自己可能由祖墳風水而得到的各種利
益。因此，侵犯一般財產時，被侵犯人往往僅要求返還或獲得適當賠償，而

侵犯祖墳，則極易引起被侵犯人的極度反感，甚至激起全族公憤，進而刀械相向。所以家法族規中相當重視對墳墓的保護，不僅嚴禁盜葬、防止族內發生盜葬事件，也注重對墳墓的保護、對異族的盜葬嚴防死守。家法族規在內容上雖然是國家立法的重申，然而在實踐中卻發揮著補充的作用，它足以協助國家法實現限制盜葬之風的初衷，並到達國家法所難以到達的基層民間社會，彌補國家法施行時的各種不足。

出於對墳墓這種象徵性資產的重視，保護祖墓墳產成為國家法和家法族規所關注的內容，在禁止盜葬上，國家法與家法族規形成了雙重的調整機制，共同作用於對盜葬的治理，因而實施起來也更容易產生效果。對於鄉間事務的管理，國家法不可能進行面面俱到的規定，此其一；其二，即便有相應的法律規定，但地方官吏行政、司法集於一身，刑名、錢糧、禮教無不是父母官之職責，卷宗繁疊、業務繁忙，因此很多事務賴於地方宗族進行基層的管理。從這個意義上，家法族規對盜葬的禁止彌補了國家法的不到之處。此外，家法族規亦有不能禁之威力，如上文所引廈門倉里鄉所立碑文，族內子孫不肖，然而又杜塞無方，於是不得不尋求官府的介入，利用官府來加強族法的權威。對盜葬的禁止上，國家法有杖責八十、勒令遷葬的處罰規定，而家法族規有刪之出譜、驅之出族的規定，雙重的管制呈現出比較強大的威儡力，共同起到維護墳地墓產安全和社會秩序穩定的作用。

第二節　盜葬案及墳葬糾紛的解決

一、民間細故範圍內的盜葬案件及墳葬糾紛

（一）對盜葬事實及墳葬糾紛的認定問題

清代葬地，根據其取得途徑不同，有契買墳山和官山葬地之分。其中，契買墳山的權利歸屬比較明確，一般以印契為憑，其權利歸屬於印契持有人，權利取得的方式可能是現持有人所買，也可能是現持有人的祖輩所買。而像遠年墳山之類的財產，其中可能經過數次倒賣、數易其主，即便持有遠年舊契，如無完糧印串等憑證作為輔證，仍不能用作證明權利歸屬之用。而官山葬地屬於公葬地，百姓可自由安葬，按照國家定例，不同身份的人可獲得大小不一的營葬之所，之後隨著墳主繳納賦稅，可照例升科，成為私產。由於

兩種葬地的性質不同，對這兩種葬地裏盜葬事實認定也有所不同。

1、契買墳山的權利憑證

交易是取得墳山的重要方式，契約則成爲這種墳山的權利憑證。東漢之後，社會上盛行在棺木裏放置「買地券」，以充當死者對墓地的佔有憑證，〔註21〕如《青烏鬼律》曰「葬不買地，不立券，謂之盜葬」〔註22〕。因而當對墓地的權利歸屬有爭議的時候，買地券或者墳山印契將成爲證明其權利歸屬的證據。《大清律例・戶律・田宅》的「盜賣田宅」第八條例文規定：「凡民人告爭墳山，近年者以印契爲憑。如係遠年之業，須將山地字號、畝數及庫貯鱗冊並完糧印串，逐一丈勘查對。果相符合，即斷令管業。若查勘不符，又無完糧印串。其所執遠年舊契及碑譜等項，均不得執爲憑據。即將濫控侵佔之人，按例治罪。」〔註23〕此條係乾隆三十二年閏七月內，升任安徽按察使陳輝祖條奏定例，乾隆三十三年館修入律〔註24〕。

根據律例的規定，在處理契買墳山權利歸屬上，一般是印契爲憑，但有些案件，雙方當事人爭控的對象爲遠年墳山，因此都無法提供印契，地方官因地制宜，往往採用族譜作爲認定案情的依據。如《槐卿政績》中記載案例「盜庇侵祖事」〔註25〕所述：陳、韓二村之間有地坦一區，兩姓歷葬多冢，但世遠代淹，兩姓都以族譜刊載爲憑，並無管業確據。案情源於韓姓砍取樹枝，陳姓爲控告韓姓盜砍，偷改族譜，在族譜上添陳姓祖墳，使韓姓所砍樹枝地段處於陳姓祖墳範圍之內，而告韓姓盜砍侵祖之罪。在雙方都不能提供管業印契的情況下，地方官只能權且從宜，用家譜作爲案情事由的認定依據，「夫管業必以印契，家譜例不爲憑，然世守相沿，不妨從俗仍舊。」經過詳細核查雙方族譜，查出陳姓族譜有篡改內容，「陳譜之新添者非，則韓譜之原載者是。」因而以韓姓族譜的記載作爲證據採用，以此認定了案件事實。按照法律規定，族譜原本並無證明力，但在此案中，由於當事人雙方都不能提供合法的證據，不得已而使用族譜作爲證據。在族譜鑒定爲「眞」的情況下，擔負著重要的證明功能。這種因時因地制宜的做法，對解決墳葬糾紛、認定

〔註21〕陳鈞：《經濟倫理與社會變遷》，武漢出版社1996年版，第131頁。

〔註22〕張傳璽：《買地券文廣例》，見魏全瑞：《隋唐史論　牛致功教授八十華誕祝壽文集》，三秦出版社2007年版，第52頁。

〔註23〕《大清律例・戶律・田宅》「盜賣田宅」。

〔註24〕《大清律例通考・戶律・田宅》「盜賣田宅」

〔註25〕〔清〕沈衍慶：《槐卿政績》，《歷代判例判牘》第十冊，第276頁。

契買墳山的盜葬問題起了重要的作用。

不過，墳山爭訟的爭議對象往往具有複雜的地形，僅憑書面文書也無法判斷墳山的歸屬，這時便需要州縣進行實地勘察。何況在雙方都不能提供合法的印契情況下，實地勘察也成爲必需的做法。如《槐卿政績》中記載一案：

悖諭疊砍事〔註26〕

　　劉姓聚居之葛陂村後，有獅形墳山一座，爲蕭姓之獨山。獅山之後，另有大凸山，乃劉姓之業也。蕭姓村居稍遠，劉村人等恃其耳目弗及也，將該墳山樹木朝樵而夕採之。蕭姓曾於道光四年據情控究，劉姓反執其大凸山之契，爭爲獅形山。據前縣因蕭姓並無印契，僅以族譜爲憑，遂與劉姓影射之遠年陳契一概抹煞，斷令公禁。雖兩造均未具遵，然蕭姓因該樹木藉以陰墳，既保其勿剪、勿伐，遂亦因循相安。越今二十年，劉朝先等復糾斷山樹，蕭執中等即以悖諭疊砍等情具控。核閱舊牘，情詞悉符。查前縣之斷以墳歸蕭醮掛，而山樹則公禁，繫屬籠統說去。第思民間墳墓山場各業，有墳而無山者，例故不得以墳占山，然必該山確有爲之主者。否或官山公葬，或難獨葬而冢數無多，墳界定有丈尺。若茲獅形之山葬自前朝，悉係蕭姓墳墓，並無他族實逼處此。且鬣封疊疊，環山半屬佳城，雖有譜而無契，與例據不符，然揆情度理，墳主即山主，山主即樹主，似非他人之所得而覬覦者。況劉姓以白契所載之大凸山，希圖指鹿爲馬，其情虛已不待言。若仍原斷公禁，蕭姓未免嚮隅，且易啓分爭之漸。應斷令該山墳墓樹株俱歸蕭姓醮掌經理，劉姓不得妄砍滋事，如違從重究處。惟劉姓居山之前麓，山樹有無並別村來龍有關，蕭姓亦不得縱施斤斧，以致陰陽兩害，各具結存案。劉朝先等鄉愚無知，姑寬免責，仍著罰錢二千文繳還蕭姓樹價可也。

　　蕭、劉二姓互爭獅形山樹一案，原斷已晰，而劉姓復刺刺不休者，祗因劉姓所執大凸山契，內開四至，與獅山相連之南至一面，原載未甚分明，致滋轇轕。本縣確加履勘，該大凸山東、西、北三面與契相符，毋庸置議。其南至橫路坵石埂上塘，本在獅山之後，惟契內又有「至閣背四斗坵謝家祖墳連龍墳爲止」字樣，而獅山之

〔註26〕〔清〕沈衍慶：《槐卿政績》，《歷代判例判牘》第十冊，第206頁。

前右適有右冢一壙。劉姓遂據爲契內之墳界，幾於有結莫解。第思該兩山崗巒各別，一望瞭如。雖縮地長房不能混而爲一。況獅山之北，大仚之南，儼然有石埂塘在，是鴻溝劃界，已非無轍之可尋。至謝墳龍墳之確屬何處，則契載前朝，年逾三百，烏知滄桑遷徙，都非馬鬣之封，難保歲月升沉，不改牛眠之舊。似不能捨有定之山塘，而索無定之疑冢。若劉姓遠年陳契，例本不得爲據，但祖遺世掌之業，未便因噎廢食，竟從抹煞。本縣平情醮斷，將原契塗銷，另給劉姓執照，直書「南至橫路垓石埂上塘獅形背仚爲界」，俾其眉目犁然，各管各業。不特蕭姓獅山無虞他族之逼處，即劉姓大仚已殊故紙之難憑，一舉而兩賴焉，亦因事變通之道也。惟獅山陰樹究與劉村風水攸關，仍飭遵照原斷，均不得混行砍伐，以杜後釁可也。

此案中，蕭姓、劉姓爭議對象爲獅形山，雙方均無合法印契，蕭姓只有族譜；劉姓只有遠年舊契，根據法律規定，這兩者絕不能作爲合法證據來證明墳山的權利歸屬。因而前縣判定獅形山爲公禁之山，雙方均不可砍伐。然而這種判決沒有眞正解決權利歸屬問題，一旦遇有盜砍事件，則糾紛再起。現任縣令在認眞甄別證據，並實地勘察之後，得出兩點結論：1、蕭姓族譜雖然根據法律規定無證明力，但是其記載眞實可靠；2、根據實地勘察，獅形山與劉姓管業中間有明顯的分界，因而劉姓遠年舊契中應不包含獅形山。作出這兩點結論之後，地方官判令獅形山歸蕭姓所有，劉姓則另發執照，指明其四至範圍，以免再有爭議。

可見，墳山爭訟的案件雖然簡單，但由於爭議對象地形複雜，往往存在很多種可能性，地方官不能一概而論。按照法律規定，族譜和遠年舊契均不得作爲證據使用，地方官似乎沒有義務甄別它們的眞僞，前任地方官正是這樣的做法，但卻無功於訴訟。而現任地方官則作出了甄別它們眞僞的努力，雖然它們沒有法定的證明力，但是於情、於理它們都足以證明墳山的歸屬。

根據以上兩個案例，碑文、族譜、遠年舊契等雖然不是法定的證據，但是只要甄別眞僞，並在實際上具備證明力的時候，也是可以被採用的。因而，法律雖規定：告爭墳山以印契爲憑，其所執遠年舊契及碑譜等項，均不得執爲憑據。但在司法實踐中，爲操作方便，合情合理並清理案牘，不一定會刻板的遵守法律規定，而置這些證據於不顧。這種做法在認定墳山權利歸屬、盜葬事實時具有非常實際的作用。

2、官山墳地的禁步問題

在處罰違法盜葬時，盜葬的認定是前提條件，切近墳旁多遠才算得盜葬的範疇，這是地方官在辦理盜葬控訴案時必須要解決的問題。在南方土地稀少的地理狀況下，新墳難免會切近舊墳，有時未必是存心盜葬竊人風水，僅是受客觀條件所限，不得不在已有舊墳的地方進葬。所以，一般來講，只要與舊墳保留一個相對較遠的距離，就不能算是盜葬、占葬、破壞風水，也不屬於法律所規定的「於他人墳旁盜葬」的情況。因此對這一段距離的確定，顯得十分必要。清代定制，級別不同，禁步的距離不同，《大清律例》規定：「墳塋、石獸：職官一品，塋地九十步，墳高一丈八尺。二品，塋地八十步，墳高一丈四尺。三品，塋地七十步，墳高一丈二尺。以上石獸並六。四品，塋地六十步。五品，塋地五十步；墳高八尺。以上石獸並四。六品，塋地四十步，七品以下二十步；墳高六尺。以上發步皆從塋心各數至邊。五品以上，許用碑，龜趺螭首。六品以下，許用碣，方趺圓首。庶人塋地九步，穿心一十八步，止用壙誌。」〔註27〕

然而，除法律定例之外，各省又根據不同情況制定不同的省章，比如廣東省在乾隆年間，詳定橫直二丈、穿心四丈之章程，准照戶部則例墾荒事宜條內，有古冢周圍四丈以內不得開墾。〔註28〕像廣東的這種省級通行章程，與定例規定略有差異，因此在處理盜葬時，就產生了運用何種規定的問題。在司法實踐中，地方省章更加符合本地喪葬習俗，因此地方官多採用地方省章來處理這種州縣自理的案件。此外，由於盜葬僅是杖責八十的輕微刑事違法案件，屬於州縣自理，只要尚未涉及到械鬥、人命等嚴重刑事犯罪事由，地方官吏都願意對這種輕罪進行內部消化，因此一般不會上報到中央。在這種內部消化的過程中，運用省章進行斷案成為理所當然的做法，既能解決地方實際問題，又有斷案依據可循。當然，地方官在這樣的司法實踐中並不會遇到衡量中央立法和省章的效力高低問題，因為是州縣自理案件，難得進入中央司法層面進行監督、討論，也很難引起中央的注意，所以地方官自然取其最便利的方法，援引最能解決盜葬問題的法律依據進行斷案。

然而同治年間的一件盜葬案卻不但引起了中央的注意，也引起了兩個封

〔註27〕《大清律例·禮律》「服舍違式」。
〔註28〕郭嵩燾著、楊堅校補：《郭嵩燾奏稿》「遵查駱氏祖墳一案片」，嶽麓書社1983年版，第328頁。

疆大吏之間採用定例抑或是省章的激烈爭論，最終導致中央政府對此爭論作一表態，對定例與省章的效力問題作出裁決。這起盜葬案發生在同治二年廣東省花縣，生員鄧輔廷在駱氏祖墳不遠處葬骨壇三穴，因被駱氏指爲「盜葬」，控於花縣縣府。花縣地方官最初並未將此認定爲盜葬，因未對鄧輔廷進行科罪。此案案情簡單、容易認定，相對於大量的盜葬案來說無非滄海一粟，然而此案之所以引來廣東省巡撫郭嵩燾與四川總督駱秉章的激烈爭論，並引來中央政府的居中裁決，完全在於四川總督駱秉章的當事人身份。駱秉章爲廣東人，正是被盜葬的駱氏宗族中的成員，因此在別人切近祖墳盜葬的情況下，力求維護駱氏宗族的利益，力爭援引國家定例認定鄧輔廷的盜葬事實。因此在花縣地方官未對駱氏宗族所控請求表示支持後，駱秉章便請求廣東督撫核實查辦。時任廣東巡撫的郭嵩燾經過咨查稱：「該省通行章程，無稅官山塋葬，以穿心四丈爲限，計由墳心量數至邊，每面實止一丈。鄧姓原開墳穴，在該督祖塋一丈以外，照依定章，無可科罪。」郭嵩燾援引了廣東省章「穿心四丈」的規定，經測量鄧姓墳穴在駱秉章祖塋一丈以外，因此不能認定爲「盜葬」之罪。

駱秉章因此咨文禮部、刑部，得到的答案是國家定例爲「庶人塋地九步，穿心十八步，凡發步皆從塋心數至邊。」若按照國家定例，則鄧輔廷盜葬駱氏祖塋之處，正在例文禁步之內，應被認定爲「盜葬」。駱秉章上奏朝廷，請求廣東省墳山禁步飭遵照定例丈尺辦理，以杜爭端，從而產生了中央對郭嵩燾、駱秉章爭論問題的裁決。涉及國家定例的效力，中央的態度非常明確：國家定例的效力不容置疑，中央立法當高於地方立法。上諭要求鄧輔廷盜葬駱氏祖塋一案應照例科罪，並要求瑞麟、郭嵩燾申明舊例，通飭各屬，嗣後在審斷墳山案件時候，應按照例定禁步爲限，不得以本省定章爲斷案依據，這便是以上諭的形式廢除了省章在與中央定例有不同規定時的效力。

> 同治四年六月初四日內閣奉上諭：「駱秉章奏廣東省墳山禁步，請飭遵照定例丈尺辦理，以杜爭端一摺。四川總督駱秉章，本籍廣東花縣，有前明所葬祖墳。同治二年正月間，該縣文生鄧輔廷於切近墳傍盜葬骨壇三穴，經該族眾控縣清理。該地方官並未丈量，率行擬結。復經駱秉章咨明廣東督撫核實查辦。旋據郭嵩燾咨稱：該省通行章程，無稅官山塋葬，以穿心四丈爲限，計由墳心量數至邊，每面實止一丈。鄧姓原開墳穴，在該督祖塋一丈以外，照依定章，

無可科罪。駱秉章復咨查禮部、刑部。嗣據各該部咨稱：定例庶人
塋地九步，穿心十八步，凡發步皆從塋心數至邊。鄧輔廷盜葬該督
祖塋之處，係在例文禁步之內，應照例科罪。是郭嵩燾所稱該省現
行章程，係與禮部定例不符。廣東省多有無稅官山，與別省情形不
同。墳塋禁步，自應恪遵定例辦理。若概用本省章程，以前後左右
各得一丈為準，恐倚勢侵佔者得所藉口，盜葬之風益熾，流弊伊於
胡底？著瑞麟、郭嵩燾申明舊例，通飭各屬，嗣後審斷墳山案件，
無論官民，均照例定禁步為限，毋得率以本省定章定讞，以致爭端
難息，流弊滋多。並著該督撫將鄧輔廷盜葬之案，迅即按照定例丈
尺核實定擬具奏，不准稍涉迴護。該部知道。」欽此。〔註29〕

　　廣東省「穿心四丈」的省章原從乾隆年間一直沿用到同治初年，遵行數
十百年，凡墳山案件皆是以此斷案，百姓相安。而因駱秉章一案引起中央的
注意，結果就個案而言，要按照上諭重新對鄧輔廷盜葬一案進行科罪、勒令
遷葬，同時，這個運用定例的個案還帶來了這樣的後果，即：廢除了援引省
章不用定例的做法，申明了中央定例高於地方省章的效力等級。

　　按上諭結案之後，郭嵩燾仍然堅持廣東省章更具合理性，「橫直二丈、穿
心四丈」之章程所定禁步丈尺，比國家定例所定丈尺要小，因此對於盜葬的
認定也更加寬鬆，新墳即便是在舊墳九步以內，但只要在二丈之外，仍可以
不被認定為「盜葬」。這種寬鬆的或者說是通融的規定，被郭嵩燾認為是符合
廣東省的具體情況的。廣東山場多屬無糧無稅之官山，聽人隨意進葬，一般
覓地營葬者，只需要向本村立契，繳納開穴的工錢，並不需要支付買官山墳
地的價錢。而官山土地有限，可進葬者不過數十百丈，鄉民叢葬於此，假如
都以國家定例禁步為斷，則一墳佔據面積太大，而一山也只能葬約十餘棺，
後來者將無地開穴。並且國家定例為「庶人塋地九步，穿心十八步」，但庶人
有豪富有窮弱，豪富者藉營葬墳地而謀占禁步，恃勢強佔不准別人進葬、開
墾，可縱橫數丈；而貧弱者則萬冢交錯，無從爭論別人是否侵葬。乾隆年間
訂立省例，濟國家定例之窮，對於省章四丈的規定，一般紳民都有能力達到，
而禁步丈尺不多，也使豪富者不能藉禁步為由侵佔太多土地，造成兼併之勢。
可見，郭嵩燾建議運用省章，一則是省章符合廣東省的具體條件，可葬官山

〔註29〕中國第一歷史檔案館：《咸豐同治兩朝上諭檔》（同治四年）第十五冊，廣西
　　　師範大學出版社 1998 年版，第 282 頁。

既少，則禁步不能太廣；二則是對盜葬放寬規定，可使案牘盈尺的盜葬控訴案得到緩解，杜絕盜葬訐訟之風，減輕地方官審斷盜葬案的壓力；三則或對廣大貧弱紳民尚懷有同情之心，對盜葬的通融規定使得他們不用動輒涉入盜葬之訟。鑒於種種，郭嵩燾也上疏朝廷，堅持應該承認省章的合理性，從而使省章具有斷案依據的效力。郭嵩燾奏稿內容如下：

遵查駱氏祖墳一案片〔註30〕會總督銜

再，同治四年九月十六日準刑部咨：「同治四年六月初四日內閣奉上諭：『駱秉章奏廣東省墳山禁步，請飭遵照定例丈尺辦理，以杜爭端一摺。四川總督駱秉章，本籍廣東花縣，有前明所葬祖墳。同治二年正月間，該縣文生鄧輔廷於切近墳傍盜葬骨壇三穴，經該族眾控縣清理。該地方官並未丈量，率行擬結。復經駱秉章咨明廣東督撫核實查辦。旋據郭嵩燾咨稱：該省通行章程，無稅官山塋葬，以穿心四丈爲限，計由墳心量數至邊，每面實止一丈。鄧姓原開墳穴，在該督祖塋一丈以外，照依定章，無可科罪。駱秉章復咨查禮部、刑部。嗣據各該部咨稱：定例庶人塋地九步，穿心十八步，凡發步皆從塋心數至邊。鄧輔廷盜葬該督祖塋之處，係在例文禁步之內，應照例科罪。是郭嵩燾所稱該省現行章程，係與禮部定例不符。廣東省多有無稅官山，與別省情形不同。墳塋禁步，自應恪遵定例辦理。若概用本省章程，以前後左右各得一丈爲準，恐倚勢侵佔者得所藉口，盜葬之風益熾，流弊伊於胡底？著瑞麟、郭嵩燾申明舊例，通飭各屬，嗣後審斷墳山案件，無論官民，均照例定禁步爲限，毋得率以本省定章定讞，以致爭端難息，流弊滋多。並著該督撫將鄧輔廷盜葬之案，迅即按照定例丈尺核實定擬具奏，不准稍涉迴護。該部知道。』欽此。恭錄行文知照」等因，並准四川督臣駱秉章咨送奏稿前來。

臣等遵查例定品官墳塋禁步，以次至庶民，穿心應得十八步。詳繹例意，蓋以羅圍、壙誌、拜臺，庶民之力皆得自盡。得穿心十八步之地，聽從布置，所以使人子孫爲保護墳塋之計，非謂盡人可得十八步之地，援引例文以交相爭佔也。粵東山場，多屬無糧無稅

〔註30〕郭嵩燾著、楊堅校補：《郭嵩燾奏稿》「遵查駱氏祖墳一案片」，嶽麓書社1983年版，327頁。

之官山，聽人進葬。其遠處他村覓地營葬者，積習相沿，必向本村立契，繳納開穴工費，不名山價。其間侵買壓占，訟案繁多，大率借例定官民禁步，恃勢強佔，地方官至不能成讞。乾隆年間，詳定橫直二丈、穿心四丈之章程，准照戶部則例墾荒事宜條內，有古冢周圍四丈以內不得開墾等語。酌中定議，凡營葬官山，不論紳民，統以橫宜各得二丈爲限，周圍實得八丈，較之例定禁步，所爭實遠，而准以古冢周圍四丈之文，已予寬留餘地，使足相安。國家定例，所謂庶民者統言之耳，其中貧富強弱，相去天淵。貧且弱者，縱橫枕藉，萬冢交錯，從無爭論。惟富強者營一棺之地，即謀占踞禁步，縱橫侵至數丈。當時詳定省例，稍濟例文之窮，而杜豪強侵佔之計，以平百姓之爭。蓋以省章爲斷，丈尺多少，出價承受，紳民猶可通融辦理；以例定禁步爲斷，則直授蒙強以兼併之資，使啓爭端。所以遵行數十百年，據以斷案，猶能使百姓相安者此也。各鄉官山，可以進葬者多不過數十百丈，鄉民叢葬於此，若皆以禁步爲斷，則一山葬至十餘棺而止，後來者已將無地開穴。近年捐例廣開，一命之榮，皆得捐請封典，按照品級，援例爭論禁步，則富強有勢力者其侵佔倍甚於從前，貧民復何所措其手足！臣等於駱秉章咨查祖墳侵葬一案，委員勘驗。駱姓祖墳凡七冢，相去皆不盈丈。左右無碑之墳十餘冢。其右譚姓、朱姓祖墳，相距略遠。生員鄧輔廷葬地，即在駱、譚各姓舊冢之交，而距譚、朱二姓墳尤近。自駱姓控經花縣押遷，事已了結，又尚在省例丈尺之外，礙難擬罪。臣等因念駱秉章爲保護祖墳起見，該處可以進葬之地已屬無多，當飭臬司錄案立碑，永遠禁止進葬。而駱秉章仍援例定禁步，上瀆宸聰。粵東紳富有氣力者頗多，若皆據例定禁步爲詞，祖墳附近進葬者皆可責以侵葬，其已葬者亦可呈請押遷，訐訟將無已時，此勢之萬不可行者也。

臣等因查嘉慶初年曾議及有力之家擇地營造生壙，非貧民無力購地者比，令其呈報地方官照例升科等語，蓋亦爲營葬官山言之，迄今亦無遵辦者。擬請飭部核准：嗣後凡有力紳民，欲按官階庶民例定塋地步數造墳者，飭將土名四至、弓步畝分及界內有無舊冢分晰具呈，該地方官勘丈明確，豎立石界，照依山糧科則詳報升科，

給予司照,隨時報部立案,入額編徵,即准該紳民作爲私地管業,並准其照依例定步數開拓墳塋。界內餘地聽其留空,不准他人指作官山,恃強侵葬。界內舊冢仍飭存留,不准業户藉口升科,任意殘毀。其未經呈報升科者,仍照省例科斷,無論紳民,均以橫直二丈之內不准進葬爲率。似此分別辦理,則有力升科者得依例定禁步,無力升科者仍可安葬官山,各得情理之平,而定例、省章兩無違礙。

至粵東風氣,有粗習地理,專向各屬官山尋覓穴地,以圖網利,謂之山棍。凡侵佔盜葬之案,皆由此種地師爲之厲階。臣等已嚴飭花縣責成生員鄧輔廷交出營葬之地師,從嚴懲究,以清弊端。

是否有當,謹附片陳請聖鑒訓示。謹奏。

以郭嵩燾此奏稿來看,他堅持廣東省章應具有法律效力並可以繼續援引,在於想要對付粵東豪富藉禁步侵佔官山土地的兼併做法。鑒於中央已經對省章規定作出了服從定例效力的上諭,並要求省章不得隨便援引,郭嵩燾提出了一個仍可在一定範圍內運用省章的具體辦法。即:想要按照定例禁步營造墳墓的,可以申請升科,由官府給予司照,報部立案,以後該地按照山糧科入額編徵,繳納賦稅,則此後該地作爲私地管業,按照定例禁步維護墳地,不許他人進葬;而無力升科者,所葬官山既爲無稅官山,則可依照省章「橫直二丈、穿心四丈」的規定辦理。這樣,有力升科者按照定例、無力升科者仍安葬官山,各得情理之平,而定例、省章兩無違礙。

郭嵩燾的建議看似比較合理,既使省章獲得了被援引的機會,也不違反定例、省章的效力等級,似乎是省章可以作爲法律依據的良好辦法,而且從文字上看並無半點邏輯漏洞,也因此獲得了「奉旨依議」的准許。

可是,駱秉章因此再次上疏,請求墳塋禁步應該嚴格遵守定制,而不應援引省章,並對郭嵩燾的奏議逐條提出了批駁。

墳塋禁步應遵定制疏〔註31〕

竊臣於同治五年十二月初三日,接准廣東撫臣蔣益灃咨准户部、咨行會議廣東督撫等奏:官山塋葬請照山糧升科一摺,同治五年三月二十八日具奏本日,奉旨依議欽此。抄錄原奏,知照前來。

〔註31〕 〔清〕陳弢:《同治中興京外奏議約編》第 8 卷(四川總督駱秉章:《墳塋禁步應遵定制疏》),光緒元年刊本,上海書店 1985 年影印本。

竊臣於同治四年閏五月十五日具奏粵省墳山禁步應遵照例定丈尺，
不宜以省章斷案。六月初四日內閣奉上諭：墳塋禁步自應恪遵定例
辦理，若概用本省章程等因。欽此。仰見聖明洞燭，諭旨煌煌，自
當欽遵辦理，不意郭嵩燾固執己見，復理前說。臣本粵人，見聞有
素，竊謂升科固足昭覆載之公，而禁步仍應遵皇朝之制，不宜捨定
例而用章程。臣祖塋被鄧輔廷盜葬一案已結，非敢屢以私事冒瀆聖
聰，第以前署廣東撫臣郭嵩燾陳奏各情涉於迴護矯強，既捨朝廷向
來通行之定例，而用未經奏定畫一之省章，則官吏無所遵循，可以
高下其手，民間愈多侵佔，不免爭鬥日煩。有關通省大局，且因臣
一人祖塋之案，郭嵩燾遽改定例，使粵民受無窮之累，臣不敢緘默，
敬請爲我皇上縷析陳之。如原奏謂粵籍例定官民禁步恃勢強佔，地
方官至不能成讞。乾隆年間詳定橫直二丈，穿心四丈之章程。不論
紳民，統以橫直各得二丈爲限。其前次來咨文又稱粵省穿心四丈章
程，計由墳心數至邊，每面實止一丈，與定例庶人塋地九步，穿心
十八步之說，不惟丈尺迴殊，即當日如何用此穿心二字，已無可究
結等語，是郭嵩燾故以穿心二字爲不可解，強就其每面各得二丈之
說，不過欲爲侵葬者開脫罪名，遂以穿心四丈前後左右應各得二丈
者，臆斷爲每面實止一丈者，固執省章以廢定例。竊以例定墳塋丈
尺，即所以杜強佔。地方官按照例定丈尺斷案，何至不能成讞？豈
斷以朝廷之定制而敢不遵，斷以本省之章程轉相懾服者？若謂粵省
塋地盡列官山，與別省情形不同。臣詳繹例定墳塋禁步，正爲官山
而設，如係契買之業，則凡在四至之內，無論前後左右若干丈尺，
皆非他人所能進葬，又何必以禁步爲限耶？故定例於有主墳地，切
近墳旁盜葬及止於田園山場內。盜葬論罪各有等差，是契買之業不
必限以禁步，可見禁步專指官山而言。郭嵩燾於例意未免誤會，原
奏又稱以省章爲斷，丈尺多少出價承受，紳民猶可通融辦理，以例
定禁步爲斷，則直授豪強以兼併之資等語。查例定墳塋禁步，蓋示
以一定之限制，而後爭端可息。若謂斷以省章，則丈尺多少，出價
承受猶可通融，是富者力能出價，即可踰越於省章丈尺之外，貧者
無力出價必須拘守於丈尺之中。是以貧富爲強弱，而不以曲直定是
非也。即此通融二字，實授豪強以兼併之資，勢必至大啓爭端，無

所禁止。何如有定例可循，官民皆知所遵守也。事必察其虛實。例定墳塋禁步，頒行天下二百餘年，薄海臣民無不遵守，不聞別有豪強藉此兼併，向來粵東一省亦不聞有藉此為兼併之資。豈朝廷之制度久已通行寰宇，今獨格於粵東耶？原奏文又稱近年捐例廣開，一命之榮，皆得捐請封典，按照品級，援例爭論禁步，則富強有勢力者其侵佔倍甚於從前，貧者復何所措其手足，等語。查墳塋禁步官民各有例定丈尺可循，揆諸父為士子為大夫，葬以士祭以大夫之義，總以歿者之有無官職為斷。豈得藉捐請之封典，爭禁步之丈尺，而進佔他人之地界耶？原奏又稱：粵東紳富有勢力者頗多，若皆據例定禁步為詞，祖墳附近進葬者皆可援例責以侵葬，其已葬者亦可呈請押遷，訐訟將無已時，等語。查歿者若無官職，其墳塋禁步應照庶人九步為斷，倘被人侵葬於禁步之內，自應控官押遷，照例辦理。至遠年所葬舊墳，彼此已相安於無事，亦無人混請押遷，設有呈習妄控者，官可繩之以法，亦何至訟無已時？現今奉旨升科，既經升科者，則官山變為己業，自無豪強侵佔之弊，至無力升科者，其禁步仍應遵照定例：庶人塋地九步穿心十八步為限，以昭公允，而息爭端。不宜以省章定斷，益滋侵佔盜葬之風，致釀發掘毀棄之獄。總之，官山固應升科，禁步須遵定例，省章流弊孔多，必至紛爭不息，有妨大局，終不可用。郭嵩燾所報省章不過迴護一己之偏見，臣請仍遵定例，實關係通省之風俗。相應請旨飭下廣東撫臣體察輿情，申明定例妥議覆奏，則全粵軍民幸甚。臣不勝悚懼，屏營之至，理合恭摺具奏。伏乞聖鑒訓示。

郭嵩燾的建議雖看似合理，然其中迴避了一些敏感問題，事實上是採用了「曲線救國」的方式，促使省章可以被繼續援引。但這些迴避的問題卻被駱秉章看破，並逐一指出，提出批駁。1、禁步為何種墳地而設的問題。奏議中，郭嵩燾提出廣東與別省不同，葬地多無糧無稅官山，紳民自由進葬，如若按照例定禁步，則一墳佔地過大，官山的利用價值太小，因此應該按照省章，縮小墳塋禁步，使官山可葬更多墳塋。但是駱秉章批駁：不能因為廣東葬地多是官山而棄定例不用，因為定例本就是為官山墳地而設。墳地有契買墳地和非契買墳地，若是契買墳地，則地契載有詳細的四至、界址，在四至範圍內，權利人擁有獨佔的開墾耕種、營葬造墳的權利，他人絕不能進入四

至範圍內造墳。因此，定例所定禁步正是爲葬在官山的非契買墳地而定，營葬者在官山造墳之後，就可以援引定例禁步之規而防止他人在旁侵葬。2、定例、省章的效力等級問題。郭嵩燾爲了使省章有被援引的機會，因之建議有力升科者用定例，無力升科者用省例，看似兩無違礙，實則迴避了定例省章的效力等級問題，使省章在無力升科者營造墳塋時可以援引。然而駱秉章批駁道，若一概援引定例，其效力既確定，則官民容易遵守，無凌駕法律之事；但若賦予省章一定效力，則省章爲通融之法，很可能爲違反法律之人大開方便之門。

除了這兩個問題之外，駱秉章還批駁了郭嵩燾對於只援引定例的擔憂。郭嵩燾看到廣東的營葬存在這樣的現象：豪富有力之人，以定例禁步爲藉口，不許別人於墳旁開墾、進葬，霸佔相當多的土地；而貧弱之人但求有一棺之地可葬，萬冢叢立，其間距早已比比縮進，不復有禁步可言。郭嵩燾的擔憂不是沒有道理，根據相關學者的研究，南方山地產權的形成與營葬墳地是密切相關的，大致經歷了一個以墳占山、以山占耕，然後形成產權關係和買賣關係的過程。〔註32〕所以，豪富之族以墳葬於官山，然後升科取得司照、援引定例禁步之規，再由官府禁止不許別人侵葬，其地則漸成爲私家管業，原本爲無糧無稅官山進而通過營葬成爲宗族私產，形成兼併之勢。郭嵩燾顯然是想用省章改善粵省的以墳占山、以山占耕的兼併現象，使一般紳民都有地可葬，因此駱秉章對於郭嵩燾的擔憂，僅是從「貧弱之人亦可借定例維護墳地禁步」角度上進行批駁，但只不論貧弱之人是否有力訴訟及維護禁步，亦不論是否在萬冢叢立的廣東墳山上具有可行性。

綜上可見，駱秉章在豪富兼併一項上批駁顯然有些薄弱，儘管這樣，他卻觸及到了兩個在郭氏奏議中被迴避掉的敏感問題。郭氏奏議建議定例、省章各有所援引的範圍，兩無違礙，想要以迴避定例、省章效力等級的方式，換得省章被援引的機會，然而一經駱秉章指出，則無可迴避。中央雖然最初同意了郭嵩燾的奏章，但一旦直面定例、省章效力等級問題，是絕不會有半點通融的態度，因此，同治五年再發上諭，令無力升科者，仍遵定例，這就使省章在任何情況下都無法援引了。

同治五年十二月上諭：

〔註32〕周鑾書主編：《千古一村：流坑歷史文化的考察》江西人民出版社2003年版，第374頁。

四川總督駱秉章奏,前署廣東巡撫郭嵩燾陳奏粵省墳山禁步各情。捨向來通行之定例,而用未經奏定之省章,涉於迴護矯強。應請令無力升科者,仍遵定例,庶人塋地九步,穿心十八步為限。以昭公允而息爭端。下部議。尋議駱秉章籍隸粵東,自悉實在情形。且與例文符合。請申明定制。仍飭下廣東督撫妥議覆奏。從之。〔註33〕

駱氏盜葬案到此時終於在案情上得以完結,在爭論的理論問題上也有了結果。從最後的上諭來看,在這場爭論中,以駱秉章的主張佔了上風。最終確立在效力等級上,中央定例的效力要高於地方省章的效力,因而申明國家定制,廢省章而用定例。同治四年六月和同治五年十二月的上諭都在定例與省章效力等級上絕不妥協,堅決維護中央定例的最高地位。然而根據郭嵩燾的奏稿來看,地方上用省章已經數十百年,地方官樂於援引最符合地方特色的規定進行斷案。限於地方特殊的客觀條件,如嚴格按國家定例執行,勢必導致無山可葬;或者有力升科者隨意憑定例控官盜葬,致案牘更繁;無力升科者任憑萬塚叢立,因此在司法實踐中地方官往往酌定人情,未必會嚴格遵循定例,以期達到情理之平。這種做法幾乎已經成了地方司法中合理的「潛規則」,在下文中將有詳述,目的主要是達到國法、人情兩無違礙。此案中郭嵩燾的奏摺本想避重就輕,將這種潛規則予以合法化,但涉及中央定例的法律效力問題,中央必然以維護國家立法的尊嚴和地位為最終目的,因此,上諭要求郭嵩燾申明定例,飭下屬廢省章而用定例。

然而就本案看,鄧輔廷盜葬駱氏祖塋一案不過是因引起了中央的注意,才嚴格援定例而結案,即便如此,對盜葬人的懲罰亦沒有嚴格遵循定例,僅僅是對鄧氏所葬骨壇執行押遷,而杖責的執行不得而知。同時,巡撫郭嵩燾及花縣縣令,雖迫於定例以盜葬結案,卻對鄧氏盜葬的事實不以為然,郭嵩燾最終強調的是對地師的嚴懲:「粵東風氣,有粗習地理,專向各屬官山尋覓穴地,以圖網利,謂之山棍。凡侵佔盜葬之案,皆由此種地師為之厲階。臣等已嚴傷花縣責成生員鄧輔廷交出營葬之地師,從嚴懲究,以清弊端。」可見,在地方官看來,清除盜葬之風不在於對定例的遵循與否,也不在於對盜葬認定的嚴格與否,而是要在具體實踐中綜合對民風、人情、地理因素進行考慮。

〔註33〕《清實錄》第 49 冊「穆宗實錄(五)同治五年十二月下」,中華書局 1987 年 3 月第一版,第 460～461 頁。

（二）盜葬及墳葬案件的司法實踐

　　民間以盜葬為名控究的案牘多不勝數，僅趙翼在《陔餘叢考》中提到的江西廣信府一帶，就多有盜葬之訟，而上饒地區更多。其友沈倬其宰上饒之時，見庫中有骨數十具，皆盜葬成訟貯庫者。〔註34〕盜葬問題除了涉及侵擾風水之外，更重要的是對產權的爭奪，因而在司法實踐中，地方官除了按律懲戒盜葬之人外，往往還要肯定墳主對墓地的所有權，甚至還要頒發該爭議墓地權利歸屬的憑證，以防止將來可能再次發生的盜葬之訟。地方官在處理這類案件時，洞悉爭訟的本質往往是墳墓所代表的財產的含義。需要指出的是明清時期南方很多山地都是以墳占山而取得的產權，出於對財產的爭奪，「藉墳占山」既是民人取得產權的一種方式，也是擾亂民間秩序、易興訟牘的罪魁禍首，因而地方官也多申斥百姓「不得藉墳占山」〔註35〕。在盜葬案中，不排除一些當事人採取以墳占山的形式佔有山地，希望藉此取得產權，因而地方官在審斷之時，認定墳墓、山地的產權是很重要的判決內容。

　　正是墳墓所具備的「風水」和「財產」的雙重象徵，使得盜葬案件的處理也有「改良風俗」和「確定產權」的雙重性。如例一所示：

　　　　例一　藉軍飄占事〔註36〕

　　　　琴塘嶺虎形之山，舊係鍾姓祖業，葬墳四壙，醮掌數百年矣。鍾姓自徙居漵江，離墳窵遠，遭附近之曾姓侵佔，爭而訟，訟而解，解而復爭，爭而復訟者屢矣。道光二十二年，曾元達盜葬其父於鍾墳之右，恃鍾之遠而可欺也。不意居隔數里之羅昆等突出而自居為主，具詞控令押遷，旋經中處，令曾姓出給附葬地價書約侵事。鷸蚌之持，漁翁是利，羅之計不誠巧乎？且曾姓之侵葬止於一墳，而羅姓之冒認竟並全山，所謂尤而傚之，罪又甚焉。鍾位中等查知奔愬，其攻曾者猶淺，而攻羅者實深。查兩造雖均無印契，徒以族譜為憑，然羅之古嶺坳與鍾之琴塘嶺，實風馬牛不相及，名不容襲則地不容冒矣。本應重懲，姑念羅昆等到案即行供明，從寬免究。著將所誆曾姓穴價即行追繳，曾元達盜葬之墳具限起遷。死後，該山仍歸鍾姓掌業，使之物原有主，全銷鹿馬之奸。地不容侵，永弭雀

〔註34〕〔清〕趙翼：《陔餘叢考》卷32「洗骨葬」，中華書局1963年版，680頁。
〔註35〕《槐卿政績》卷5「罩占墳山事」，《歷代判例判牘》第十冊，第250頁。
〔註36〕《槐卿政績》卷3，《歷代判例判牘》第十冊，第209頁。

鼠之釁。各具遵結,毋再生心。

該案曾姓盜葬鍾姓之墳地,而羅姓冒認爲己墳山,訛詐曾姓附葬費用。地方官在處理該案的過程中,不僅要確定曾姓的盜葬事實,還要明確被盜葬的墳山到底山主是誰。最終就這兩件爭議事實作出判決:盜葬之人改遷;墳山仍歸原主掌業。

大部份盜葬案件,只要事實清楚、案情容易認定,一般責令改遷,對盜葬人眞正進行杖罰的情況並不多見。在地方官看來,只要盜葬之人遵令改遷,使原有秩序和原有狀態得以恢復,那麼對盜葬人再實施杖責似乎是不合情理的一種做法。地方官員在司法實踐中更重視原有合法狀態的恢復,所以對盜葬之人往往以押遷爲判,並不重責。

例二　侵斬盜葬事〔註37〕

　　洲背山龍形墳山一嶂,係梅溪曾氏祖業,有同姓不宗之下澤塘口村曾志芬者,恃居肘腋,頓起貪謀,營壙封於墳側。曾廷賓等查知控告,志芬反執伊下澤譜載另業之洲背山蛇形祖墳影射爭辯。不思梅溪一派山圖墓譜,刊自前朝,非倉卒所能增飾。廷賓等或居吉水,或籍廬陵,使非祖蛻所棲,何暇越境而爭此壞土。如果該山下澤與有墳界,則二百餘年從無一人營葬。志芬突於祖宗邱壠之旁擅開基穴,伊族得不群起而作鳴鼓之攻。如謂已向族衆聲明,則以下澤之時業而見奪於梅溪,伊族衆勢必不能坐視,何以該塘口曾姓百餘丁默無一言,獨志芬出而曉曉?豈伊族不爲志芬計,並不爲祖母計乎?況該山龍形圖,係全嶺形勢,而查下澤之譜,洲背山墳,龜蛇蜈蚣,厥形不一。志芬所據舊墳六冢,繫屬排葬一處,安得有數形之理,且獨執蛇形爲證,豈非妄意蛇之於龍易於巧借附會乎?姑念據實供明,自願具限別遷,薄責免究。

此案中下澤曾志芬盜葬於梅溪曾氏祖墳,被梅溪曾氏控告之後,反爭此龍形墳山爲己祖產業。經州縣實地勘察及查察證據,下澤曾氏族譜上所載爲蛇形祖墳,而其營葬之所爲龍形祖墳,可斷定龍形祖墳爲梅溪曾氏祖業,下澤曾志芬爲盜葬無疑。在對下澤曾志芬決斷時,只求使其自認盜葬並改遷墳墓,並沒有對其科以杖刑。

〔註37〕《槐卿政績》卷4,《歷代判例判牘》第十冊,第223頁。

除此之外，《槐卿政績》還記載了「乘機插占事」〔註38〕，此案爲道光年間生員方智侵葬案。方智所憑爲遠年族譜，對方所憑爲近年白契，前縣曾因白契不足爲憑而認定產業爲方智之業，方智隨後在對方當事人產業之上葬地二穴。控至現任州縣，經過詳細勘察，認定方智遠年族譜爲孤證，沒有相應的印契作輔證，而對方的白契雖逃避關稅，但以民間習慣，白契確實是有證明效力的買賣契約。因而現任州縣援引律例「民間告爭山地，近年者以印契爲據；遠年者須勘查字號、畝數、庫貯、鱗冊、完糧、印串是否符合其所執舊契。碑譜等項均不爲憑。」並從情理上判斷「豈有舍近年之契劵不准分持，而憑荒遠之虛詞轉任爭奪？」從而棄方智的族譜於不用，而令對方白契補交契稅，並作爲交易墳山的重要證明，判定墳山產業歸對方當事人所有。在認定權利歸屬之後，盜葬事實自然無可質疑，方智盜葬二穴，責令押遷。對盜葬之人，也沒有重責杖刑。

在州縣的自理詞訟中，盜葬是杖責的輕罪，對地方官而言，只要能使侵葬回覆到原來的狀態即可以結案，並不一定施以重罰。而在運用證據上，州縣常常會採用一些律例沒有規定的證據，當然在必要情況下也會嚴格按照律例的規定，這些情況都充分證明了州縣在這類案件上具有很大的自主裁量權。他們可根據情況需要決定是否杖責，決定採用哪些證據來證明盜葬事實，可見他們的著眼點並不是一定嚴格遵守法律規定，而是出於一些很現實的需要，只要能夠證明案情、只要能使合法的狀態得以恢復，是不吝惜採用一些折衷的、彈性的手段的。

二、盜葬、墳葬糾紛引發的惡性刑事案件

民間貪圖風水，因之盜葬案和墳葬糾紛頗多，地方官對於此類案件比較重視，力求審斷無誤，否則極易引來嚴重的後果。各種墳葬糾紛基於對風水、對產權的爭奪，有些以盜葬取得好風水，有些更以埋假墳、豎假碑的方式誣告人盜葬，有些以墳占山取得產權，種種事由必須分詳清楚，既對有主墳地予以保護，又對那些以墳佔地、以假契假墳誣告之事予以懲戒，方才足以平息訴訟。所以，盜葬案件雖小，其中民情各異、姦僞百出，除了這些名爲盜葬，實爲誣告、爭產的事情以外，盜葬案件一旦處理不愼，還容易引發「發

<hr>

〔註38〕《槐卿政績》卷5，《歷代判例判牘》第十冊，第238頁。

冢」、「人命」等惡性刑事案件。

出於法律對盜葬之風的禁止和對墳地的保護，社會上一旦發生盜葬事實，被侵葬人即可鳴官究治，控其盜葬之罪，並向官府申請對盜葬人的墳穴押遷起葬。然而也有一些被侵葬人一發現自己祖墳被盜葬、侵葬，怒不可遏，並不選擇或者是尚無暇選擇鳴官究治的公力救濟，而是憤而挖掘盜葬人之墓，採取自行發掘墳墓的方式達成盜葬墳墓起遷的目的，但是根據清律和《大清通禮》的規定，遷葬要遵循一定的程序，「有故而以禮遷葬，仍照律勿論」〔註39〕，否則即便是墳主的遷葬仍會遭到嚴懲，如《刑案彙覽》中記錄的嘉慶二十一年陝西一案：李作華因聽信陰陽將伊父遷葬，抽取棺蓋，雖無洗檢毀棄重情，第已取蓋露屍，例無治罪明文，將李作華比依愚民惑於風水，將已葬父母骸骨發掘檢視以毀棄論，於毀棄父母死屍斬罪上量減一等，杖一百，流三千里。〔註40〕這樣一來，被侵葬人的起遷挖掘雖情理上能夠理解，但卻更加不合程序，並觸犯清律「發冢」的法律規定，但由於前有盜葬事由，因此《大清律例》對這種發冢事由的處罰比本律要輕。

《大清律例》規定：「若盜葬者並無發掘等情，止在切近墳旁盜葬，而本家輒行發掘者，應照地界內有死人不告官司而輒移他處律科斷。」〔註41〕根據此例，嘉慶年間的「遠祖進山盜葬父棺被人掘移」一案，王逢世於久經闔族議禁不許添葬之祖山墳地，輒因圖謀風水，將父棺切近遠祖墳旁盜葬，致被族人王耀林等掘移他處。王耀林等不候審斷押遷，輒行發掘，應照地界內有死人不報官司者，輒移他處律杖八十。〔註42〕此條例文尚處罰較輕，僅是杖八十之罪，但盜葬人如果盜葬地點「非係墳地，止在田地場園內盜葬，而地主發掘之者，除開棺見屍仍照律擬絞外，其不開棺見屍者，各照本律減一等科斷。」〔註43〕這便是准照發掘他人墳冢律科斷，其處罰嚴重的多。《刑案彙覽》中收錄「違斷葬墳不肯起遷將棺發掘」一案，營葬人歐陽光崑未在墳主地內盜葬，只因墳主歐陽貴元認爲其葬穴妨害風水，即控官盜葬，而在處

〔註39〕 《大清律例·刑律·賊盜》「發冢」。
〔註40〕 《刑案彙覽》卷21「發冢·誤信陰陽遷葬父棺抽蓋露屍體」，光緒十九年合刊本。
〔註41〕 《大清律例·刑律·賊盜》「發冢」。
〔註42〕 《刑案彙覽》卷21「發冢·遠祖禁山盜葬父棺被人掘移」，光緒十九年合刊本。
〔註43〕 《大清律例·刑律·賊盜》「發冢」。

理這些民間細故時，官府對風水的請求多予支持，在支持墳主的請求後，營葬人並未起遷，因此墳主私自將棺發掘。對於此案，營葬人原非盜葬，墳主以侵害風水事由控官並得到支持，以此有恃無恐將棺發掘，其處罰為「照發掘常人墳冢見棺槨為首擬軍例上量減一等，杖一百，徒三年。」〔註44〕這樣的處罰是比照律例規定的「（發冢）本律減一等」擬軍的基礎上，再量減一等作出的，顯然已經考慮到墳主有先經地方官斷明起遷的事由，減輕了處罰，但仍然比發掘盜葬於墳地之屍棺要嚴重的多，可見盜葬案情雖小，卻容易引發大的社會問題。

　　除了發冢之外，盜葬還容易引發械鬥、人命等惡性刑事案件。在男丁較多、民風剽悍的宗族、家族之間，如發生盜葬事實，對方又恃強不肯控官，憤怒之下發掘墳墓，在雙方激憤之下，往往發生械鬥的事情。《駁案新編》中收錄的「平墳械鬥致斃七命依罪人拘捕科斷」〔註45〕一案，這是發生在乾隆年間湖北省襄陽縣的一個因盜葬、墳界爭訟引發的械鬥致斃七命的惡性刑事案件：

　　　　湖廣司
　　　　一起為報明事。會看得襄陽縣民陳金遠等與孫應祚等互毆致死七命一案。

　　　　先據湖廣總督署湖北巡撫愛必達疏稱，緣陳金遠與兄陳金迎等有祖遺塋地一段，與孫姓塋地毗連，中有小埂為界。埂南荒地屬陳，埂北熟地屬孫。乾隆二十一年，陳金迎父故，葬於荒地界內。孫應祚與兄孫應錫因墳近伊等祖墳，商謀爭告，即以陳姓越葬控縣。陳金迎等亦以阻葬圖占具控。經前縣黃勳訊明，斷令各照荒熟舊界管業，陳金迎父免其起遷。孫應錫自知情虧，當即中止。惟孫應祚惑於風水，復欲假裝灰椿翻告商之，孫應錫阻止。乃孫應祚不令孫應錫知覺，在於陳姓界內暗埋灰椿，稱係先年所埋界椿，翻控請勘。黃勳未經親勘，差押挖驗，因起有灰椿，即改斷以灰椿為據，押令陳金迎遷墳，以致陳金迎不服，延挨未遷。

　　　　二十六年三月二十日，孫應祚乘孫應錫臥病在床，輒起意挖遷，

〔註44〕《刑案彙覽》卷21「發冢‧違斷葬墳不肯起遷將棺發掘」，光緒十九年合刊本。
〔註45〕〔清〕全士潮：《駁案新編》，《歷代判例判牘》第七冊，第729頁。

率令胞侄孫紹典、堂侄孫紹周，並邀戚鄰周合、王愷、王沼、江雲、韋士傑、馮添貴、馮添左、周盤、萬應珍等一共十二人，各執刀錨等械，往起陳金迎父棺。走至墳前，孫應祚即令孫紹典、孫紹周、王沼、王愷四人平毀墳土。適陳金迎聞知，亦率弟陳金逵並邀戶族陳維章、陳金亮、陳金科、陳金琰，及在逃之陳維緒、陳金都等一共八人，各持刀錨往阻。陳金迎窺見墳土已平，即與孫應祚嚷打，用刀扎傷孫應祚囟門右、肚腹右，倒地殞命。孫紹周、王愷、王沼趕上，將陳金迎圍住對扎。王沼用鐵錨戳傷陳金迎左臀，陳金科近前救護，亦被王沼用錨柄打傷髮際偏左。陳金迎因被孫紹周等圍住，用刀拼命亂扎，致傷孫紹周頂心額顱偏左、王沼左後肋，俱各倒地，並扎傷王愷頂心囟門。孫紹典見伊伯孫應祚被扎身死，堂兄孫紹周亦被扎倒地，上前救護。陳金迎即用刀向扎，孫紹典隨用刀砍傷陳金迎頂心偏右、囟門偏左，周合亦趕上幫護，用錨向戳，適中陳金迎胸膛偏左，倒地殞命。比陳金逵往前救兄，被江雲用刀攔扎，刮傷陳金逵鼻梁，陳金逵見其黨狠，頓起殺機，即用錨扎傷江雲左腿，江雲轉身欲走，陳金逵復扎其右臀倒地。韋士傑持錨趕戳，陳金逵格落鐵錨，亦用錨戳傷韋士傑頂心偏左，因錨頭有鈎，順勢收回，又掛傷韋士傑腦後，韋士傑撲攏奪錨，陳金逵復以鐵錨盡力向戳，致傷韋士傑肚腹右倒地，亦俱殞命。比陳維章近前救護，王愷即用刀向扎，陳維章閃至王愷背後，隨手用錨戳傷王愷右腰眼倒地。維時陳金亮亦錨傷馮添貴左腿，陳金都刀傷馮添左左臀、谷道右，陳維緒錨傷周盤右腿，並傷萬應珍左腿，當各奔逸。詎王沼傷重，於二十一日身死。孫紹周、王愷延至二十五日，亦皆因傷殞命。

先後報經該縣驗看，錄供通詳，按擬招解，屢審供認不諱。除起意糾眾發冢之孫應祚，與聽從發掘之孫紹周、王沼俱被陳金迎扎傷身死，應毋庸議外，查陳金逵臨時有意戳死江雲、韋士傑二命，並非一家，應從一科斷。陳金逵合依故殺者斬監候律，應擬斬監候，秋後處決。陳維章於陳金迎扎傷王愷頂心囟門之後，復傷王愷右腰眼倒地，雖皆致命，當時未死，越五日因腰眼傷重，醫治不愈身死。自應以陳維章當其重罪。陳維章合依共毆人傷皆致命，若當時未死而過後身死者，當究明何傷致死，以傷重者坐罪例，應擬絞監候，

秋後處決。周合最後用錨戳傷陳金迎致命胸膛，登時身死。應依共
毆人傷皆致命，如當時身死，則以後下手重者，當其重罪例擬絞。
惟是孫應祚係原謀發冢之人，被陳金迎扎死，雖非監斃途故，但陳
金迎係扎死孫應祚、孫紹周、王沼三人之兇犯，今被周合當場戳死，
是孫應祚等三命已無兇手可償。若再將周合擬抵，似於情法未平。
周合應請比照共毆下手擬絞人犯，果於未決之前，遇有原謀助毆，
傷重之人監斃在獄，與解審中途因而病故者，准其抵命，下手之人
減等擬流例，杖一百，流三千里，至配所折責四十板，仍追埋葬銀
二十兩，給付死者之家收領營葬。孫紹典除持刀砍傷陳金迎致命頂
心囟門，例應發邊衛充軍，聽從發掘他人墳冢，未至棺槨，罪止擬
徒，均不議外，應與執持鐵錨戳傷馮添貴左腿之陳金亮，均照聚眾
執持兇器傷人，徒罪以上發邊遠充軍例，應發邊遠充軍，至配所各
折責四十板。陳金科、陳金琰雖聽從陳金迎糾約往租，並未傷人，
馮添貴、馮添左、周盤、萬應珍均未幫同發冢，亦未傷人，但不應
附和同行，均合依不應重律，杖八十，各折責三十板。逸犯陳金都、
陳維緒飭緝獲日另結。

　　等因具題。查律文，發掘他人墳冢，載在盜賊條內，因其殘及
枯骨，較盜賊為慘忍，故治罪之條亦較盜賊為重，而盜賊之罪尤嚴
拒捕。此案孫應祚因陳金迎、陳金邊父墓與伊家祖墓相近，輒行捏
詞忿爭，經縣斷明之後，又假埋灰樁，詭計翻控。迨伊子病亡，復
歸怨風水，糾約多人執持兇器，往起陳金迎父棺，業已掘開墳土。
陳金迎兄弟聞知父墓被發，率同族戶出而抵禦。比時孫應祚等糾眾
發冢，持械圍毆，實係逞兇拒捕。陳金迎等勢急情迫，向前阻護，
至有殺傷，實係格殺罪人。該署撫乃因為首糾眾發掘之孫應祚，及
率眾阻護之陳金迎俱已被殺身死，遂將起事根由置諸勿論，止依尋
常共毆之條科斷，殊與情法未得其平。至周合一犯雖係聽邀偕往，
未經與孫紹典等一同掘墳，但於孫紹典砍傷陳金迎之後，該犯復錨
戳陳金迎致命胸膛身死，自應按律擬償。乃援引原謀已斃之例，減
等杖流，猶屬議擬未協，事關死生出入，不便遽行議覆。應令該撫
再行詳覈案情，分別妥擬到日再議等因。

　　題駁去後，續據該撫湯聘疏稱，覆核案情，誠如部駁，孫應祚

實係逞兇拒捕，陳金迎等委係格殺罪人，未便依尋常共毆之條一律科斷。查律載，罪人持仗拒捕，其捕者格殺之勿論等語。此案陳金迎見父棺墳土已平，理應護阻，因孫應祚等持械拒敵，以致忿爭扎死，正與罪人持仗拒捕，其捕者格殺之律相符。除陳金迎已被傷身死外，所有格殺江雲、韋士傑及王愷之陳金逵、陳維章，並用鐵錨格傷馮添貴之陳金亮，均應改擬照律勿論。陳金科、陳金琰並請免議。至周合一犯，雖係聽邀偕往，未經與孫紹典（持）〔等〕一同掘墳，但於孫紹典砍傷陳金迎之後，復（其惟）〔錨戳〕陳金迎致命胸膛，以致當時身死。雖非有意，實屬兇橫，亦應如部駁，自應按律擬償，未便援引原謀已斃之例減等杖流，將周合亦應改擬依共毆人傷皆致命，如當時身死，以後下手重者，當其（以非）〔重罪〕，例應擬絞監候，秋後處決。在逃之陳維緒、陳金都並免緝究。孫紹典、馮添貴、馮添左、周盤、萬應珍等，均應仍照原擬分別軍杖。餘俱請照原擬完結等因。

　　具題前來，查此案孫應祚因圖占墳地，糾邀江雲、周合等十二人發掘陳金迎父棺，陳金迎等聞知驚懼，偕户族往阻，乃孫應祚等輒行持械圍毆。既據該撫覆審明確，孫應祚實係逞兇拒捕，陳金迎等實係格殺罪人。將格殺江雲、王愷之陳金逵、陳維章依罪人持仗拒捕，捕者格殺勿論律，擬以勿論，而復將聽邀拒捕，殺死事主之周合，仍依共毆人致死例，擬以絞監候，與例不符。應將周合改依罪人拒捕，殺所捕人者斬監候律，擬斬監候，秋後處決。其陳金逵、陳維章應如該撫所題，合依罪人持仗拒捕，捕者格殺之勿論律，照律勿論。該撫既稱，用鐵錨格傷馮添貴之陳金亮改擬勿論。陳金科、陳金琰並請免議。在逃之陳維緒、陳金都並免緝（寇）〔究〕等語。均應如該撫所題完結。再該督撫前疏內稱，孫紹典除持刀砍傷陳金迎致命頂心囟門，例應發邊衛充軍。聽從發掘他人墳冢未至棺槨，罪止擬徒，均不議外，應照聚眾執持兇器傷人，徒罪以上發邊遠充軍例，應發邊遠充軍，至配所杖一百，折責四十板。馮添貴、馮添左、周盤、萬應珍均未幫同發冢，亦未傷人，但不應附和同行，均合依不應重律，杖八十，各折責三十板，照例先行折責發落。孫應錫審無主謀發冢情事，先雖圖占陳姓墳地捏情控爭，後經審斷旋即

中止，其弟孫應祚假埋灰椿翻控之後，雖屬知情，律得容隱，應與審不在場之孫紹郁均請免議。

　　所爭墳場荒地，應令陳姓照界管業。孫應祚等屍（信）〔棺〕骸給各屍親領埋等語，亦應如該署撫所題完結。再該署撫前疏內稱，所有不行親勘，輒行改斷，致釀多命，職名係前任襄陽縣告病知縣黃勳，相應開報，聽候部議等語。

　　查此案陳、孫二姓互爭墳地，該縣既經訊斷，照舊管業已成定案，後因孫應祚暗埋灰椿翻控請勘，該縣並不詳查眞僞親往查看，止差役挖驗，輒行自翻前斷，以致陳、孫兩姓率眾械鬥，傷斃七人。覈其前後情節，既斷忽翻，釀成多命，殊屬昏庸，不稱親民之職，應將前任襄陽縣告病知縣、今病瘥發往原省候補之黃勳照溺職例革職等因。乾隆三十七年十二月十二日題，十四日奉旨：周合依擬應斬，著監候秋後處決。餘依議，欽此。

　　此案案情並不複雜，可是審理過程卻是幾經波折，並且多次改擬刑罰。從表面上看屬於「持械鬥毆致斃人命」案，深究起來卻極有深意，否則不會導致省級司法部門與中央司法部門意見的不一致，更不會使此案從乾隆二十六年案發，至乾隆三十七年定案具結，案情遷延時間長達十一年之久；甚至再往前溯，此案終究因爲一樁民事細故的審結引起，而此民事細故則發生在乾隆二十一年，前因後果，共達十六年。可見此案內涵的豐富和複雜。

　　此案起因是由墳葬糾紛引起，而根據前所述，盜葬、越葬、墳界爭訟這類的民事細故不容小覰，墳界、葬地雖然也是作爲財產形式存在的，不過這種財產具有其特殊性。其一、出於人們對死者的敬畏，所謂「人死爲大」，一般死者葬後，非特殊原因，不會起墳遷葬。所以墳界、葬地一旦確定，其界內各墳便永久性存在，不能改動。相比耕地、水田可以隨意挖渠改道，自必不同，因而也具有同其它土地、財產不同性質的特點，從而更具特殊意義。其二、風水之說雖然屢被文人士紳，乃至皇帝斥爲「虛妄」、「邪說」等，但是仍然在社會上產生著巨大的影響。既然風水成爲社會中無法革除、民眾普遍敬畏的思想，那麼中央立法也勢必在能夠容忍的範圍內，承擔起保護風水的任務，這在《大清律例》中對「發冢」的重罰中可以看到端倪。因此對於喪家來說，祖墳具有非常特殊的意義，是不允許旁人挖掘、破壞的。「發冢」的處罰比一般賊盜還要重，可見《大清律例》也就這點對祖墳、葬地這種特

殊的財產加以特殊的保護。第三、中國古代社會心理有祖先崇拜的烙印，宗祠、家廟、祖墳等財產在人們心中具有神聖的含義，一旦侵犯宗祠、祖墳等，則如同受了奇恥大辱。而這種心態在古代中國是得到普遍同情和理解的，所以祖墳被侵，對一個家族來說，可能是最不能忍受的事情。從這點上，此類案中的爭訟焦點──祖墳也具有無可爭議的重要性和特殊性。第四、出於中央對孝的提倡，「不孝」列爲十惡重罪，不僅不許旁人侵害事主葬地，即用「發冢」律以示禁止；同時亦不許子孫對祖墳加以侵害，否則亦是重罰，即觸犯刑律所定「毀棄尊長屍體」之罪。與此對應的是，民間也無不崇尙孝道，一旦祖墳被侵害，意義自不同於一般的財產被侵害，一般的財產侵害案件即爲民間細故，州縣自理即可具結，對侵害人判處民事償賠或者杖責即可。而祖墳被侵，起初雖亦爲民間細故，但事關倫理，往往持械相向，後果則可能被無限擴大和加重，形成惡性刑事案件。

此案正是在這種意義上爆發的嚴重刑事案件，起因是一則普通的墳葬糾紛，案情簡單，證據明瞭，乃是襄陽縣內陳姓葬父，孫姓疑其壞其風水，因而控陳姓越葬，請求官府同意陳姓起遷改葬。控至襄陽縣知縣黃勳，經知縣黃勳審理斷結：所控「越葬」之情雖然事涉風水，但陳家葬父在自己界址內，不用起遷，正所謂「風水之事，不必謂其必無，但地屬他人，作止便難由我」〔註46〕。得到不利判決之後，孫應祚又不幸喪子，更加認爲是陳姓葬父破壞風水所致，因此妄使知縣改判。於是孫應祚於陳姓界內暗埋灰椿，稱係先年所埋界椿，製造了一個假的界碑，翻控請勘。知縣黃勳並未給予相應的重視，不曾親自勘驗，就在這個假的證據的基礎上，將墳界改斷給了孫姓，判決改爲「押令陳金迎遷墳」。陳姓不服此判，消極懈怠，不肯按照判決進行遷墳。此時尚爲越葬、墳界爭訟的民間細故，然而矛盾拖延數年，終於在乾隆二十六年，釀出一件持械鬥毆致斃七命的惡性人命刑案。孫應祚依據縣官作出的「令陳氏押遷起葬」的判決，率族眾持刀錨等械，往起陳氏父棺。陳氏得知，也率族眾持刀錨往阻，雙方展開械鬥，造成七人死亡。

案情發展到這裡，已經不是民間細故所能囊括得了的，成爲一件械鬥致斃命七人的刑事案件了。孫姓一方聚眾挖遷，陳姓一方率眾阻攔，雙方持械相向，導致了孫姓一方斃命六人；陳姓一方斃命一人，一場簡單的民間細故就這樣發展爲一件惡性的刑事案件，案情的性質也發生了根本性的變化。

〔註46〕《四西齋決事》卷1「鍾士瀛等批」，《歷代判例判牘》第十冊，第511頁。

對於此案的處理，巡撫湯聘擬出了審斷意見，即應對案中參加械鬥各犯分別其情節輕重，進行定罪量刑。孫姓一方死亡六人，致其死亡之陳姓一方陳金逵、陳維章分別擬斬和絞，陳姓其餘幾人擬杖和充軍，在逃兩人俟抓捕後量刑定罪；陳姓一方死亡一人，即為首者陳金迎，但陳金迎一人戳死孫姓三人，因此致陳金迎死亡之周合可以三命相抵，減輕刑罰，擬流；其餘分別擬杖和充軍。

刑部的批覆對湯聘的意見予以駁回，指出湯聘在定罪量刑上的指導思想有誤，不能因雙方為首者死亡，而將械鬥的起因根由置之勿論，僅按尋常鬥毆分別情節科斷。在刑部看來，械鬥情節本身不應成為斷案的依據，而應該溯本追源，探究雙方械鬥因何而起，是非曲直在誰一方，在此的基礎上再對械鬥人命案進行科斷，否則將「與情法未得其平」。歸根結底，斷案的基點應落在最初那起民間細故的是非曲直。因此，省撫定罪量刑的基點也應放在引發械鬥的原因之上，細究此案，原是越葬之控轉為發掘他人墳冢，進而引發械鬥。國家立法重在對發冢的嚴懲，刑部在批覆中也重申了發冢治罪之嚴，「發掘他人墳冢，載在盜賊條內，因其殘及枯骨，較盜賊為慘忍，故治罪之條亦較盜賊為重。」因而此案的審斷還需要重回起點，首先究明陳姓是否越葬、盜葬；孫姓是否觸犯了「發冢」本律。

根據清律規定，同是發掘他人墳冢的情節，根據事由的不同而有三種層次的定罪量刑。1、被發掘者有盜葬墳主墳地事由，則發掘人不以「發冢」本律科斷，僅照地界內有死人不告官司科斷，杖責；2、被發掘者有盜葬事主田地場園事由，則發掘人照「發冢」本律減一等科斷；3、被發掘者無盜葬事由，則發掘人以「發冢」本律科斷。這三種層次，隨著發掘對象違法事由的遞減而層層加重，再細究本案發掘情節，孫姓以縣令判決為由發掘，但判決乃基於虛假證據作出，因此不能作為孫姓發掘墳墓按「地界內有死人」例從輕科斷的理由。從而案情事實就由「械鬥」，轉而成為孫姓發冢，陳姓防禦捕拿；而後孫姓持械拒捕，陳姓格殺。原本省撫認定的事實是把雙方的鬥毆放在平等的地位，然而根據刑部批覆，案情事實峰回路轉，成為一場捕殺罪人的行為。發冢「治罪之條較盜賊為重，而盜賊之罪尤嚴拒捕」，拒捕者分別情節加重量刑，而事主捕殺者衡量情節減輕刑罰甚至無罪，「賊犯持杖拒捕，為捕者格殺不問，事主鄰祐，俱照律勿論。」〔註47〕

〔註47〕《大清律例‧刑律‧捕亡》「罪人拒捕」。

以此重斷此案，則定罪量刑全部改擬，輕重與省撫前所斷「械鬥」情節的定罪量刑迥然不同。所有在鬥毆中參與殺死孫姓六人的陳姓一方，均依照「罪人持仗拒捕而格殺」律勿論，甚至逃走的二陳也免議；而鬥毆中殺死陳金迎的周合，不能以三命相抵而減輕，依共毆人致死例，擬絞，其餘各依杖和充軍。

省撫改擬的視角從「械鬥」轉為「發冢拒捕」，定罪量刑大幅度調整，陳姓均無罪；而孫姓一方的周合刑罰更重。然而報至中央司法機關，刑部認為對周合定罪所引律例有誤，既然陳姓按「罪人持杖拒捕而格殺」律勿論，而孫姓一方自應按「罪人拒捕」科罪，因此對周合依「共毆人致死」例科斷，顯然不合邏輯。為使判決更符合邏輯，也更加合乎例的規定，刑部直接改判：「應將周合改依罪人拒捕，殺所捕人者斬監候律，擬斬監候，秋後處決」。

從省撫與刑部對這一案子的擬罪量刑過程上看，刑部在法律適用問題上更加嚴格。1、作為中央司法機關，刑部更加著重判決在援引律例上的邏輯性，注重法律適用的統一性。在審核省撫所擬，陳姓依律無罪；而周合按「共毆」擬絞的判決中，刑部認為雙方的定罪量刑完全不能對應，既然陳姓依「拒捕而格殺」律，那麼相應地，對方應依「拒捕」之律科斷，方才形成對應關係，律例的適用也更加一致。2、刑部在法律適用中，更加重視維護法律的權威性，在司法中更充分體現立法的本意，並注重法律所保護的社會秩序。根據省撫兩次所擬罪刑，第一次置動機於勿論，直接按「共毆」分別情節對雙方進行科斷；題駁後的改擬，雖按照刑部批覆擬陳姓無罪，但對孫姓一方的周合仍按「共毆」科斷為絞（比按「罪人拒捕」律科斷為輕）。可見，省級司法機關比較重視清除個案所帶來的不利後果，希望以此方式杜絕民間鬥毆之習氣。改擬的判決在援引律例時，明顯不符合法律適用的一致性，而省級司法機關並非沒有能力識別，只是希望在當事人之中找到一種平衡，既然陳姓連害六命而無罪，則周合僅傷一命擬絞足示懲戒。這種平衡強調的是地方秩序的維護和地方具體實務的處理。而中央司法機關更加重視維護法條背後所維護的整個社會秩序，因此在適用律例時充分體現立法的本意，力求維護法律的權威性。因而其著眼點放在嚴究發冢拒捕之罪，而不是清除眾人「械鬥」所帶來的混亂秩序。

此外，如果說省級司法機關是因為注重地方秩序的平衡和恢復，才刻意將起因根由置之勿論，僅按尋常鬥毆科斷，那麼中央司法機關的追根溯源就

顯示出對財產權利的保護重於對風水請求的保護。械鬥的根源決定了當事人的定罪量刑，而正因爲發冢一方控訴對方越葬本屬無理，陳姓於自己界內葬父，不受風水控訴的干預，才導致對陳姓一方的脫罪以及對發冢一方的嚴懲。

此外，乾隆三十三年廣東發生的「母墳被掘見棺格殺勿論」〔註48〕一案，也同樣顯示出地方司法機關與中央司法機關在處理此類案件的差異。該案亦是迷信風水所致，李某認爲楊家葬墳妨礙風水，繼而發其冢，引起雙方械鬥，在械鬥中，事主楊家父子將發冢人李某打死。該案首先也是確認葬地的歸屬，以認定盜葬與否。經審查，楊家葬墳在自己界內，無盜葬事由，因而對殺人的楊家父子可以捕殺罪人科斷。省級司法機關爲平息地方械鬥習氣，對楊家父子以「罪人不拒捕而擅殺」擬絞，以示平衡；而刑部批覆認爲罪人有拒捕行爲，省級擬罪與例不符，因而應按照「罪人拒捕而格殺勿論」科斷。最終，楊家父子得以免責勿論。

從以上兩個案例，可以看出省級司法機關與中央司法機關在認定案情、適用法律上略有不同。「平墳械鬥致斃七命」案中，省級傾向於認定爲械鬥，肇事雙方各打五十大板，以儆效尤，防止後來的破壞秩序者；而刑部則傾向於嚴格按照法律條文來認定事實，當事人有無盜葬事由對械鬥雙方的罪刑認定有決定性的影響。「母墳被掘見棺格殺勿論」案中，省級機關在認定事實上傾向於「罪人不拒捕」，刑部則認定事實爲「罪人拒捕」，這對捕殺一方的罪刑將有著決定作用。然而在基本事實認定上，省級和中央竟然會產生截然相反的兩種結果，可以想見其根本原因並不是案件事實的認定有多難，而在於兩者的側重點不同，想要通過案例所達到的目的不同。省級司法機關更注重混亂秩序的恢復，希望達到一定平衡後，民人能夠不以法律的藉口來隨意捕殺，力求民間秩序的安定和穩定；中央司法機關更注重立法能得以嚴格的遵守，以維護條文的本意。

小 結

盜葬之事，只要沒有引起械鬥及人命官司，仍屬州縣自理的民間細故。對這類行爲的法律規定雖在「賊盜發冢」律文之下，然而確是杖責八十的輕罪。因此州縣對於這類案子一般採取的是息事寧人的態度。只要盜葬事實清

〔註48〕《駁案新編》，《歷代判例判牘》第七冊，第 745 頁。

楚、案情明瞭，就可認定爲盜葬，而對其的定罪量刑往往並沒有執行杖責，僅是責令改遷。因此對民間細故範圍內的盜葬案，地方官的著眼點是恢復原狀，「具限改遷」即可使盜葬事歸於消弭，使原狀得以恢復，達到這一目的，並不一定需要杖責處罰。

同樣，而在認定盜葬事實的過程中，法律規定僅「印契」可作爲法定的證據使用，而族譜、碑文、遠年舊契均不得作爲證據證明其墳山的歸屬。但在司法實踐中，當事人也許並不能提供印契這一法定證據，出於審理的需要，只要能夠證明事實真僞的證據都可使用，而不僅限於法律規定的印契。因而，族譜、碑文、遠年舊契，都可作爲地方官審斷盜葬案件的證據。

對民間細故的審斷，地方官有很大的自主裁量權。因而他們在審斷盜葬案時，並不一定嚴格按照律例的規定進行，而是因時制宜、因地制宜地選擇最利於案件審結的方式進行。其主要目的還在於清理案牘、以杜後患。

處理盜葬案，尤其是民間細故中的墳葬糾紛案件，往往涉及風水和財產兩個問題。地方官既要對盜葬行爲進行認定，也要對財產歸屬作出審斷。民人的盜葬之風，除了惑於風水之外，往往貪戀財產，民間多有以墳占山的情形，南方很多山地的產權都是由占墳取得的。熟悉地方事務的官員處理盜葬案時，比較瞭解爭訟的實質其實關乎產權，因而作出判決一般要確認墳山的產權，而不僅僅是處理盜葬事實。

有些盜葬事實，則由於風水攸關，一時激憤可能釀成重大械鬥、人命案件，此時的審理則超乎州縣的職責範圍，要不斷上報，直至中央。這類重大刑事案件的審理過程，往往彰顯出中央和省級司法機構的差異。省級地方官更重視地方秩序的維護，因而傾向於忽略械鬥的動機，對起因和動機模棱兩可，對肇事雙方則予以同等的懲戒，以防止民人的械鬥之風。而中央司法機關則重視法律的準確適用，按其動機、起因、行爲模式來對應律例的詳細規定，因而在認定事實與適用法律方面更爲嚴格。簡而言之，地方官吏更重視地方秩序的穩定，在司法實踐上會採取最有利於地方事務的做法；而中央部門則更重視法律的權威性，在司法實踐上採取嚴格適用法律的做法。

第五章　其它喪葬習俗與法律調整

第一節　居喪嫁娶習俗

一、居喪嫁娶習俗的司法實踐

在清代禮制中，父母死或祖父母死，子女應守孝三年，並不得在守喪期間婚娶。禮制中的這一規定被納入清代法律調整範圍內，由國家律法嚴加禁止，《大清律例》規定：「凡（男女）居父母及（妻妾居）夫喪而身自（主婚）嫁娶者，杖一百」〔註1〕，並判離異。但是在民間，喪娶作爲一種違反禮制的習俗，卻廣泛存在。〔註2〕清人顧湄也談到了當時的喪娶習俗，深以爲憂：「今人反以送死爲緩，唯以借親爲急。父母死未即入棺，乃禁家人舉哀，棄親喪之禮，而講合卺之儀。此異類所不忍爲，而世俗樂爲之，雖衣冠之族間亦有之，不以爲非，何哉？」〔註3〕國家律法與民間習俗的嚴重不一致顯示出二者之間的張力，因此，對於這種違反國家禮制和律法的民間習俗，法律實踐的處理顯得更具有實際意義。

〔註1〕《大清律例・户律・婚姻》「居喪嫁娶」。

〔註2〕參見王志強：《清代的喪娶、收繼及其法律實踐》，該文根據《中國地方志民俗資料彙編》中喪娶的記載進行整理發現，在清代的内地十八省範圍內，有很多地區存在喪娶的現象。在直隸、山東、山西、江蘇、浙江、安徽、陜西、四川、湖南、福建、湖北、湖南的一些地方，喪娶的存在當無可疑，顯示出其地理分佈的廣泛性。《中國社會科學》2000年第6期。

〔註3〕〔清〕顧湄：《吳下喪禮辨》，引自丁凌華：《中國喪服制度史》，上海人民出版社2000年版，第282頁。

在州縣一級的司法實踐中，有關喪娶的案例有不多，就筆者所見，有二例可考：

例一　兵巡道一件爲羣虎嚼民事〔註4〕

審得徐開元有堂叔徐鍾德經商而故，遺妻胡氏，轉嫁陳恭二，主婚者有親姑祝氏，交聘者有堂侄徐新苟，爲媒則親戚生唐、胡、李、徐姓諸人，載在婚書，即開元亦列字書押，是婚娶原無弗明。借題起釁，在夫死未久；而凶服頓除，琵琶再抱，固屬情理不堪。但此中薄俗，往往而是，竟有此方蓋棺，而彼已合巹；甚且此未屬纊，而彼即牽紅，風化之漓，積習使然，固難獨責之一胡氏也。況在改歲之後，萬爲尋常矣。但以恭二易欺，故開元與徐六和輩出奇無窮，指謀逼、指奸拐、指略賣，風波迭興。而朱八五陰陽拘煽，脅詐多金，此恭二不甘而上控也。娶婦審無別情，無容再議。徐開元、徐六和朋謀迭訟，各擬杖懲。朱八五、徐珍等另行提結。

例二　批李廣運呈詞〔註5〕

據稱爾弟媳鄭氏孀居，被丁優生員鄭世俊串謀朦娶，名妻實妾等語。查，鄭世俊與爾近在鄰村，伊有妻與否爾豈不知，居喪與否又豈不曉，乃事前圖謀嫁賣，及其辦娶以後，乃控其不應指正作妾，又控其不應服中娶妾，前則明知故昧，後乃尋隙生奸。又稱恐其娘屋知情不依，則是爾主婚之時竟未通知該氏娘屋，尤徵貪財擅賣。究竟財禮錢百三十串爾已得多少，一味朦朧。顯係挾弟媳作餌，前以一嫁爲放鴿之媒，後以一控爲還珠之計，實屬狡詐無恥，所呈不准。

在這兩個案例中，案例一發生在清初李之芳理刑金華府時期，案件當事人之一胡氏在夫喪不久，改嫁陳恭二，而胡氏夫家堂侄徐開元迭起風波，指胡氏後夫爲謀逼、奸拐、略賣，陳恭二不服因而上控。官員認爲案件事實十分清楚，婚娶有主婚人、交聘人、媒人和婚書，因此並無謀逼、奸拐、略賣之情，乃是徐開元無事生非。惟案情事實涉及胡氏居夫喪嫁娶，違反律法中「居喪嫁娶」的規定。在該案的具體處理中，官員雖承認夫死未久而琵琶再抱實屬情理不堪，但考慮地方習俗往往是「此方蓋棺，而彼已合巹；此未屬

〔註4〕〔清〕李之芳：《棘聽草》卷8，《歷代判例判牘》第九冊，第225頁。
〔註5〕〔清〕樊增祥：《樊山批判》卷4，《歷代判例判牘》第十一冊，第167頁。

續，而彼即牽紅」，這種喪娶的習俗是積習所致，當地百姓並不以爲非，因而難獨責胡氏一人。因而在司法實踐中，對胡氏居喪嫁娶一事不作追究，以當地習俗和人情之由爲其開脫。

案例二爲清末樊增祥所判一案，李廣運弟媳孀居之後，嫁給鄭世俊，而後李廣運以鄭世俊居喪娶婦爲由控至官府。該案中，樊增祥對所控「居喪嫁娶」之情根本不予認定，反而認定原告以喪娶爲藉口而趁機敲詐的居心。

在州縣判牘中，地方官在處理居喪嫁娶時，往往結合當地習俗和人情來認定案情，對於這種違反律例的做法，不予重視或者有意爲之開脫，不予懲罰。可見地方親民官在司法實踐中，多能包容這種違反法律的習俗。

而當案情涉及人命，或出現其它超越州縣職權的情況時，案件將會上報給上級直至刑部。省級機構以及作爲中央司法機關的刑部，在處理涉及居喪嫁娶的態度，與州縣有不同的考慮角度。州縣完全是站在當地習俗和人情的角度上審斷，並不援引律例的規定進行定罪量刑；而省級機構和刑部在司法實踐中則更加注重律例的權威性，對待居喪嫁娶也不可能向州縣那樣直接妥協，甚至爲其開脫罪名。因而，對待居喪嫁娶，省級機構和刑部的做法一般是嚴申律例之規定，但考慮法外有人情，對待一些家貧無以守業之人，不能嚴格按照律例的規定進行杖責和離異處罰，而是認定其違法，但免其科罪。如《西江政要》中記載的因貧嫁娶一案：

因貧賣妻及因貧居喪嫁娶〔註6〕

一因貧賣妻及因貧居喪嫁娶，應按情酌擬也。……浙江按察使司臺　呈詳爲故殺絕嗣等事。看得，壽昌縣民陳葉氏具控吳春生毆死伊孫陳阿發一案。緣葉氏有子陳綬魁，娶妻唐氏，生子阿發，年甫十一，乾隆二十一年二月初八日，綬魁病故，家貧棺殮無資，伊母葉氏浼堂姪陳伯四爲媒，將媳唐氏許嫁與吳春生爲室，並帶幼孫阿發隨母撫養，議明財禮銀六兩，以三兩存爲春生撫養阿發飯食，三兩收回備辦衣棺。迨殮埋事畢，葉氏因口食無措，催令春生於二月二十八日將唐氏娶歸，阿發亦隨母過門。嗣因阿發染患痔症，春生無力延醫，漸至病重，於九月二十一日始接醫楊文生看視，服藥無效。二十三日葉氏聞知，遣令陳伯四往看，並囑詢阿發有無被春

〔註6〕〔清〕佚名：《西江政要》卷4，頁39a。同治刻本，藏於國家圖書館，此版印製不清，□爲墨跡模糊，難以辨認。

生凌毆之事。經伯四詢明，阿發平日春生並未毆打，惟有訓罵之言轉告葉氏。詎阿發即於二十五日身故，葉氏痛孫情切，又疑春生平日既訓罵阿發，亦必毆打，遂架以毆斃情詞控縣。驗訊供明議擬通詳，奉批核擬，本司遵加察核，陳阿發患病身死之處，已據該縣驗訊明確，其非因毆致死無疑，陳葉氏除妄控吳春生毆斃係痛孫情切，懷疑具控到案，即據實供明，應照情急妄告、於未經驗屍之先盡吐實情例，杖八十，係輕罪不議外，其將居喪之媳主婚轉嫁，合依妻居夫喪而身自嫁娶者，杖一百，若由主婚，獨坐主婚律，杖一百，係婦人照律收贖。唐氏居喪轉嫁事由伊姑主婚，應照律不坐，陳伯四應照媒人知情者，減犯人罪一等律，杖九十，但聽從伊嬸之命，代爲説合，繋連累致罪，亦情□□□饒。□主吳春生訊無凌毆阿發情事，但擅娶唐氏□□□□□，係居喪而共爲婚姻者，減五等律，笞五十，折責二十板。唐氏照律離異，仍照追財禮入官，餘訊無干省釋。屍棺飭屬領埋。再查律居喪嫁娶條下，妻妾居夫喪而身自嫁娶，□杖離異者，原以其忘所天而懲不義也。……今此案唐氏因伊夫病故，貧無以殮，以致伊姑令其鬻身買棺，情實可憐，今若依律科罪，並令唐氏離異，勢必貧難存活，又行改適，一女而三易其夫，其情更可矜憫，且係因貧所致，與毛文魁之案情事相等，似應援照毛文魁之案，將主婚之葉氏，擬以不應重杖，餘犯亦予減一等，分別收贖發落。唐氏仍歸後夫完聚，免其離異，並免追財禮入官。如蒙允准，此等案件犯者甚多，並請飭令各屬一體照辦，是否允協，擬合詳候察奪等情。於乾隆二十一年十一月十六日詳奉巡撫部院楊暨宮保督部堂喀　批允，通飭遵照。

本案所記載的案情是浙江省級官員的擬罪量刑部份，在涉及居喪嫁娶的情節上，浙江按察使司雖申明律文中居喪嫁娶條文之禁，並認爲妻居夫喪身自嫁娶是「忘所天」，而該條正是爲了「懲不義」。但是考慮該案中的人情，認爲此案唐氏因家貧，無以殮葬其夫，才使其姑令其鬻身買棺，轉嫁後夫，因而其情可憫，判令唐氏免於科罪與離異，僅主婚人杖罪收贖。此外，對於嗣後遇到此類因貧喪娶的案件如何處理，在案中按察使司向浙江省巡撫提出一體照辦的建議，而巡撫也批准「嗣後遇有因貧賣妻及因貧居喪嫁娶之案，均按情罪仿照成案，妥協擬議。」

　　無獨有偶，《刑案彙覽》中記載涉及居喪嫁娶的兩個案例，顯示出刑部在處理此類案件時也充分考慮到了人情，以及適用法律是否過重的問題。

例一　居喪改嫁由母主婚酌免離異〔註7〕

　　江西司審擬提督咨送楊錦呈控伊弟楊長春身死不明一案。查此案楊錦因胞弟楊長春與妻弟楊明同赴粵海關跟官，楊長春旋即病故，楊錦痛弟情切，一時心迷，總懷伊弟未死，赴粵探悉委係因病身斃，回京後懷疑莫釋。嗣楊長春屍棺到京，楊明即邀屍兄楊錦、屍母鄭氏，因棺蓋尚未下釘，揭開看明，將屍棺埋葬。後楊氏之母唐氏以伊女夫亡無子，家貧難守，向楊氏之姑鄭氏商允，欲令其改嫁，隨將楊氏接回，主婚改嫁於任統信為妻。楊錦聞知，即以伊弟身死不明等情呈控。該司審將楊氏依夫喪未滿改嫁係由伊母主婚，律得不坐，仍離異歸宗，繫屬照律辦理。惟查該氏居喪嫁娶，固干離異之條，究非身犯姦淫者可比。且事由伊母主婚，後夫又不知情，若因此而令三易其夫，未免輾轉失節。況奪自不知情後夫之家，而歸於主婚改嫁之母家，於理亦不為順。查本部辦理，現審有因貧賣妻，律干離異，仍酌情斷歸後夫完娶者，似可仿照辦理。將該氏斷給後夫任統信領回完聚。（嘉慶二十一年說貼）

例二　居喪娶妻可以原情免其斷離〔註8〕

　　貴州司查律載：居父母喪而身自嫁娶者，杖一百，離異。又違律為婚各條稱，離異改正者雖會赦但得免罪，猶離異改正。又例載：男女親屬有律應離異之人，揆於法制似為太重。或於名分不甚有礙者，聽原問各衙門臨時斟酌各等語。蓋律設大法而例本人情，居喪嫁娶雖律有明禁，而鄉曲小民昧於禮法，違律而為婚姻者亦往往而有。若必令照律離異，轉致婦女之名節因此而失，故例稱揆於法制似為太重，或名分不甚有礙，聽各衙門臨時斟酌，於曲順人情之中仍不失維持禮法之意。凡承辦此等案件，原可不拘律文斷令完聚。若夫妻本不和諧，則此等違律為婚既有離異之條，自無強令完聚之理。所有該司審辦周四居喪娶周氏為妻一案，自係臨時斟酌，於律例並無不合，應請照辦。（道光十一年說貼）

〔註7〕　《刑案彙覽三編》，北京古籍出版社2004年版，第250頁。
〔註8〕　《刑案彙覽三編》，北京古籍出版社2004年版，第251頁。

在此二例中，都考慮到如按律法規定而不參酌人情的話，對居喪嫁娶之人科罪離異，則在法律適用上顯得太重。綜合以上三例，可以看出省級機構和刑部在處理居喪嫁娶的實踐中，有以下做法：1、申明律法對居喪嫁娶之禁，在認定情節上承認「居喪嫁娶」之事實，定其喪娶之罪名；但是 2、參酌當事人的家境貧困等人情因素，肯定其情可憫；3、承認雖有律禁，但小民違律而為婚姻的習俗是客觀存在的；4、強調居喪嫁娶由親母或親姑主婚的情節，增加了居喪嫁娶的合理性；5、如婦女居夫喪改嫁，則強調離異會令其三易其夫，名節盡失。因此，在做完以上鋪墊之後，例一仿照成案而令其免予離異；例二則聽憑各衙門臨時斟酌，肯定了地方司法機關在處理此類案件的自主裁量權。

比較州縣和省、中央機構在處理此案的不同態度，可知州縣一般深知當地居喪嫁娶之俗，出於對習俗的妥協，並抱著法不能獨責一人的態度，對該類行為持以接納或者不予處理的態度；而省級、中央機構則會首要考慮律法的規定和權威性，同時參酌人情、習俗、禮教等各種因素，對居喪持以寬大處理的態度。這種差別主要是因為，相較州縣刑部更加注重維護國家立法的權威，因而在處理案件時嚴格遵循法律規定，只有當出現其它可參酌考慮的因素時，才會加重或減輕處罰。而州縣則更注重地方秩序的安定性，在處理案件時，嚴防刁訟脅詐、尋釁生奸等事的發生。對於他們而言，居喪嫁娶雖然違禮違法，但一則風俗所至，二則社會危害性不強，因而在實踐中，他們往往會忽視居喪嫁娶的違法性，而把著重點放在案件背後是否有借機刁訟、藉口尋釁的情節發生。

出發點的不同形成了實踐的差異，但儘管存在這些細微的差異，官方對居喪嫁娶所抱有的寬大態度可以肯定的。無論哪種級別的司法實踐都顯出對喪娶的容忍和同情，目的在於「於曲順人情之中仍不失維持禮法之意」，顯示出司法機關在實踐中對風俗、人情的重視並不遜於對律法的遵守。

二、喪不嫁娶的變通

對於居喪婚娶習俗，因其違禮，律法將之納入調整範圍之內。但是考慮到各種人情、風俗因素，因此不僅司法機關在實踐中對之抱以寬容的態度，甚至皇帝、士大夫都能制定、允許變通的做法。清初，巡視翰林院侍講學士兼掌京畿道事監察御史石介列述直隸和南直地區的喪娶之風，要求皇帝予以

通飭禁止：

「臣雖旗人，自幼隨父母鄉居二十餘年，見直隸地方，紳衿、居民，時有當父母或祖父母既歿之後、未卜送葬時日，預選婚娶良辰，至期孝裔、新婦俱著吉服，成夫婦禮，名曰『孝裏服』。鄉鄰親友猶群相稱慶，以爲克全大事焉。聞南直亦有此惡習，名曰『成凶』。數年來外城居民以及八旗無知輩竟有從而效尤者。伏思爲人子孫，不幸當父母、祖父母背棄，正哀痛迫切之時，何忍擇言成婚。此蓋由於相沿成俗，並不自知爲非，而蹈此澆薄不情之舉，蔑禮喪心，莫此爲甚。臣仰請皇上敕諭八旗大臣並直省督撫嚴行禁止，庶人心日正，民風日淳矣。」當時南直、直隸均有居喪嫁娶之風俗，這一風俗被士人認爲「蔑禮喪心」、「澆薄不情」，因而皇帝在摺後批文爲「此摺無庸議。」〔註9〕不久後，乾隆帝即發佈「飭居喪毋得嫁娶」諭：「朕聞吉凶異道，不得相干。故娶在三年之外，而聘在三年之內者，《春秋》猶以爲非。《禮記》稱：『大功之末，可以冠子，可以嫁子；父小功之末，可以娶婦；已雖小功，既卒哭可以冠娶妻。』三年之喪，創深痛巨，苟有人心者，必宜於此焉變矣。愚民不知禮教，起於皁隸編氓之家，有慮服喪之後，不得嫁娶，乘父母疾篤及殯殮未終而成婚者。其後商賈中家亦多有之，士大夫亦間爲之，而八旗傚之。朕甚憫焉。自今伊始，自齒朝之士，下逮門內有生監者，三年之喪，終喪不得嫁娶，違者奪爵褫服。其極貧皁隸編氓，父母臥疾，呻吟床褥，必賴子婦以躬薪水、治饔饗者，聽其迎娶、醢饋，俟疾愈、喪畢，而後成婚。古者『禮不下庶人』，其斯之類歟？《曾子問》：『親迎，女在途，而婿之父母死，女改服，布深衣，縞總，以趨喪』，亦此義也。其商賈中家，不以士大夫禮繩之。然人性皆善，朕知其必有觀感興起而不忍自同於氓隸者矣。」〔註10〕

在該諭令中，皇帝雖引《春秋》、《禮記》遍證居喪嫁娶之非，但其嚴禁的範圍，則縮小在士大夫、儒生範圍之內。對皁隸編氓這些下層百姓，會考慮其情由而允許喪娶，如果其極貧家境、父母病臥在床，可以聽其迎娶，喪畢即可成婚；對商賈人家，不做硬性要求，他們可以「不以士大夫

〔註 9〕　《宮中檔雍正朝奏摺》第二十五輯，臺北國立故宮博物院，1979 年，第 456
頁。轉引自王志強：《清代的喪娶、收繼及其法律實踐》。

〔註10〕　《清高宗實錄》卷 6「雍正十三年十一月乙巳」條，中華書局 1985 年版，第
266 頁。

禮繩之」。該諭最後一句「朕知其必有觀感興起而不忍自同於氓隸者矣」，則完全對一般百姓抱著希望其自覺自願去遵守喪娶之禁的態度，也即放任行爲，對其僅作道德上的要求，不做法律上的嚴禁。從而將居喪嫁娶條的守法範圍縮小在士人、儒生範圍內，這種縮小守法範圍的態度顯示出皇帝對居喪嫁娶的變通規定。

不僅皇帝對之進行變通，當時的很多士大夫也認爲居喪嫁娶不能以違法、違禮一概而論，而應綜合考慮俗、情的因素，作出權變，既能變禮而從俗，又能使禮不失其正。

根據《武陟縣志》記載：「喪不嫁娶，律有明條。鄉之作俑者乃創爲『以吉乘凶』之說，使寒賤者因喪娶妻，可謂肆無忌憚矣。援律定罪，何辭之有。但人生境地不一，有貧困無依者，有親老需人者，倘勢難久待，當遵陸桴亭之說，不用鼓樂，新婦以奔喪之禮往，至則交拜，哭踴成服，俟喪畢合巹，此猶變而不失其正者。」〔註 11〕陸桴亭爲清代名士，其「新婦奔喪，喪畢合巹」之說即是對居喪不得嫁娶禮的變通。

而名士袁枚也對此作出了權變，他在《答蔣信夫論喪娶書》中，首先強調居喪嫁娶蔑禮違律，並稱即便一般百姓也以年少時居喪嫁娶之事而羞愧，只因其「雖無法律經書，而此中怦怦，終不安也。」萬不得已之時也應作出權變，因此袁枚引用《曾子問》的親迎禮來對居喪禁止嫁娶禮作出權變。其文曰：「然則處禮之變，爲萬不得已計奈何？曰：《曾子問》『親迎，女在途而婿之父母死，如之何？孔子曰：女改服布，深衣縞總以趨喪。』徐氏注云：『女改服者，以婿親迎之故，雖未成婚，而婦之分已定故也。』不言此後所處，意者女在婿家，若今童婦，除喪而後成婚。此禮開元因之，著爲令典。今婿已來親迎矣，小女已在途矣，或仿而行之，亦亡於禮者之禮乎。」〔註 12〕

在皇帝和士大夫的變通中，皇帝著眼於律法的執行，因而縮小了禁律的適用範圍；而士大夫著眼於禮的遵守，因而改變了禮的正統做法，使之既能權變又不失禮之正。不過殊途同歸，在對待喪娶的問題上，官方一般懷著包容、寬大的態度，使喪娶之俗有了一定的合法性、合禮性。

〔註11〕 《武陟縣志》卷 10《風俗志》，道光九年刊本。

〔註12〕 〔清〕袁枚：《答蔣信夫論喪娶書》，《皇朝經世文編》卷 61《禮政·昏禮》，《魏源全集》第 16 冊，嶽麓書社 2004 年版，362 頁。

第二節　洗骨葬習俗

一、洗骨葬習俗的概況

　　洗骨葬，又叫「檢骨葬」、「拾骨葬」，是指在埋葬若干年後，再掘開墳墓、啓開棺槨，檢視、水洗屍骨，然後根據情況裝入陶甕，重新卜地安葬。其裝骨骸的陶甕俗稱「金斗甕」，因而洗骨葬又叫「檢金」。

　　根據凌純聲先生對南方洗骨葬俗的研究，分佈在湖南、貴州、四川、雲南、廣西、廣東、福建、江蘇諸省。〔註 13〕何彬的調查研究顯示，浙江省縉雲縣五雲鎮、壺鎮、麗水市碧湖鎮、龍泉縣龍淵鎮、金華市、台州市都存在過洗骨葬的風俗。〔註 14〕明清時代，福建洗骨葬還通過移民帶到臺灣，並在臺灣形成喪葬習俗。此外，清代學者趙翼和黃汝成都提到過江西廣信府一帶的洗骨葬，可見洗骨葬在中國廣大的南方地區存在比較廣泛。現試舉幾例：

　　　　例一：福建龍岩鄉民信堪輿之術，「貧家遇長輩喪事，殮後即葬，謂之出山。三年後必須檢骨，易以瓦罐，另覓風水，否則人將以不孝目之。」〔註 15〕

　　　　例二：福建上杭縣民一則出於珍護先骸之義，一則惑於福禍之說，因而有洗骨葬之俗：「或曰當宋季南遷，轉徙不常，取先骸而珍藏之，便於攜帶，亦其一說而未必皆然。蓋其始慮親骨入土易朽，易以瓦器，本出於珍護先骸之意。其後爲禍福所惑動，歸咎於先墳，有一遷再遷至屢遷者。」〔註 16〕

　　　　例三：清人陳盛韶在其《問俗錄》中記載了福建詔安縣、仙遊縣的洗骨葬俗。詔安縣「且葬至數年，家有災祲，復開棺撿枯骨而洗之，拾諸瓦壇。其壇高尺許，名曰金罐。瘞諸山麓向陽處，半露於外。」仙遊縣「父母之骨已枯矣，藏諸罐瘞之，名曰金斗。……民間喪禮不行，棺柩葬者十之四，金斗葬者十之六矣。」〔註 17〕

〔註13〕凌純聲：《東南亞的洗骨葬及其環太平洋的分佈》，載臺灣《中國民族學報》
　　　　第一期，1955 年。
〔註14〕何彬：《江浙漢族喪葬文化》，中央民族大學出版社 1995 年第一版，第 50 頁。
〔註15〕民國《龍岩縣志》，卷 6《禮俗二・風俗》。
〔註16〕民國《上杭縣志》卷 20《禮俗志》。
〔註17〕〔清〕陳盛韶：《問俗錄》，清刻本。

例四：根據《重修鳳山縣志》載，臺灣鳳山縣自明清以後有洗骨葬之俗。「葬不過七七，間三歲則挖視之；土燥，棺完好、色鮮，則掩之。或俟九年，拾其骸於瓦棺而復葬之；否則遷於他處。」〔註18〕

例五：閩臺「通郡海濱沙民，父母死則暫殯而終焚之，拾其骨入瓦缶。初以坍漲靡常，將負之而遷徙也；久則習以爲常例。自地方官禁之，則比比皆然，恐啓索擾之漸。」〔註19〕

例六：江西廣信府。清學者趙翼在《陔餘叢考》中提到：「……洗骨葬者。江西廣信府一帶風俗，既葬二三年後，輒啓棺洗骨使淨，別貯瓦瓶內埋之，是以爭風水者，往往多盜骨之弊。余友沈偉其宰上饒，見庫中有骨數十具，皆盜葬成訟貯庫者。按《南史·顧憲之傳》：憲之爲衡陽內史。其土俗，人有病，輒云先亡爲禍，乃開冢剖棺，水洗枯骨，名爲除祟。則此俗由來久矣。」〔註20〕黃汝成在《日知錄集釋》中也說「近世江西廣信一路，又有所謂洗骨葬者。既葬二三年後，輒啓棺洗骨使淨，別貯瓦瓶內埋之。是以爭吉壤者，往往多盜骨之弊，發而成訟，輒貯官庫。夫古人親死，三寸之棺，五寸之槨，附身附棺之具，必誠必信，勿之有悔。而窆穸之事，尤爲嚴重，蓋以葬埋爲兢兢。乃今至於火葬、洗骨葬，火葬則焚棄其親，洗骨葬則與受傷身死、當官檢驗者何異？安有仁人孝子乃恬不知怪，相率而爲之，不知禁絕哉！」〔註21〕

洗骨葬習俗的形成和流行有其特定的原因。1、迫於流徙無常。洗骨葬形成之初，可能由於百姓迫於流徙無常，需攜帶先人骨脂，不使流落他方，因而需將骸骨裝入壇罐，便於多次遷葬。而閩臺地區的洗骨葬多是源於此因，閩臺地區限於地理因素，坍漲無常，因而將祖骸負之遷徙，需要這種洗骨葬的形式；而臺灣居民多爲大陸移民，眷戀故土落葉歸根，故子孫往往依照其遺願，於葬後數年拾骨攜回祖籍改葬〔註22〕。2、迫於經濟困窘。有家

〔註18〕王瑛曾：《重修鳳山縣志》卷3《風土志·風俗》，臺灣文獻叢刊本，第54頁。
〔註19〕〔清〕徐宗幹：《斯未信齋雜錄·壺廬雜記》，臺灣文獻叢刊本，第28～29頁。
〔註20〕〔清〕趙翼：《陔餘叢考》，卷三十二「洗骨葬」，中華書局1963年版，680頁。
〔註21〕《日知錄集釋》「火葬」。
〔註22〕方寶璋：《閩臺民間習俗》，福建人民出版社2003年版，第198頁。

境艱貧之人，遇有喪事，往往早早淺埋，等待數年後財有餘力之時，方檢骨入罐，卜地建墳。3、惑於堪輿、風水。風水之說對洗骨葬有很深的影響，當家庭出現災厄之時，往往聽信風水術士之說，把原因歸咎爲葬地不好，因而檢骨遷葬。多有「爲子孫惑吉穴，私揣可省費自利；爲地術者不煩跋涉，可速收其售，百方簧鼓，以煽惑之。」〔註23〕另外，南方很多地方認爲骸骨的顏色與禍福有關，因而葬後數年即檢出查看，分別骸骨顏色如何，而決定就地掩埋或是擇地遷葬。4、喪葬靈魂觀的不同。大多數學者認爲，檢骨二次葬的形成來源於原始人的信仰，人們認爲靈魂不死，一個人死亡之後，必須等到血肉腐朽脫落，遺體成爲乾淨的骸骨，死者才能進入鬼魂世界，這時才能做正式的最終埋葬。〔註24〕因而在江浙流行洗骨葬的地區，往往認爲經過二次檢骨埋葬，才是對祖先盡孝所必需的。〔註25〕

　　但是，洗骨葬與中原傳統葬俗相異，葬後還需要發家開棺，洗骨葬一般流行於南部地區，爲禮學士紳少見，因而乍見此俗，難以理解，正如清吳世涵所寫詩句：「朝過北邙山，累累見金罈。……詢雲將改葬，斲棺檢骸骨。」〔註26〕並把這種檢骨葬看做是蛇蠍一般的殘酷行爲。還有一些士紳對於洗骨葬比較瞭解，知道洗骨葬的程序、葬法和原因。如陳梓在其詩作《洗筋行》中解釋了江西南部的洗骨葬，並陳述洗骨葬的立法緣由和規定。「江西惑堪輿，南贛尤甚，親葬二三年，掘洗骨，紅還故家，黑改新阡，逾年復爾。名曰洗筋，亦曰檢筋。今丙寅夏，憲司張師載奏其事，禁之。」〔註27〕商盤在

〔註23〕　道光《重纂福建通志》卷57《風俗》。

〔註24〕　參見夏鼐：《考古學論文集》，科學出版社1961年版。

〔註25〕　參見何彬：《江浙漢族喪葬文化》，中央民族大學出版社1995年版。

〔註26〕　見《清詩鐸》卷二十三「喪葬」，吳世涵所著《金罈》詩。(金罈)泥甕也，有蓋，俗謂之金罈。詩曰：朝過北邙山，累累見金罈。厥高二尺餘，平乏盈尺闊。野人負之來，幽冢恣掘發。詢雲將改葬，斲棺檢骸骨。貯之此罈中，攜往瘞靈窟。古者不修墓，聖言揭日月。改殯必反寢，衣襯詎敢忽。仁人受遺體，愛護及膚髮。杯棬尚珍藏，桑梓猶勿伐。奈何戕親骸，寸寸等剺剼。顧復勞其生，剜剔及其歿。忍哉人子心，厥罪勝斧鉞。況復取攜便，千山憑抓搰。往往盜人墓，奸宄發倉卒。吾聞西方教，火葬禍未歇。及茲檢骨兒，殘酷同蝮蠍。疇能亟禁止，告誡申明罰。沃澤貴重泉，荒墳免觚觬。

〔註27〕　見《清詩鐸》卷二十三「喪葬」，陳梓所著《洗筋行》詩。詩曰：筋何人筋汝二人，洗何人洗汝兒孫。紅者還故家，黑者營新墳。新墳新色不轉紅，再遷再洗無終窮。紅紅黑黑究何憑，黑且達官紅作僧。天良早盡喪，地理將何徵。君不見南安九十九曲水紋縐，胡爲產此紛紛食爺獸。贛州亦有鳳皇池，生此叢叢啖母鴟。愚民但說郭璞好。郭璞頭顱亦如寶，銜刀廁間身不保。

其詩作《檢金》中，也同樣說明了江西的洗骨葬風俗的特徵：「(檢金) 悲陳死人也。贛吉愚民，葬其親，隔歲一發驗，骨黃乃掩之，白則遷焉。故有屢易其地終不封植者。」〔註 28〕樂鈞在其詩作《金罐》中解釋粵地洗骨葬的程序、原因及分佈，「粵人尙堪輿，葬後必發視，其骨色黃者，易棺瘞原穴。色黑者，貯以瓷罌，更求佳兆。有數十年未就窆者。嘉應州皆然，潮州亦有之。」〔註 29〕

但是此俗與儒家禮制「入土爲安」的觀念十分相悖，因而歷來遭到他們的嚴厲批判，從情感上，他們認爲洗骨葬毀壞祖先屍骸是殘酷的行爲，其罪過可視同蛇蠍。針對洗骨葬多惑於風水之因，士紳多批判風水、堪輿以及地師、術士的虛妄，勸導百姓不可妄信，「愚民但說郭璞好，郭璞頭顱亦如寶，銜刀廁間身不保」。除了批判風水，也指出了地理不如人心、地理不如天良的看法，子孫如果不孝，縱然地理再好也無福報，「天良早盡喪，地理將何徵」；「未聞德不積而陰報以牛眠地也」等等。當然，大多數士紳也會從禮制、法制的角度考慮，認爲洗骨葬違反了儒家傳統禮制的規定，禮以保持先人屍骸的完整與不被侵擾爲「孝」，所以南方目爲「孝」的洗骨葬在中原士紳看來確是「大不孝」的，需要禁革。清代律法對毀壞父母、祖父母屍骸的行爲，予以立法嚴懲，因而在一些熟悉清代律法的官員看來，洗骨葬的行爲實際上觸犯了法律的規定，與毀棄祖父母、父母屍骸的罪行是吻合的，提出對此葬法應按「毀棄」律嚴懲。

二、洗骨葬習俗的法律調整

由於洗骨葬與傳統禮制的不符，難以被那些接受了儒學的士紳和官員所接受，但清律原沒有對洗骨葬進行調整的條文，直至乾隆十年六月，張師載任江西按察使時，有感於江西的洗骨葬之慘毒，上疏請求嚴懲，並請求將其

〔註 28〕見《清詩鐸》卷二十三「喪葬」，商盤所著詩作《檢金》。詩曰：檢金黃，家之祥。檢金白，家之索。檢金不已，荒冢屢徙。設崇置嬰山之麓，舊鬼愁煩新鬼哭，月落林深漆燈錄。

〔註 29〕見《清詩鐸》卷二十三「喪葬」，樂鈞所著嶺南樂府《金罐》一首。曰：金罐夫何物？羸罌貯枯骨。累累遍空山，荒草半埋沒。死者靈不靈，生者求佳城。處處風水惡，年年霜露零。可憐金罐苦偪仄，遊魂夜夜尋幽宅。白楊蕭瑟青楓寒，舊日荒塋歸不得。忍暴親骸求福祥，忍用瓦塈同下殤。百年必盡生者死，殘骸亦入羸罌藏。形家所言理或有，覓得牛眠骨已朽。賓客吹簫盡白頭，松楸新種無人守。

納入國法調整範圍內。其疏曰：「江西俗惑風水，贛州、南安尤甚。既葬復掘，洗骸以驗吉凶。請依子孫毀棄祖父母、父母屍律擬斬，並議鄰保扶同罪。」〔註30〕這種要求法律嚴禁洗骨葬的上疏，可以說代表了一般士紳和官員的態度，屏南沉鐘就曾作《禁焚棺論》呼籲、勸諭禁止洗骨葬法：「所謂金罐者，又甚小，僅容升許。聞不過撿一兩塊貯之，其餘則盡棄去。又或有大而難放者，則敲碎安入，心何忍乎？予每往來道中，見山邊路口鑿一小穴，用磚四塊砌成方孔，將罐存頓，並不掩蓋，萬一被人損傷，或移動他處，縱控究已遲，悔何及矣！……予多方勸諭，間有一二知禮者，稍稍遵行，然不知何時始得盡改此風也！」〔註31〕

因而上疏很容易得到肯定的回應，乾隆十一年五月，刑部議覆張師載奏疏，定例禁止洗骨葬習俗，乾隆十六年館修入律，成為「發冢」律下的第六條例文。例文規定：「凡愚民惑於風水，擅稱洗筋檢筋名色，將已葬父母及五服以內尊長骸骨，發掘、檢視、占驗吉凶者，均照服制以毀棄坐罪，幫同洗檢之人，俱以為從論。地保扶同隱匿，照知人謀害他人不即阻首律杖一百。若有故而以禮遷葬，仍照律勿論。」〔註32〕

事實上，在張師載奏疏要求嚴懲之前，已有地方官員身體力行，根據自己對禮法的理解，對當地百姓作出了禁止洗骨葬的要求。康熙庚辰知縣林采蟜曾立義冢一所，土名賣衣叢，立有碑記，碑記上詳細記載了知縣嚴禁洗骨葬的始末〔註33〕：

> 余令沙之二年，詢其土風，察其習俗，而深慨其葬親之不仁也。夫心地者，陰地之原。觀夫世家大族福澤綿延，累世不絕，大都起於前人之厚德，未聞德不積而陰報以牛眠地也。乃沙民則異是，父母方死，殮之以棺，不即歸土也。或停於寢，或移於隙，曰吾將以擇地也。於是歲久不葬，往往而是，甚而腐爛之後，繼以焚毀、鍛鍊之。余盛以瓦罐，瞰他人之吉穴。易以新化之遺骸，淺土浮埋，竟同暴露。深夜竊挖，不異穿窬。一經發覺，彼也以盜局奔控，此也以挖冢鳴冤。鬼哭人號，恬不為怪。嗚呼！風俗至此，亦忍亦哉！

〔註30〕　〔清〕李桓：《國朝耆獻類徵初編》卷一百八十六「疆臣二十・張師載」。

〔註31〕　道光《重纂福建通志》卷55《風俗》。

〔註32〕　《大清律例・刑律・賊盜》「發冢」條。

〔註33〕　羅克涵纂：民國《沙縣志》卷之四「建築」，第315頁，臺北：成文出版社，影印民國十七年鉛印本。

歲在己卯，撫憲張公下車之後，勸諭安葬以廣孝思，余以嚴宑罐之禁，詳達憲聽。即蒙藩憲祖公轉查，又蒙郡憲范公妥議，甚盛心也。反覆推詳，欲禁宑罐，先禁焚棺；欲禁焚棺，先禁停柩。又令素封之家，喪禮即舉即行發引。……由是將來之體魄不致復被火烈；已往之墳墓不致復遭鳩居。雖不敢比於掩骴埋骼之政，而是邑之頹風敗俗，庶幾藉為轉移之。……

康熙庚辰之夏知沙縣事林采記

對洗骨葬的嚴禁符合多數士人和官員對禮和法的理解，也符合律法對祖先屍骸的保護，體現了孝的精神。不僅國家律法嚴加禁止，對洗骨葬適用「毀棄祖父母、父母屍骸」律科罪，甚至地方官員也力求使該律文曉諭百姓，因而作告示、諭令嚴禁洗骨葬俗，使百姓知其葬法已違犯國法的規定。乾隆年間將樂縣縣令李永錫頒發《嚴禁起骸重葬諭》，禁止洗骨葬：

照得棺槨之制肇於中古，人自死後潔治衣衾，殮之於棺，慎擇葬地。先為營槨，或用石函，較大於棺。築令堅固，然後入棺，以木蓋頂，以磚封面，仍壘黃土，石灰封厚，是為墳墓，所謂無使土親膚也。計其所費，亦屬無幾。而子孫於父母，生事死葬，必如是始安。並非欲求過厚，亦斷不可更薄也。乃見將俗治葬皆先置棺入土，全無磚石為槨，不數月而物化，及其既化，又起筋骸裝之瓦罐，再為掩埋，是其始與棄屍無異，繼與開檢何分？人非重傷大惡，何止宑穸重開，屍骸再露，遭此慘毒，為人子孫目擊身親，恬不為怪，尚謂有人心者乎？……為此示仰闔邑士民人等知悉，嗣後凡治葬事，務須先營外槨，然後入棺封蓋，再用灰泥堆築成墳。不得先後檢骨，亦不得竟貼土埋葬。庶棺不朽而土不親，父母且不至屢受洗檢之傷，子孫亦不易犯開掘之罪。非惟愛親，兼可省事。……違禮犯禁，悉行痛革。至於風水陰庇，事屬渺茫。福人福地，更非力求可得。突然屢檢枯骨，致泄地氣，刑傷夭折，禍不旋踵，豈不甚愚！本縣久深憫念，不惜大聲疾呼，遍為告誡，冀返淳風。倘敢聽藐不遵，一經訪查，即以為不孝論，立置之法。〔註34〕

從法律規定與州縣諭令來看，對「洗筋檢筋」、「起骸重葬」的禁止，並沒有涵蓋洗骨葬的全部情形。如前所述，根據民俗學界的研究，洗骨葬俗有

〔註34〕道光《重纂福建通志》卷57《風俗》。

很多種情況，有些是因篤信風水而起骸除祟，有些是因遠徙他方而起棺入罐，有些則僅是出於當地對孝的獨特理解，不一而足。很明顯，法律的禁止僅限於起骸除祟這種迷信的葬俗，而對於因其它原因遷葬、改葬或者起棺入罐的葬法，並未涉及，且法律明確規定了例外情況「有故而以禮遷葬，仍照律勿論」。

　　就洗骨葬的行為模式而言，發冢、起棺、焚毀、鍛鍊、入罐、改遷，這一系列行為符合毀棄祖先屍骸罪的構成要件，雖無專門針對性的禁洗骨葬律條，但已經觸犯了法律；此外，這一葬法也與禮制當中棺槨、入土之葬制相悖，因而違禮違法自不待言。但洗骨葬確是某些地區的習俗所致、人情所關，甚至有些地方認為洗骨葬為孝的表現。因而在立法者看來，某些起骸入罐的行為，雖與中原葬法不同，也與禮制要求棺槨之制不同，但只要是出於合理的原因，大可不必把這種行為納入毀棄祖先屍骸的範圍內，否則將會有不顧人情、民俗之虞。所以在將洗骨葬之禁入律時，就有了限制範圍的做法。國家立法和州縣告諭僅對那些因迷信風水，起骸除祟的洗骨葬進行禁止和嚴懲，也是兼顧了對禮、法、俗和人情的各種因素的考慮。

　　同樣，司法實踐也表明，對洗骨葬的嚴懲重點在對那些「惑於風水而非禮改遷」行為的懲戒。因此，真正因洗骨葬而獲罪的案例很少，援引洗筋例的做法僅見嘉慶二十一年陝西一案：「李作華因聽信陰陽將伊父遷葬，抽取棺蓋，雖無洗檢毀棄重情，第已取蓋露屍。例無治罪明文，將李作華比依愚民惑於風水，將已葬父骸骨發掘檢視，以棄毀父母死屍斬罪上減一等，滿流。」〔註35〕此案即是著重對聽信陰陽將父母屍骸改遷的懲戒。而在那些洗骨葬流行的區域，大量的洗骨葬做法難以通過重刑來遏制，最實際也最普遍的做法是地方官發佈告示、諭令進行勸諭和引導。

小　結

　　根據清代禮制規定，父母死或祖父母死，子女應守孝三年，並不得在守喪期間婚娶。禮制中的這一規定被納入清代法律調整範圍內，由國家律法嚴加禁止。因而居喪嫁娶是違反禮制、違反法律的喪葬習俗，但是在民間卻廣泛存在。對於這種違反國家禮制和律法的民間習俗，司法實踐中的做法往往

〔註35〕《比照案件·刑律》，《歷代判例判牘》第八冊，第496～497頁。

是寬大處理。州縣出於人情、民俗的考慮，認為法不能獨責一人，因而把判案的重點放在控喪娶案背後是否有借機刁訟、藉口尋釁的情節發生。大部份的司法實踐都顯出對喪娶的容忍和同情，目的在於「於曲順人情之中仍不失維持禮法之意」，顯示出司法機關在實踐中對風俗、人情的重視並不遜於對律法的遵守。除了司法機關對之抱以寬容態度外，皇帝、士大夫也制定、允許變通的做法。通過皇帝的上諭，將居喪嫁娶條的守法範圍縮小在士人、儒生範圍內，可謂該條的變通規定。當時的士大夫也認為居喪嫁娶不能以違法、違禮一概而論，而應綜合考慮俗、情的因素，作出權變，既能變禮而從俗，又能使禮不失其正。

在對待喪娶習俗中，地方官員著眼於人情的體察，因而較少運用刑罰對當事人進行懲罰；皇帝著眼於律法的執行，因而縮小了禁律的適用範圍；而士大夫著眼於禮的遵守，因而改變了禮的正統做法，使之既能權變又不失禮之正。這種包容的態度，使喪娶之俗有了一定的合法性、合禮性。

另外，洗骨葬也是一種違反禮制、法律的習俗，但這種葬俗在南方某些地區非常盛行。由於洗骨葬俗與儒家禮制的喪葬形式相悖，歷來遭到士紳、官宦的嚴厲批判，並且洗骨葬毀壞先人屍骸，也被人視為大不孝的做法，需要禁革。國家律法對洗骨葬作出了禁止性規定，附以嚴厲的懲罰，即「凡愚民惑於風水，擅稱洗筋檢筋名色，將已葬父母及五服以內尊長骸骨，發掘、檢視、占驗吉凶者，均照服制以毀棄坐罪。」但是法律的禁止僅限於「起骸除祟」這種迷信的葬俗，而對於因其它原因遷葬、改葬或者起棺入罐的葬法，並未涉及，且法律明確規定了例外情況「有故而以禮遷葬，仍照律勿論」。在立法者看來，有些起骸入罐的行為，雖不合禮制，但只要是出於合理的原因，大可不必把這種行為納入毀棄祖先屍骸的範圍內，否則將會有不顧人情、民俗之虞。所以在將洗骨葬之禁入律時，就有了限制範圍的做法。國家立法和州縣告諭僅對那些因迷信風水、起骸除祟的洗骨葬進行禁止和嚴懲，也是兼顧了對禮、法、俗和人情的各種因素的考慮。同樣，司法實踐中真正因洗骨葬而獲罪的案例也很少，在那些洗骨葬流行的區域，大量的洗骨葬做法難以通過重刑來遏制，地方官在治理時一般會兼顧各種因素。

結　論

　　清代法律對喪葬習俗的調整具有多層次、多方位的特點。首先，就靜態調整而言，法律文本有各種不同的形式。清代基本法典《大清律例》對民間喪葬習俗進行了規範。其中，很多內容繼承了《大明律》的規定，如對居喪嫁娶、火葬及停柩的調整。但清律也對前朝法律進行了補充，增加了一些前朝所未有的例文，如「洗筋檢筋」例是根據張師載的奏疏修訂入律；「地主發掘盜葬之冢」的例文是乾隆五年館修入律的；而「旗民火化按違制律科罪」的例文則是對乾隆五年例的修改。這些變動表明清代法律基於時代特徵與社會狀況的變化，積極地對喪葬習俗進行適時的調控和規範。從法律形式上看，清代用律例的形式調整停柩、火葬、洗筋葬等習俗，彰顯了清代統治階層改良喪葬習俗的決心。除了基本法典《大清律例》，還有其它法律形式對喪葬習俗進行了規範，如以省例、州縣告諭形式制定的地方性法律文件，以及以禁約、族禁爲形式的家法族規等，都對喪葬習俗進行了詳細的規範。

　　這些法律文本對喪葬習俗的規定，基本以禮爲根據。《大清律例》喪葬律「停柩」條明確規定：必須依「禮」定限安葬；發冢律「洗筋檢筋」條規定的例外情況是：以「禮」遷葬可以勿論。合禮則見容於法，違禮即制之以律，所謂「禮之所去，刑之所取，失禮則入刑，相爲表裏者也」〔註1〕是也。地方性法律文件及家法族規的相關規定也是如此，如河南虞城《勸諭停喪不葬文》大篇幅地引用《儀禮·喪服》的內容來說明停柩的違禮。法律在對喪葬習俗作出規定之前，往往先說明禮的要求是什麼，人們的喪葬習俗是如何違反禮的，等等。

〔註1〕《後漢書》卷76，《陳寵傳》。

　　因此，以上法律文本有著共同的特點，即它們的內容以禮爲根據，目的則是爲了維護禮的原則和精神。不過，它們的規定並不像成文禮書那樣嚴格，一般僅在底線上保持對禮的遵守。如《大清通禮》對停柩的規定是根據階級的不同而各有等差，其中庶人只能停喪一月，但法律規定職官、庶人一律三月而葬；又如火化屍骨也是禮之所去，但法律仍規定火化亦可有例外情況。可見，法律所維護的禮是禮的精神和原則，是相當有彈性的禮。

　　其次，就動態調整而言，對喪葬習俗的規制也具有多種樣態。在司法實踐中，地方官綜合衡量各種因素，對喪葬中的違法行爲進行司法裁判。除此之外，地方官也採取了一些行政手段，如陳宏謀拆毀燒人壇就對當地的火葬有一定遏製作用；又如那些由地方官提倡或興建的義冢，則使社會上的停柩之風有所改善，因而地方官員的主動性以及管理技巧都將直接決定著喪葬習俗的改良程度。

　　雖然地方官經常自主地決定是否嚴格援引制定法，但這並不意味著他們可以自行其是地進行司法實踐，他們的自由裁量權有著一定的範圍和界限。即，地方官在裁量過程中仍然遵循著共同的標準和尺度，這就是「禮」。禮使得習俗有優劣之分。俗的優劣原本隨著時代和精神面貌的不同而差以千里，但有清一代，喪葬習俗仍然以禮作爲判斷標準，即地方官員在實踐中對俗作合禮與違禮的劃分。需要說明的是，作爲判斷標準的禮，應該是「禮義」層面的禮，而非那些已落後於時代的、固化的「禮儀」、「禮制」。地方官員在處理實際案件時，既不會完全受制於制定法和成文禮的條文，也不會無限地運用自由裁量權，對習俗一味寬容和讓步，而是依據「禮義」守住了「合禮」這一底線。因而，地方官採取了這樣一種合情合理的做法：一方面，他們對喪葬習俗的合法性作出相對自由的裁量，如對停柩的合法性迴避不談，又如嚴格按照律例規定解釋火葬；另一方面，他們對喪葬習俗的合禮性作出相對彈性的解釋，即他們在實踐中遵循著彈性的禮，也就是禮義，而不是有著精準尺度的禮儀、禮制，因此習俗就更加容易符合禮的內在要求。可見，在對喪葬習俗的調整中，中國傳統法律文化中的「禮法結合」特徵同樣得到淋漓盡致的體現。

　　綜上所述，無論是作爲最高統治者的皇帝，還是作爲法律執行者的基層官員，面對這些喪葬習俗，都必須考慮到各種因素，如法律權威、風化禮教、人情民俗等。正如柳詒徵所言，不同的階層其人情亦有不同，「制立禮法，必

順人情。吾國喪葬之禮，悉緣人情而加以文飾者也。然人情亦至難言，有愼終追遠之情，亦有愛財惜費之情，情歧而俗以之岐，守禮者以世族之情爲情，解事者以貧下之情爲情。」〔註2〕人情的不同導致喪葬習俗的差異，客觀來講，無法絕對判斷是嚴格遵守禮儀、禮制更好，還是體察民情更好。因此，儒家有關「通權達變」的態度決定了具有彈性的「禮義」在調整喪葬習俗中的關鍵作用。

在清代，基於社會階層的不同，人們對待喪葬習俗的態度也有所區別；因其所處地位及工作環境的差別，官員們在司法實踐中考慮問題的角度也存在差別。州縣官員深入基層，比其它官員更容易體察百姓的貧下之情，對民間不合禮的喪葬習俗更爲理解，甚至同情。因此，喪葬習俗只要不涉及倫常綱紀、親族秩序，州縣官自可睜一隻眼閉一隻眼，這在停柩、喪娶習俗問題上表現得至爲明顯。此外，州縣官對其它喪葬之事也往往以民情爲基礎進行判案。如在盜葬案中，他們很少使用杖責，僅使侵害狀態恢復原狀即可結案。這是因爲他們注意到民間盜葬糾紛的實質在於對產權的爭奪，處斷盜葬案實際上是對產權歸屬的交代，並不一定需要重懲。因此，他們在改良喪葬習俗上，主要採取多方勸導的方式，並多次查勘貧下之俗，甚至捐廉以助葬，可謂「一片婆心」〔註3〕。

相比於州縣官的「通情達理」，中央機關的官員對民間不合禮法的喪葬習俗則表現出難以理解、要求嚴懲禁止的態度。如乾隆年間禮部議覆歐陽永琦條奏，要求按定例依禮安葬停柩之棺；巡視翰林院侍講學士兼掌京畿道事監察御史石介奏請對喪娶之風予以通飭禁止；同治年間翰林院侍講學士錢寶廉奏請嚴禁火葬等。審核不合禮的行爲，並加以調整、禁止是禮部官員的職責所在，而翰林院侍講學士的工作也與禮經、儒學密不可分，他們雖也看到違禮習俗可能是人情所關，但其著重點仍在維護禮制的規定。

與上述兩者態度皆不相同的乃是中央司法機關——刑部。它重視的是律法的嚴格遵行和準確適用，因此刑部官員對待上報的有關喪葬習俗之案件，其照顧人情不及州縣，維護禮制不如禮部及其它官員，惟在認定事實與適用法律上顯示出卓絕的技巧。它不僅能維護法律的權威性，亦能做到適用法律

〔註2〕　柳詒徵：《火葬考》，收於《柳詒徵史學論文續集》，1991年上海古籍出版社版，第348頁。
〔註3〕　許承堯：《歙事閒譚》卷18《歙風俗禮教考》附錄，黃山書社2001年版。

的一致性。

作爲最高統治者的皇帝，則要綜合考慮律法、禮制與人情等各種因素。停柩、喪娶等習俗，因其社會影響有限，若對其按律查辦則顯得不近人情，且使司法成本過高，因而皇帝往往把治理權完全下放給基層官員，這就給州縣體察人情的做法提供了契機。而火葬的社會影響較大，且大部份儒者、官員對之持以鄙薄、嫌惡的態度，所以皇帝不會忽視那些頻頻奏請禁止火葬的摺子，也因此才出現乾隆、同治兩朝的大禁火葬；但火葬習俗中的貧下之情又必須在考慮之中，因而皇帝也要對一些不得已的情況表現出寬容的態度，如規定火葬之禁的例外，允許那些遠鄉貧人因無力歸葬而實行火葬；此外乾隆年間把火葬「按律治罪」修改爲「按違制律治罪」亦非偶然現象。而是皇帝認爲習俗的流行有其民情的原因，從而將它與毀棄父母屍骨的惡行區別開來。綜上，皇帝往往權衡各種因素，或通過適當調整立法以減輕處罰，或通過權力下放以兼顧禮法人情。

總之，民間習俗及社會生活都有著極爲複雜的存在形式，法律影響也根據現實的客觀因素體現出不同的差別。在同一社會中，各個階層對習俗都有不同的態度；在同一法律體系中，各地官員對法律的遵守程度和執行力度也各不相同。這些形態各異的差別共同構成了清代法律與民間社會互動的圖畫。

附　錄

1、同地同時連開兩棺仍依見屍一次問擬（李大）〔註1〕

一起爲發棺盜物等事：刑部江蘇司案呈，據蘇撫楊咨稱，青浦縣李大即李鳴岐等，刨竊陸兆霖妻女厝棺首飾一案，緣楊南廷先於乾隆三十七年二月，夥同董氏等販賣私鹽，審擬杖徒，發配逃回。至四十年五月，有李大稔知陸兆霖妻女兩棺，厝於郊店地方，棺內皆有對象，起意行竊。乾隆四十年五月二十三日，糾約趙南明、楊九即楊南廷、曹才、丁九、彭廷佩即彭隴，並已故之蔣三寶、曹三入夥，均各允從。即於是日黃昏，在趙南明家會齊，分坐兩船，共夥八人，搖至郊店停泊。李大令丁九、趙南明看船，蔣三寶攜帶鐵鑿，李大等六人上岸，行至墳所。該墳周圍編有竹籬，南設墓門，東首瓦房一間，門外豎立？鎖。李大令彭廷佩、曹才在外照看，蔣三寶將所帶鐵鑿，撬開門鎖，同李大等進至屋內，拆開厝棺磚圈，見兩棺並厝，蔣三寶、曹三先將西首一棺，鑿斷竹釘，用磚墊起棺蓋，伸手摸取金珠首飾。蔣三寶又撬開東首棺蓋，竊得首飾對象，仍將各棺蓋好，攜贓下船，搖回趙南明家俵分而散。事主報縣詳緝，嗣經婁縣於李舜斌被失逾貫案，獲犯李大、蔣三寶；並於錢濟善案內緝獲彭廷佩、曹才、丁九、曹三。該犯等均未將撬竊陸兆霖家厝棺一案供出，迨獲趙南明訊認撬竊陸兆霖妻女屍棺，續獲楊九錄供。蔣三寶、曹三在婁縣病故。將趙南明、丁九、楊九、彭廷佩同已起贓物，解縣審供不諱。贓經主領，正賊無疑。查該犯等雖撬開陸兆霖妻女兩棺，但事在同地同時，自應仍依開棺見屍一次定擬。除蔣三寶、曹三身故不議外，

〔註1〕《江蘇成案卷十·刑律·賊盜下》「發冢」條「同地同時連開兩棺仍依見屍一次問擬」，《歷代判例判牘》第八冊，第100頁。

此案係李大即李鳴岐為首，李大合依盜未埋屍棺開棺見屍一次者，發邊遠充軍例，發邊遠充軍。楊九即楊南廷，前係販私擬徒脫逃，非竊盜問徒在外復竊，應仍照開棺見屍一次科斷。該犯除於徒限內逃走，事在乾隆四十一年五月初一日恩詔以前免議外，應與曹才、趙南明、丁九、彭廷佩即彭隴，均依盜未埋屍棺，開棺見屍一次為從，照雜犯流罪總徒四年例，徒四年，杖一百，均照例刺字等情，咨達前來。應如該撫咨完結。乾隆四十二年准咨。

2、刨棺擬徒在配逃回覆連刨三棺從重發黑龍江（計勝）〔註2〕

一起為報明緝究事：刑部江蘇司案呈，準蘇撫閔咨稱，審看得南匯縣逃徒計勝等兩次刨竊事主吳海澄母弟厝棺見屍一案，緣計勝籍隸南匯，先於乾隆四十二年正月行竊事主喬士成家，審擬杖刺，恭逢乾隆四十二年五月初二日恩詔援免。又於四十三年六月聽從康阿安刨竊事主張士良弟婦陳氏厝棺；四十四年五月又竊事主金呇觀家。同時並發，從重歸於刨棺案內問徒發配。於四十七年九月二十日乘間脫逃在上海縣地方求乞。是年十二月初八日，路遇胡隴即小徽州，並未獲之顧林，各道窮苦。計勝起意糾刨南匯縣事主吳海澄舡廠東北田內厝棺。顧林等應允，即於是夜共夥三人，潛抵事主嫡母趙氏棺邊。計勝用鑿拆落東北角厝磚，撬開棺蓋，用手抬起。顧林拾磚墊住，伸手入棺，竊出銀扁方一支。次日經胡隴賣與姚百壽，得錢分用。十九日計勝、顧林、胡隴，又各會遇。顧林起意糾刨該事主庶邊田內厝棺二具，計勝等允從。仍是三人，同至事主庶母劉氏棺邊。顧林用鑿拆落東北角厝磚，撬開棺蓋，胡隴拾磚墊起，顧林伸手進棺，竊出銀扁方、銀關刀簪各一支。計勝復撬開事主胞弟吳有源屍棺，摸無贓物，隨即走回。次日計勝將贓簪亦賣與姚百壽，得錢分用而散。姚百壽並不知情，維時事主吳海澄外貿未報。四十八年二月間，計勝經上海縣捕獲訊供，該犯將是案匿不供吐，上邑亦未究出，隨將該犯審擬仍發原充徒。迨至六月，該事主吳海澄回家，查明報縣，差獲夥犯胡隴到案，訊供不諱。此案贓雖無起，但犯供刨竊情形，與事主原報及該縣查勘相符，其為正賊無疑。查計勝所刨吳趙氏、吳劉氏、吳有源厝棺，俱已見屍，吳趙氏厝棺係計勝起意為首，胡隴及未獲之顧林為從，吳劉氏及吳有源厝棺係未獲之顧林為首，計勝、胡隴為從，計勝除逃徒復竊，罪止滿流輕罪不議外，應請照盜未殯未埋屍柩，開棺見屍一次為首例，發邊遠充軍。

〔註2〕《江蘇成案卷一・名例・徒流人又犯罪》「刨棺擬徒在配逃回覆連刨三棺從重發黑龍江」，《歷代判例判牘》第八冊，第13頁。

但該犯刨竊問徒，在配逃回，復敢連刨三棺，均已見屍，情殊兇殘。計勝應從重改發黑龍江給與披甲人爲奴，照例刺字等因，咨達前來。應如該撫所咨完結。乾隆四十九年七月十三日準咨。

3、浙江巡撫李瀚章禁火葬碑〔註3〕

撫憲李批：已據稟出示杭、嘉、湖三府屬勒石永禁，並箚飭各府縣拿辦矣。仰將發去告示一道領回，勒石公禁，以厚風俗。此繳。浙江巡撫李。

照得火葬惡俗，例禁綦嚴，鄉愚無知，習焉不察，遂至積久相沿，釀成澆俗。今據石門縣舉貢職監譚逢仕等稟稱，嘉屬向有火葬之俗，石門尤甚，雖歷奉諭禁及舉等設法募資，創建灰局，勸令領灰營葬，而鄉民無知，堅執蠶桑爲重，營葬則有礙種桑之見，遂至相習成風。今春翰林院侍講學士錢寶廉申奏，奉上諭著浙撫出示曉諭，申明例禁。茲屆中元伊邇，誠慮遐陬僻壤未能遍奉綸音，勢必仍蹈故轍，爲此抄黏奏稿、上諭，環叩迅賜，出示曉諭，勒石永禁，並飭令地方官密查嚴辦等情前來，除飭地方官訪查拿辦外，合行出示曉諭。爲此示仰士庶人等知悉：自示之後，務須依禮殯葬，無力之家盡可權厝義冢，如敢仍蹈惡習，輒用火葬，無論父母尊長及卑幼他人，許該地保里鄰舉報，照例治罪。有功名者，即行詳革。地保里鄰知而不首，一經他人告發，即治以隱匿之罪。並仰該地方官會同紳士查明無主荒地，多置義冢，以備貧民附葬，毋令藉口。如有地棍阻葬，勒索花紅等項情事，許各葬主首告，立拿懲辦，決不寬待。各宜凜遵毋違，特示。

禮律載：凡有喪之家惑於風水，停柩在家，經年不葬者，杖八十；其從尊長遺言，將屍燒化，及棄置水中者，杖一百；從卑幼並減二等。（將屍燒化及棄置水中，即是毀棄矣。死者雖有遺言，當遵禮制，不可從其亂命。若聽從遺言，卑幼將尊長之屍燒化棄置者，杖一百；尊長將卑幼之屍燒化棄置者，並減二等，杖八十。）

刑律載：殘毀他人死屍，及棄屍水中者，各杖一百；若毀棄緦麻以上尊長死屍者，斬；棄而不失及髡髮若傷者，各減一等；緦麻以上卑幼，各依凡人遞減一等；毀棄子孫死屍者，杖八十；其子孫毀棄祖父母、父母，及奴婢雇工人毀棄家長死屍者，斬。若於他人墳墓薰狐狸，因而燒棺槨者，杖八十，

〔註3〕　《禁火葬錄》，張仁善據同善齋善書坊光緒丙戌（1886年）重刻藏板整理，原書藏於南京圖書館整理。收入中國社會科學院近代史研究所、近代史資料編輯組：《近代史資料》1981年第二期（總45號），第204頁。中國社會科學出版社1981年版。

徒二年；燒屍者，杖一百，徒三年；若緦麻以上尊長，各遞加一等；卑幼各依凡人遞減一等。若子孫於祖父母、父母及奴婢、雇工人於家長墳墓薰狐狸者，杖一百；燒棺槨者，杖一百，徒三年；燒屍者，絞。（毀棄死屍，燒棺槨，燒屍，律法皆如是森嚴，其爲不應燒化可知矣。）

文昌帝君《孝經·孝感》章云：人之一身，諸般痛楚，何處可愛，何爾化外。火焚親屍，全無惻隱，美名火葬，於心最忍。（《明史》：太祖嘗與學士陶安登南京城樓，聞焚屍之氣，安曰，「古存掩骼埋胔之令，推恩及於枯骨，近世狃於元俗，或焚之而投骨於水中，於心何忍？」。上曰，「此王道之言也。」自是王師所臨，見枯骨必掩之而後去，至是乃今天下郡縣設義冢，凡民貧無地以葬者，命所在官司擇近城寬闊地爲之，敢有徇習元人，焚棄死骸者，坐以重律。吁，仁人之言，其利薄哉！）夫人之死，口不能言，肢體難動，實心未死，猶知痛苦。過七七日，心之形死，其形雖死，此心之靈，千年不死，火焚而熾，碎首裂骨，燒筋炙節，立時牽縮，心驚肉跳，若痛苦狀。俄頃之間，化爲灰燼，於人且慘，何況我親。（火葬者如此可畏，戒之，戒之！）誦是經者，各宜省悟，（「省悟」二字著眼）苟無父母，烏有此身，報恩麋盡，銜慈莫及。

顧亭林《日知錄》載：火葬之俗盛行於江南，自宋時已有之。宋史紹興二十七年，監登聞鼓院范同言，今民俗有所謂火化者，生則奉養之，具惟恐不至；死則燔爇而捐棄之。國朝著令，貧無葬地者，許以官地安葬。河東地狹人眾，雖至親之喪，悉皆焚棄。韓琦鎮并州，以官錢市田數頃，給民安葬，至今爲美談。然則承流宣化，使民不畔於禮法，正守臣之職也。事關風化，理宜禁止，仍飭守臣措置荒間之地，使貧民得以收葬從之。景定二年，黃震爲吳縣尉，乞免再起化人亭狀曰：照對本司久例有行香寺，曰通濟，在城外西南一里，本寺久爲焚人空亭，約十間，以罔利，合郡愚民悉爲所誘，親死則舉而付之烈焰，餘骸不化，則又舉而投之深淵。哀哉！斯人何辜而遭此身後之大戮邪？震久切痛心，以人微位下，欲言未發。乃五月六日夜，風雷驟至。獨盡撤其所謂焚人之亭而去之。意者，穢氣彰聞，冤魂共訴，皇天震怒，心絕此根。越明日，據寺僧發覺陳狀，爲之備申使府，蓋亦幸此亭之壞耳。案吏何人，敢受寺僧之囑，行下本司，勒令監造。震竊謂此亭爲焚人之親設也，人之焚其親，不孝之大者也。此亭其可再也哉？

謹按古者小斂、大殮，以至殯葬，皆擗踴，爲遷其親之屍而動之也，況

可得而火之邪？舉其屍而畀之火，慘虐之極，無復人道。雖蚩尤作五虐之法，商紂爲炮烙之刑，皆施之於生前，未至戮之於死後也。展禽謂夏父弗忌必有殃，即葬，焚煙徹於上，或者天實災之。夫謂之殃，則凶可知也。楚子期欲焚麇之師，子西戒不可。雖敵人之屍猶有所不忍也。衛侯掘褚師定子之墓，焚之於平莊之上，殆自古以來所無之事。田單守即墨之孤邑，積五年思出萬死一生之計，以激其民，故襲用其毒，誤燕人掘齊墓，燒死人，齊人望之涕泣，怒十倍，而齊破燕矣。然則焚其先人之屍，爲子孫者所痛憤，而不自愛其身，故田單思之五年，而出此詭計以誤敵也。尉佗在粵，聞漢掘燒其先人冢，陸賈明其不然，與之要約，亦曰，反則掘燒王先人冢耳。舉至不可聞之事以相恐，非忍爲之也。尹齊爲淮陽都尉，所誅甚多，及死，仇家欲燒其屍，屍亡去歸葬，說者謂其屍飛去。夫欲燒其屍，仇之深也。欲燒之而屍亡，是死而有靈，猶知燒之可畏也。漢廣川王去淫虐無道，其妻昭信，共殺幸姬王昭平、王地餘及從婢三人，後昭信病，夢昭平等乃掘其屍，皆燒爲灰，去與昭信，旋亦誅死。王莽作焚如之刑，燒陳良等，亦遂誅滅。東海王越亂晉，石勒剖其棺，焚其屍，曰：「亂天下者，此人也，吾爲天下投之。」夫越之惡，固宜如此，亦石勒之酷而忍爲此也。

王敦叛逆，有司出其屍於瘞，焚其衣冠，斬之，所焚猶衣冠耳。蘇峻以反誅，焚其骨。楊元感反，隋亦掘其父熹冢，焚其骸骨，慘虐門既開，因以施之極惡之人。（《周禮‧秋官‧掌戮》：凡殺其親者焚之。）然非治世法也。隋爲仁壽宮，役夫死道上，楊熹焚之，上聞之不悅。夫淫刑爲隋文，且不忍焚人，則痛莫甚於焚人者矣。蔣元暉瀆亂宮闈，米全忠殺而焚之。一死不足以盡其罪也，然殺之者當刑，焚之者非法，非法之虐，且不可施之誅死之罪人，況可施之父母骨肉乎。世之施此於父母骨肉者，又往往拾其遺燼而棄之水，則宋誅太子邵逆黨王鸚鵡、嚴道育，既焚而揚灰於河之故智也，慘益甚矣。而或者乃以焚人爲佛家之法，然聞佛之說，戒火自焚也。令之焚者，戒火邪？人火邪？自焚邪？其子孫邪？佛者外國之法，今吾處中國邪？有識者爲之痛惋久矣。

今通濟寺僧焚人之親以罔利，傷風敗俗，莫此爲甚。天幸廢之，何可興之。欲望臺慈，矜生民之無知，念死者之何罪。備榜通濟寺，風雷已壞之焚人亭，不許再行起置，其於哀死愼終實非小補。然自宋以來，此風日盛，國家雖有漏澤園之設，而地窄人多，不能遍葬，相率焚燒，名曰「火葬」，習以

成俗。謂宜每里給空地若干爲義冢，以待貧民之葬，除其租稅，而更爲之嚴禁，焚其親者，以不孝罪之。庶乎禮教再興，民俗可厚也。嗚呼！古人於服器之微，猶不敢投之以火，故於重也埋之，於杖也斷而棄之，況敢焚及於屍柩乎？

　　楊忠愍《戒火葬文》曰：悲哉，火葬親柩者，尙有人心哉？上古禮制未興，親死衣以薪，葬之野，親屍得無恙也。後世聖人制喪葬之禮，始喪擗踴哭泣，朝夕饋奠，不忍遽死其親也。衣周於身，槨周於棺，勿使後日有悔焉耳。葬則卜其宅兆，表以封域，冀親骸之安也。自火葬之說興，焚其身，灼其骨，或投殘燼於流水，或貯瓦缶而埋之。嗚乎！既火之矣，猶美其名曰葬，不知親之靈爽附此朽骨，骨已燃灰，靈將安附？夫敝帷埋馬，敝蓋埋狗，不忍狗馬之屍陷於土也，乃親屍不如狗馬之得全於死後，尙得謂有人心乎？如謂生有知而死無知，獨不念父母木柱神像，尙當愛敬，況明係親之肢體，何忍慘酷至此。如謂家貧，無力營葬，則掘土而埋之可也。如謂埋棺必須有地，豈火化竟可無地葬乎？如果係無地，亦可商之親族，世多仁人君子，必不終於坐視。倘或親歿遠方，力難挾柩歸葬，與其焚其灼骨，圖將來之祭掃，不若隨地暫葬，保現在之親屍。設使遺命火葬，爲子孫者，亦當自發良心，勉力安葬，何得貪圖省使，謬爲順從。昔文王葬無主枯骨，四海歸心，乃以父母之軀而忍付之烈焰乎？然世更有喪心病狂之說，謂火葬易發。嗟嗟，人心合乎天理，人心既亡，天焉肯錫之以福？故文昌孝經重斥焚屍之忍。惟望長民者廣爲禁示勸諭，喚醒習俗。

　　劉喬松曰：至火葬之說，各省未之聞，惟浙省有數府竟成錮習，雖有本地讀書明理之士，痛切勸止而莫能禁，此豈民之無良哉？其由來不可不察。蓋因富厚之家營葬，往往用石板徹底，四周上下以及羅圍，皆用石工，並雕琢花草人物，以及聯額，經費千金及數千金者。若不如此，則謂薄待其親，群訾議之。若僅有中等之產者無力如此營葬，則用窯磚結砌而浮厝之。至窮民不能用磚者，即委之城下，或曠野之處，俟清明、冬至兩節，付之一炬，美名「火葬」。其浮厝者，始念亦希發財時用石營葬耳，不思葬者藏也，藏屍入棺，藏棺入土，以妥先靈，庶得返氣受蔭，福及子孫。故葬以土者，不特骸骨以葬而有所附，亦使魂魄以藏而得所依。彼浮厝者，雖經磚結砌，日久傾頹，終歸暴露，屍骨既不得藏，先靈何由而妥無惑乎？根本不固，枝葉衰落，往往見浮厝之家，子孫日漸凋零，不但用石葬之不能，並不得一坏之土

以藏之，終必付之於火，良可悲也。更可怪者，逢用土葬，親戚咸恥笑之，用火化獨不以爲傷，反爲之劈棺舉火以勸其事，豈非喪心病狂也。

夫律載焚祖父母及父母之屍者處斬，焚化他人之屍者亦處斬，焚子孫之屍者杖八十，因薰狐狸致焚親屍者絞。焚屍之罪，律載森嚴，豈未之聞耶？吾願守土者，務將焚屍之律法罪名出示諭禁，並將各省之葬親者，只用土築，不用石工，而子孫昌盛，且以石之阻壓龍脈，磚之隔絕地氣諸病，剴切曉諭，庶愚民或亦聞而動心也。余在吾鄉時，曾見有遷葬者，及開掘其棺，而土堅如石，木色如新，遷者悔甚。余至浙省，見有石之墳，年久傾頹，至露其棺，鮮不朽且爛者。土葬之墳，遇吉地，棺自不朽，而用磚石者，雖吉地亦朽。蓋磚石之性，生水而發潮，葬者以之，是速其棺之朽也，獨不見春夜將雨時，凡柱之之礎，簷前之階，並堂中鋪磚之地，皆水自內出，故以磚石營葬，水氣浸棺，是自賤其屍耳。況土葬之益無窮，如在高山，則開井下棺，若在平地，可培土爲墳，無有坍塌之患，雖歷千百年，永遠深藏，不致暴露。若用磚石，必用石工浮砌於地面，並開門戶以納棺，年久未有不坍塌者。吾謂用石工者，徒顧一時之虛名，不思將來之實害，且上下四周皆用石砌，使天光不能下臨，地氣不得上升，天地之氣，隔絕不交，又安望鍾靈毓秀乎？

余在浙湖遍觀發祥之家，均未見有石工結砌，惟近今富家往往如此，而後代每多落寞，人每不察，欲避土葬之薄而爲石工之靡，至不得已則爲浮厝，究其流弊，終歸於焚屍，是誠可悲而可恨也。余於乾隆五十八年因督運溫前，館湖州水次，嘗見郭外屍棺累疊，骸骨拋殘，心甚傷之，即捐廉置義地，著人收瘞，竟有不肯埋葬而情願火化者。余思蚩愚之輩，縱不知天性之可傷，未有不知王章之可畏，且未有不願子孫之榮盛者，特錮於積習，未能明悟耳。吾願司此土者，發慈悲心，行陰騭事，謙明開示，動之以天良，責之以國法，告之以地理，俾皆革其錮習，力挽頹風，倘以頑而不化，則傳集各鄉各鎮各甲各保，飭其查禁，如有不遵，許其稟報，將焚屍者之親族及勸助劈棺舉火之眾友，並焚屍處之地主左右鄰人，嚴加治罪，懲一警百，並令各鄉長地保等各具不敢陽奉陰違及徇私匿報之甘結，明查暗訪，以期實效，則禁焚屍之錮習自除，其種德實靡涯矣。夫移風易俗，全在爲民上者，盡心盡力爲之，況此喪心滅理之事，如能禁止而轉移之，將見人心厚，風俗醇，淘足感召天和，克成郅治也。

參考文獻

一、資　料

1. 《北京圖書館藏家譜叢刊》，北京圖書館出版社 2000 年版，影印本。

2. 《皇朝經世文編‧禮政》，《魏源全集》第 16 冊，嶽麓書社 2004 年版。

3. 《江蘇省例》，同治八年刻本。

4. 《康熙會典》，近代中國史料叢刊三編，臺北文海出版社 1992～1993 年版。

5. 《明史》，中華書局 1974 年版。

6. 《欽定大清通禮》，吉林出版集團有限責任公司 2005 年版。

7. 《清宣宗成皇帝聖訓》，近代中國史料叢刊三編，臺北文海出版社 2005 年版，影印本。

8. 《清穆宗毅皇帝聖訓》，近代中國史料叢刊三編，臺北文海出版社 2005 年版，影印本。

9. 《清實錄》，中華書局 1985～1987 年版，影印本。

10. 《清史稿》，中華書局 1976 年版。

11. 《清通鑒》，山西人民出版社 2000 年版。

12. 《刑案彙覽》，光緒十九年合刊本。

13. 〔清〕余治：《得一錄》，同治 11 年刻本。

14. 〔清〕郭嵩燾著、楊堅校補：《郭嵩燾奏稿》，嶽麓書社 1983 年版

15. 〔清〕陳弢：《同治中興京外奏議約編》，光緒元年刊本，上海書店 1985 年影印本。

16. 〔清〕陳盛韶：《問俗錄》，清刻本。

17. 〔清〕趙翼：《陔餘叢考》，中華書局 1963 年版。

18. 〔清〕宗源翰：《頤情館聞過集》，光緒 3 年刻本。

19. 〔清〕袁枚：《小倉山房文集》，光緒 18 年鉛印本。

20. 〔清〕阮葵生：《茶餘客話》，中華書局 1959 年版。

21. 〔清〕嚴有禧：《漱華隨筆》，乾隆十七年刻本。

22. 〔清〕汪輝祖：《雙節堂庸訓》，民國元年刻本。

23. 〔清〕戴槃：《桐溪紀略》，同治七年刻本。

24. 〔清〕陳宏謀：《訓俗遺規》，民國十五年石印本。

25. 〔清〕陳宏謀：《從政遺規》，民國二十五年鉛印本。

26. 〔清〕周炳麟：《公門懲勸錄》，臺灣新文豐出版公司 1989 年版。

27. 〔清〕蔡申之：《清代州縣故事》，臺北文海出版社 1969 年影印本。

28. 〔清〕錢泳：《履園叢話》，江蘇廣陵古籍刻印社 1995 年版，影印本。

29. 〔清〕張應昌編：《清詩鐸·喪葬》，中華書局 1960 年版。

30. 〔清〕張履祥：《楊園先生全集》，中華書局 2002 年版。

31. 〔清〕陳確：《陳確集》，中華書局 1979 年版。

32. 〔清〕吳梅村著、葉君遠選注：《吳梅村詩選》，人民文學出版社 2000 年版。

33. 〔清〕繆荃蓀：《江蘇省通志稿·禮俗志》，江蘇古籍出版社 1991 年版。

34. 〔清〕陳宏謀：《培遠堂偶存稿》，光緒丙申秋鄂藩署重刊本。

35. 〔清〕方拱乾：《絕域紀略·風俗》，光緒 17 年刻本。

36. 〔清〕西清：《黑龍江外記》，藏於國家圖書館，據光緒間刻本影印。

37. 〔清〕佚名：《西江政要》，藏於國家圖書館，同治刻本。

38. 〔清〕徐宗幹：《斯未信齋雜錄·壆盧雜記》，臺灣文獻叢刊本。

39. 〔清〕佚名：《禁火葬錄》，張仁善據同善齋善書坊光緒丙戌（1886 年）重刻藏板整理，原書藏於南京圖書館整理。收入中國社會科學院近代史研究所、近代史資料編輯組：《近代史資料》1981 年第二期（總 45 號），第 204 頁。中國社會科學出版社 1981 年版。

40. 〔宋〕程頤：《河南程氏遺書》，《二程集》中華書局 1984 年版。

41. 〔清〕孟超然：《誠是錄》，嘉慶二十年刻本。

42. 〔清〕梁紹壬：《兩般秋雨盦隨筆·緩喪》，新興書局 1956 年版。

43. 〔清〕李桓：《國朝耆獻類徵初編》，光緒 7 年刻本。

44. 〔清〕顧炎武著、黃汝成集釋：《日知錄集釋》，中州古籍出版社 1990 年影印原世界書局本。

45. 〔清〕徐珂:《清稗類鈔》中華書局 1986 年版。

46. 〔日〕仁井田陞:《唐令拾遺》,栗勁,霍存福,王占通,郭延德編譯,長春出版社 1989 年版。

47. 〔清〕李漁:《芥子園隨筆》,花子金編譯,廣西民族出版社 1995 年版。

48. 〔清〕吳壇著、馬建石,楊育裳編:《大清律例通考校注》,中國政法大學出版社 1992 年版。

49. 〔清〕沈之奇:《大清律輯注·禮律·喪葬》,懷效鋒、李俊點校,法律出版社 2000 年版。

50. 〔民國〕徐裴等纂:《重修徐氏族譜》卷 1,民國三十五年鉛印本

51. 許承堯:《歙事閒譚》,黃山書社 2001 年版。

52. 劉寧顏纂:《重修臺灣省通志》,臺灣省文獻委員會 1994 年版。

53. 胡樸安編:《中華全國風俗志》,廣益書局 1923 年版。

54. 瞿宣穎編:《中國社會史料叢鈔》,商務印書館 1937 年版。

55. 丁世良、趙放編:《中國地方志民俗資料彙編》,書目文獻出版社 1986 年版。

56. 許嘉璐編:《中國古代禮俗辭典》,中國友誼出版公司 1991 年版。

57. 劉俊文:《唐律疏議箋解》,中華書局 1996 年版。

58. 張傳璽:《中國歷代契約彙編考釋》,北京大學出版社 1995 年版。

59. 鐵玉欽:《清實錄 教育科學文化史料輯要》,遼瀋書社 1991 年版。

60. 冼劍民、陳鴻鈞編:《廣州碑刻集》,廣東高等教育出版社 2006 年版。

61. 江西省志編輯室:《江西地方志風俗志文輯錄》,1987 年鉛印本。

62. 金柏東主編:《溫州歷代碑刻集》,上海社會科學院出版社 2006 年版。

63. 歐陽宗書:《中國家譜》,新華出版社 1992 年版。

64. 何丙仲編:《廈門碑誌彙編》,中國廣播電視出版社 2004 年版。

65. 中國第一歷史檔案館:《咸豐同治兩朝上諭檔》,廣西師範大學出版社 1998 年版。

66. 貴州省黔西南布依族苗族自治州史志徵集編纂委員會編:《黔西南布依族苗族自治州志 文物志》貴州民族出版社 1987 年版。

67. 上海市地方志辦公室編:上海鄉鎮舊志叢書 1～14 卷,上海社會科學院出版社 2006 年第一版。

68. 黃景略、吳夢麟、葉學明:《中華文化通志·喪葬陵墓誌》,上海人民出版社 1998 年版。

69. 齊濤主編、石奕龍:《中國民俗通志·喪葬志》,山東教育出版社 2005 年版。

70. 馬建釗，張菽暉主編：《中國南方回族古籍資料選編補遺》，民族出版社 2006 年版。

71. 《武陟縣志》卷 10《風俗志》，道光九年刊本。

72. 乾隆《福鼎縣志》卷 2《風俗》。

73. 道光《政和縣志》卷 1《風俗》。

74. 民國《屏南縣志》卷 19《禮俗志》。

75. 羅克涵纂：民國《沙縣志》，臺北成文出版社，影印民國十七年鉛印。

76. 《武陟縣志》，道光 9 年刊本。

77. 民國《龍岩縣志》

78. 民國《上杭縣志》卷 20《禮俗志》。

79. 王瑛曾：《重修鳳山縣志》卷 3《風土志·風俗》，臺灣文獻叢刊本。

80. 《重纂福建通志》，同治十年刻本。

81. 《上江兩縣志》。

82. 咸豐《順德縣志》。

83. 民國《大田縣志》。

84. 乾隆《嘉應州志》。

85. 民國《金門縣志》。

86. 光緒《浦城縣志》。

87. 康熙《漳浦縣志》。

88. 乾隆《寧德縣志》。

89. 道光《龍岩州縣》。

90. 光緒《龍溪縣志》。

91. 嘉靖《建寧縣志·地理志》。

92. 民國《同安縣志》。

93. 民國《金門縣志》。

94. 民國《東山縣志》。

二、著 作

1. 常建華：《清代的國家與社會研究》，人民出版社 2006 年版。

2. 崔巍、黃偉：《四川喪葬文化》，四川人民出版社 1992 年版。

3. 陳鈞：《經濟倫理與社會變遷》，武漢出版社 1996 年版。

4. 陳戍國：《中國禮制史》，湖南教育出版社 2002 年版。

5. 陳華文：《喪葬史》，上海文藝出版社 1999 年版。

6. 陳建國：《信仰、儀式與鄉土社會——風水的歷史人類學探索》，中國社會科學出版社 2005 年版。

7. 陳支平：《福建宗教史》，福建教育出版社 1996 年版。

8. 丁淩華：《中國喪服制度史》，上海人民出版社 2000 年版。

9. 〔美〕D·布迪、C·莫里斯著、朱勇譯：《中華帝國的法律》，江蘇人民出版社 1998 年版，第 402～403 頁。

10. 馮友蘭：《中國哲學史》，華東師範大學出版社 2000 年版。

11. 馮爾康、常建華：《清人社會生活》，天津人民出版社 1992 年版。

12. 馮智：《慈悲與紀念：雪域喪葬面面觀》，青海人民出版史 1998 年版。

13. 方寶璋：《閩臺民間習俗》，福建人民出版社 2003 年版。

14. 高平叔編：《蔡元培史學論集》，湖南教育出版社 1987 年版。

15. 高其才：《中國少數民族習慣法研究》，清華大學出版社 2003 年版。

16. 顧頡剛、劉萬章：《蘇粵的婚喪》，國立中山大學語言歷史學研究所 1928 年版。

17. 黃宗智：《法典、習俗與司法實踐：清代與民國的比較》，上海書店出版社 2007 年版。

18. 黃宗智：《法典、習俗與司法實踐》，上海書店出版社 2007 年版。

19. 何淑宜：《明代士紳與通俗文化——以喪葬禮俗為例的考察》國立臺灣師範大學歷史研究所 2000 年版。

20. 何彬：《江浙漢族喪葬文化》，中央民族大學出版社 1995 年版。

21. 孔昭明主編：《臺灣文獻史料叢刊——第二輯（37）新竹縣制度考》，臺灣大通書局 1984 年版。

22. 林耀華：《涼山彝家》，商務出版社 1947 年版。

23. 林耀華：《涼山彝家的巨變》，商務出版社 1995 年版。

24. 林永匡、袁立澤：《中國風俗通史》，上海文藝出版社 2001 年版。

25. 劉增貴編：《法制與禮俗》編者序，中央研究院歷史語言研究所 2002 年版。

26. 劉廣安：《中華法系的再認識》，法律出版社 2002 年版。

27. 梁治平：《清代習慣法》中國政法大學出版社 1996 年版。

28. 李如森：《漢代喪葬制度》，吉林大學出版社 1995 年版。

29. 羅開玉：《喪葬與中國文化》，三環出版社 1990 年版。

30. 柳詒徵：《柳詒徵史學論文續集》，上海古籍出版社 1991 年版。

31. 〔法〕列維·布留爾：《原始思維》，丁由譯，商務印書館 1981 年版。

32. 〔德〕羅梅君：《北京的生育婚姻和喪葬》，王燕生、楊立、胡春春譯，中

華書局 2001 年版。

33. 〔日〕臨時臺灣舊慣調查會編：《臺灣私法（第二卷）》39 頁，陳金田譯，南投臺灣省文獻委員會 1993 年版。

34. 馬建興：《喪服制度與傳統法律文化》，知識產權出版社 2005 年版。

35. 瞿同祖：《瞿同祖法學論著集》，中國政法大學出版社 1998 年版。

36. 喬志強編：《中國近代社會史》，人民出版社 1992 年版。

37. 宋大川、夏連保：《清代園寢制度研究》，文物出版社 2008 年版。

38. 王瑞昌：《陳確評傳》，南京大學出版社 2002 年版。

39. 王伯琦：《《近代法律思潮與中國固有文化》，清華大學出版社 2005 年第 1 版。

40. 徐傑舜編：《漢族風俗史》，學林出版社 2004 年版。

41. 徐吉軍、賀雲翱：《中國喪葬禮俗》，浙江人民出版社 1991 年版。

42. 徐吉軍：《中國喪葬史》，江西高校出版社 1998 年版。

43. 徐吉軍：《長江流域的喪葬》，湖北教育出版社 2004 年版。

44. 夏鼐：《考古學論文集》，科學出版社 1961 年版。

45. 向燕南、張越編注：《勸孝——仁者的回報　俗約——教化的基礎》，中央民族學院出版社 1996 年版。

46. 嚴昌洪：《中國近代社會風俗史》，浙江人民出版社 1992 年版。

47. 楊樹達：《漢代婚喪禮俗考》，上海文藝出版社 1988 年影印出版。

48. 嚴汝嫻、劉宇：《中國少數民族婚喪風俗》，商務印書館 1996 年版。

49. 俞榮根：《文化與法文化》，法律出版社 2003 年版。

50. 周鑾書主編：《千古一村：流坑歷史文化的考察》江西人民出版社 2003 年版。

51. 周蘇平：《中國古代喪葬習俗》，陝西人民出版社 1991 年版。

52. 張承宗：《六朝民俗》，南京出版社 2002 年版。

53. 張亮采：《中國風俗史》，團結出版社 2005 年版。

54. 朱勇：《清代宗族法研究》，湖南教育出版社 1987 年版。

55. 〔日〕滋賀秀三：《中國家族法原理》，張建國、李力譯，法律出版社 2003 年版。

三、論　文

1. 岸本美緒：《妻可賣否？——明清時代的賣妻、典妻習俗》李季樺譯，收錄於《契約文書與社會生活（1600～1900）》，中央研究院臺灣史研究所籌備處 2001 年版。

2. 蔡葵：《論我國古代火葬習俗》，載《史學論叢》，雲南大學出版社 1993年版。

3. 陳垣：《順治皇帝出家》，《陳垣學術論文集》中華書局 1980 年版。

4. 鈔曉鴻：《明清時期的「停柩不葬」》，載《廈大史學》（第二輯），廈門大學出版社 2006 年版。

5. 馮友蘭：《儒家對於婚喪祭禮之理論》，載於《燕京學報》3 期，1928 年。

6. 馮賢亮：《土火之爭：清代江南鄉村的葬俗整頓與社會變革》，載錢杭編《傳統中國研究集刊》（第 2 輯），上海人民出版社 2006 年版。

7. 馮賢亮：《墳塋義冢：明清江南的民眾生活與環境保護》，載《中國社會歷史評論》第七卷，2006 年版。

8. 葛玉紅：《清代火葬制度的淵源及演變》，載《遼寧大學學報（哲學社會科學版）》2003 年 5 期。

9. 井上聰：《春秋喪葬制度中的陰陽觀》，載於《歷史教學問題》1992 年第 4 期。

10. 靳鳳林：《死亡與中國的喪葬文化》，載於《北方論叢》1996 年第 5 期。

11. 凌純聲：《東南亞的洗骨葬及其環太平洋的分佈》，載臺灣《中國民族學報》1955 年第 1 期。

12. 劉廣安：《論明清的家法族規》，載《中國法學》1988 年第 1 期。

13. 劉廣安：《傳統習慣對清末民事立法的影響》，載《比較法研究》1996 年第 1 期。

14. 〔日〕寺田浩明：《關於清代土地法秩序「慣例」的結構》，王亞新譯，收錄於《日本中青年學者論中國史》，上海古籍出版社 1995 年版。

15. 呂靜：《先秦儒家與喪葬制度》，載於《史林》1988 年第 4 期。

16. 王衛平：《清代江南地區社會問題研究：以停棺不葬爲例》，載於《江蘇社會科學》2001 年第 2 期。

17. 王伯琦：《習慣在法律上地位的演變》，收錄於氏著《近代法律思潮與中國固有文化》，清華大學出版社 2005 年第版。

18. 王志強：《清代的喪娶、收繼及其法律實踐》，載於《中國社會科學》2000 年第 6 期。

19. 王尊旺，王筱：《明清福建停柩不葬習俗述論》，收錄於《閩臺民俗散論》；

20. 邢宏偉：《試述清帝由火葬向土葬的轉變》，載於支運亭主編《清前歷史文化：清前期國際學術研討會文集》，遼寧大學出版社 1998 年版。

21. 尹德文：《清太宗皇太極火葬考略》，載《故宮博物院院刊》1985 年 1 期。

22. 俞江：《民事習慣調查：民法研究的方法論之一》，載於《中國法學文檔》第一卷，法律出版社 2005 年版。

23. 張傳璽：《買地券文廣例》，載魏全瑞編《隋唐史論　牛致功教授八十華誕祝壽文集》，三秦出版社 2007 年版。

24. 張小也：《清代墳山爭訟——以徐士林〈守皖讞詞〉爲中心》，載《清華大學學報（哲學社會科學版）》2006 年第 4 期。

25. 張慶捷：《中國傳統葬俗中的迷信觀念及其方式》，載於《山西大學學報》，1990 年第 1 期。

26. 〔日〕滋賀秀三：《清代訴訟制度之民事法源的考察——作爲法源的習慣》，王亞新譯，收錄於《明清時期的民事審判與民間契約》，法律出版社 1998 年版。